AF477319

भारतीय संगीत

एक ऐतिहासिक और सांस्कृतिक यात्रा

विनोद शर्मा

WKRISHIND

Nature's Creation

भारतीय संगीत: एक ऐतिहासिक और सांस्कृतिक यात्रा

विनोद शर्मा

Wkrishind Publishers
WKRISHIND.IN
Publication Date: December 2023
Edition: I

विनोद शर्मा
Shimla, Himachal Pradesh
WKRISHIND.IN

प्राक्कथन

भारतीय संगीत पौर्वात्य सभ्यताओं में एक अति प्राचीन और कलात्मक दृष्टि से गुणवन्त परम्परा है जिसके सुदीर्घ विकास के पीछे जम्बूद्वीप कहलाए जाने वाले विराट भारत का गौरवमय अतीत यहां की सुसभ्य और सुसंस्कृत जातियों का लम्बा इतिहास रहा है। लगभग दस हजार वर्षों की दशसहस्राब्दिक काल यात्रा कुछ कुछ अस्पष्ट तथा कुछ-कुछ पूर्णतः प्रमाणिक है। इसके निर्माण में जिन जातियों का योगदान रहा उनमें मोटे तौर पर आर्य, अनार्य और दक्षिण भारत के द्रविड़ है। यक्ष, गन्धर्व, किन्नर, कोल, किरात आदि भी संगीत की दृष्टि से भारतीय संस्कृति के अंग रहे हैं। सिन्धु घाटी की सभ्यता का प्रतिनिधित्व करने वाले लोगों और उसके पूर्व की आदिम जन-जातियों में संगीत निःसंदेह रहा होगा। हमारे पुराणों मिथकों, देवासुर संग्रामों के प्रकरणों और लोक गाथाओं में भी संगीत के प्रचलन होने के अनेक प्रमाण मिलते है। संगीत मनुष्य के आंतरिक और मूल जातिय भावों का प्रतिनिधित्व करने की क्षमता रखता है। वह चाहे शास्त्रीय हो गैर शास्त्रीय हो लोक तत्वों से परिचालित अथवा आदिम वन्य जातियों के लोकोत्सवों से जुड़ा हो। संगीत में बदलाव के साथ-साथ निरन्तरता भी है। इसलिए आज के समय में भी हमें पर्वतीय मैदानी तथा जलतटीय जाति समुदायों में संगीत और नृत्य के अनेक रूप एवं विधाएं सुरक्षित देखने और सुनने को मिलती है। भारतीय षोड़श हिन्दु संस्कारों में तत्संबन्धी लोक संगीत एवं छन्द रचनाओं का विशेष महत्व है। चूड़ाकर्म, विवाह आदि कर्मों के अतिरिक्त धार्मिक कर्मकाण्डों में भी स्तुत्य एवं स्तवनिक गायन का अपना महत्व है। जिसके अभाव में किसी भी पारम्परिक धार्मिक कृत्य की कल्पना नहीं की जा सकती। रुद्र, सोमादि यागों में ऋचाओं एवं साम के छान्दस गान की मुद्रा सहित परिपाटी आज जीवित देखी जा सकती है।

भारतीय संस्कृति की सुस्पष्ट झलक हमें आर्यों के सप्त सिन्धु क्षेत्र में प्रथम आगमन के बाद ऋक् तथा उत्तरोत्तर अन्य वेदों में मिलती है। यद्यपि इनके रचना काल में कोई सर्वसम्मत निर्णय नहीं बन पाया है फिर भी इसमें कोई संदेह नहीं कि इन आर्ष ग्रन्थों की रचना से पूर्व के प्रागेतिहासिक काल में भी गायन एवं संगीत की परम्परा अवश्य ही रही होगी। इसके संदर्भ में ऋषियों-मुनियों द्वारा सम्पादित श्रुतियों और स्मृतियों में भी मौजूद है। वैदिक और वेदोत्तर पुराकाल से लेकर आज तक भारतीय समाज पौवर्तय संगीत और तत्कालीन सांस्कृतिक प्रभावों से जिस प्रकार अलग-अलग कालान्तरों में परिचालित रहा है, मेरी यह पुस्तक वस्तुतः उन्हीं तथ्यों की अनुसंधानात्मक व्याख्या प्रस्तुत करता है। साथ में इसको लिखते हुए मेरा लक्ष्य यह भी रहा है कि भारतीय अस्मिता के निर्माण में इन प्रभावों की अनेक आयामी भूमिका को भी रेखांकित करता चलूं और मैने, जहां तक सम्भव हो सका है इसका यथाशक्ति आंकलन करने का प्रयास भी किया है। अपनी सुदीर्घ काल यात्रा में भारतीय संगीत ने विभिन्न जातीय रूपों से एकमेव रूपाकार ग्रहण किया। जैसे गांधर्वगान, सामगान, मार्गी संगीत, देसी संगीत, ध्रुपद, धमार, ख्याल, भक्ति संगीत, सूफी संगीत, लोक संगीत आदि। इनसे भारतीय संगीत का विराट रूप अनुप्राणित और पल्लवित हुआ और आज भी निर्बाध आगे बढ़ रहा है। इस पुस्तक में लेखक द्वारा मूल रुप से उसी का निर्धारण संस्थापन और विवेचन किया गया है। वैदिक ऋचाएं और वेदोतर ज्ञान हमारे यहां पीढ़ी दर पीढ़ी विरासत की शक्ल में मौखिक रूप से आगे हस्तांतरित होता रहा। इनका लेखन और पुस्तकों के रूप में प्रसारण बाद में हुआ। गुरु शिष्य परम्परा के रूप में भारतीय मनीषियों की यह कोशिश रही है कि मौखिक रुप से सम्प्रेषित करते हुए इसकी प्रमाणिकता बनी रहे। वेदों के बाद उपनिषद्, वेदान्त और पुराण आदि का स्थान है। महाकाव्य गाथाएं रामायण और महाभारत भी वस्तुतः वैदिक ऋचाओं में हमारी संस्कृति के जितने भी घटक हैं उन सभी का समावेश आज के समय में भी क्रमबद्ध रुप से उपलब्ध होता है।

चयनित संस्कारों में समय-समय पर भारतीय संस्कृति में होने वाले परिवर्तनों की व्याख्याओं का पूर्ण समावेश किया गया है। इसके अतिरिक्त आचार संहिता, साहित्य, कला, शासनतन्त्र और सामाजिक व्यवस्था इन सभी में भी हमारी संस्कृति के मूल तत्वों का समायोजन हुआ है। वास्तव में संगीत और संस्कृति निश्चय ही इस दृष्टिकोण से एक दूसरे के पूरक कहे जा सकते है। जहां कहीं भी संस्कृति का आरम्भ हुआ, संगीत सांस्कृतिक तत्वों को अपना कर सरस विधि से संस्कृति को सर्व साधारण के लिए उपयोगी और समृद्धशाली बनाता गया। संस्कृति के सैद्धान्तिक पक्ष को व्यवहारिक रूप देने का श्रेय संगीत को दिया जाए तो कोई अतिश्योक्ति न होगी या यूँ कहा जाए कि संगीत संस्कृति की प्रयोगशाला है, जिसमें सांस्कृतिक तत्वों की व्यवहारिक योग्यता का विश्लेषण होता है। संस्कृति के जिन तत्वों को सहृदय व्यक्ति, विद्वान, लेखक या साहित्यकार उपयोगी पाते है, संगीत उनको व्यवहारिक रूप में अपने अंदर समेटे रहता है और आने वाली पीढ़ियों को इस सुसंस्कृति का परिचय वह अपने माध्यमों से प्रायः देता रहता है। प्राचीन संगीत को समझने के लिए हमें तत्सम्बन्धी संस्कृति का ज्ञान भी होना चाहिए। इसके अभाव में दोनों ही मीमांसा करना सम्भव नहीं। समय की गति के साथ न केवल वस्तुओं के रूप में परिवर्तन आता है अपितु लोगों की जीवन शैली, हाव भाव, अभिव्यक्तियों इन सभी में बदलाव भी होता रहता है। पूर्व अतीत में जिन चीजों की आवश्यकता होती थी आज वह निश्चय ही अप्रासंगिक हो रही है। उनकी जगह नए नए अविष्कारों ने सहज ही स्थान ले लिया है। पूर्व की जीर्ण और लुप्त प्रायः चीजों की प्रासंगिकता को समझने के लिए निश्चय ही उस काल विशेष की उपयोगिता को भी पूरी तरह टटोल कर देख लेना परम आवश्यक हो जाता है। किसी वस्तु को उसके परिपेक्ष्य में जान लेने के लिए निश्चय ही यह देख लेना आवश्यक हो जाता है कि उस काल में क्या धारणाएं और व्यवस्थाएं प्रचलन में थी। भारतीय संस्कृति पर प्रत्यक्ष रूप से विभिन्न युगों की सासंस्कृतिक प्रवृतियों की छाप पड़ी है। जहां तक संगीत से

संबन्धित उपलब्ध सामग्री का प्रश्न है। विद्वानों ने अब पौराणिक इतिहास के अध्ययन को ही अपने ग्रंथों का आधार बनाया है। अब प्रश्न यह उठता है कि संगीत के पौराणिक इतिहास में से किसको प्रासंगिक माना जाए? प्रत्येक युग में संगीत की विभिन्न प्रवृतियों और भूमिकाओं का संस्कृति पर अलग-अलग प्रभाव पड़ा है। संगीत के किस रूप की किस युग में क्या भूमिकाएं रही है और समाज व संस्कृति के लिए उसकी क्या उपयोगिता और प्रासंगिकता रही। यह संगीत के लिए सदैव ही चुनौति बना रहा। इन सभी बातों पर विचार करते हुए संगीत के मनीषियों ने संगीत को सदैव समाज और संस्कृति में आए बदलावों और रुझानों के अनुरूप ही समाज के समक्ष रखने का प्रयास किया और उसकी भूमिका को अग्रणी स्थान दिया। संगीत के संदर्भ में वस्तुतः यही अनुसंधानात्मक दृष्टि उसे हर बदलते युग में प्रासंगिक बनाती रही। संगीत के विभिन्न अंगों और उसके सांस्कृतिक महत्व को समझने के लिए सर्वप्रथम प्राचीन सांस्कृतिक परम्पराओं और लोक चरित्र को समझना परम आवश्यक है। यह बड़े दुःख की बात है कि हमारा संबन्ध अपनी प्राचीन संस्कृति से बड़ी तेजी से छूटता जा रहा है। इसलिए सम्भवतः आज के विद्यार्थियों के लिए भारत की विशाल सांस्कृतिक निधि का आंकलन करना कठिन होता जा रहा है। यदि हमें प्राचीन सांस्कृतिक मूल्यों, जो विश्व भर में हमें अलग पहचान देते है, की रक्षा करनी है और भविष्य में उसे अक्षुण्ण बनाए रखना है तो हमारे लिए अपनी तमाम प्राचीन सांसकृतिक विरासत के संबन्ध में ज्ञान रखना परम आवश्यक है। प्राचीन संस्कृति को जब हम संगीत के माध्यम से देखते है तो हमारे लिए यह आवश्यक हो जाता है कि हम प्राचीन संस्कृति को उसके मूल रूप में देखें। इसके लिए भारतीय वाङ्मय में उपलब्ध जो प्रामाणिक ग्रन्थ मिलते है वे हैं आदि कवि वाल्मीकि द्वारा रचित महागाथा काव्य रामायण और महर्षि वेद व्यास द्वारा रचित महाभारत। यह दो गाथिक काव्य ऐसी जीवन्त परम्परा के स्रोत हैं जिनमें हमें भारतीय संस्कृति के व्यवहारिक रूप के दर्शन होते है। आदर्श और मर्यादित जीवन मनुष्य को किस तरह जीना चाहिए और कर्म

की जीवन में क्या महता है इन बातों को रामायण और महाभारत के महानायकों ने अपने चरित्र में उतारकर भारतीय संस्कृति के मूल्यों को श्रेष्ठम् बनाकर मानव जीवन के समक्ष रखा।

प्राचीन भारतीय जीवन के सांसारिक मनुष्य के रूप में चार साधन रहे है - धर्म, अर्थ, काम और मोक्ष। संगीत और संस्कृति के लिए इन चारों साधनों की समान रूप से प्रतिष्ठा रही है। इनमें से धर्म और मोक्ष का स्थान सबसे ऊपर रहा है। मोक्ष प्राप्त करने की आधारशिला धर्म ही है। जिसकी नींव जीवन के आरम्भ में ही डाली जा सकती है। आजीवन इसकी साधना मनुष्य को मोक्ष तक पहुंचाती है। ऐसा हमारे वैदिक ग्रन्थों में कहा गया है। आदर्श जीवन के इन महत्वपूर्ण सूत्रों से ही अंततः संस्कृति का निर्माण होता है। इन तथ्यों से संबन्धित विचारों को इस पुस्तक में मैने क्रम से उपस्थित करने का प्रयास किया है। किसी भी बात की सार्थकता के लिए यह आवश्यक है कि उसका सैद्धान्तिक पक्ष व्यवहारिक पक्ष में रूपान्तरित हो। भारतीय वाङ्मय में संगीत और संस्कृति का विकास इन दोनों पक्षों का एक साथ समर्थन करता चला आया है। हमारी संस्कृति और हमारा संगीत उस समय के ज्ञान-विज्ञान पर आधारित रहा। किसी भी विषय का वैज्ञानिक पक्ष, सैद्धान्तिक पक्ष से स्पष्ट और प्रयोजनीय न हो तो वह केवल मात्र विचार बन कर रह जाता है। उसकी प्रासंगिकता केवल कोरा सिद्धान्त बन कर ही रह जाती है। भारतीय संगीत, वैज्ञानिक और व्यवहारिक दोनों दृष्टियों से सदैव सार्थक बना है। संगीत निश्चय ही तभी प्रभावशाली बना है, जब वह प्रत्यक्ष अनुसंधान से गुजरा है। संगीत सभी कलाओं में एक श्रेष्ठ सूक्ष्म ओर मर्म स्पर्शी कला विधा है क्योंकि उसकी बुनियाद में उपर्युक्त सभी तत्वों का समावेश पूर्व निर्धारित है।

प्रस्तुत पुस्तक के विषय की स्पष्टता के लिए वैदिक काल की संहिताओं से लेकर आधुनिक काल के विचारकों के विचार संग्रहों, कलाकृतियों व लेखों द्वारा उपलब्ध सामग्री का आंकलन इस पुस्तक में किया गया है। रामायण और महाभारत हमारी संस्कृति के आधार ग्रन्थ

है। इन दोनों ग्रंथों को भारतीय वाङ्गमय में अपूर्व प्रतिष्ठा मिली है। पौराणिक सामग्री का भी विषय की दृष्टि से महत्वपूर्ण स्थान है। पुस्तक के विषय का लक्ष्य आंतरिक रूप से संगीत की व्यवहारिक जीवन में उपयोगिता और उपादेयता को लेकर है। हालांकि वैदिक सूत्रों, स्मृतियों में सांस्कृतिक जीवन और उसमें संगीत के योगदान की सर्वाङ्गीण झांकी प्रस्तुत की गई है। फिर भी अपने लेखन के विषय को और अधिक व्यापक और प्रमाणमूलक बनाने के उद्देश्य से मैने संगीत के व्यवहारिक पक्ष के लिए इसका अनुसंधान करने की दिशा में वैदिक संहिताओं, पुराणों, इतिहास ग्रन्थों, जैन व बौद्ध कथा साहित्य तथा अनेक काव्य ग्रंथों का अध्ययन विशेष रूप से किया है।

लेखन के विषय से संबन्धित पुस्तकों का अभाव होने के कारण इस विषय का अनुसंधान करना मेरे लिए चुनौति सा बन पड़ा है फिर भी विषय को स्पष्ट करने का भरपूर प्रयास किया है। प्रस्तुत पुस्तक इस दिशा में एक नया प्रयास है। इस विषय को स्पष्ट करने के लिए उसके अनुकूल सामग्री चयन करके विषय को प्रस्तुत किया गया है। संगीत में संगीत विषय के विभिन्न पक्षों पर भिन्न-भिन्न विद्वानों के अलग-अलग विचार होते हैं और संगीत के हर पक्ष की संस्कृति में अपनी पृथक-पृथक भूमिकाएं होती है। इन सभी भूमिकाओं को इस पुस्तक में प्रस्तुत करना निश्चय ही मेरे लिए नितान्त असंभव सा प्रतीत हुआ, फिर भी जहां तक हो सका अधिक से अधिक तथ्यों को अपनी इस पुस्तक में समाविष्ट करने का प्रयास किया है।

प्रस्तुत पुस्तक में भारतीय संगीत और संस्कृति के तत्वों को उजागर करने वाले विभिन्न ग्रंथकारों, लेखकों, साहित्यकारों, संगीतज्ञों का चिन्तन लेखक के लिए सदा अनुकरणीय और आदरणीय रहा है। इसके बिना पुस्तक की कल्पना करना निरी मूर्खता है। निःसंदेह प्राचीन भारतीय संगीत और संस्कृति के विषयों ने अनगिनत भारतीय और विदेशी मनीषियों को अपनी ओर आकृष्ट किया है। इस दिशा में जो भी कार्य हुआ है वह इन विद्वानों के तप ओर कर्मठता का परिचायक है।

लेखक उन सभी श्रद्धेय पण्डितों के प्रति नतमस्तक है। यद्यपि पुस्तक एक नई प्रस्तुति है फिर भी जहां तक बन पड़ा है, विषय को स्पष्ट करने के लिए लेखक द्वारा हर सम्भव प्रयास किया गया है ताकि उस संदर्भ में उसकी मूल दृष्टि स्पष्ट हो सके।

प्रस्तुत पुस्तक को मुख्य रूप से सात अध्यायों में विभाजित किया गया है। प्रथम अध्याय में संस्कृति, भारतीय संस्कृति और संगीत के बारे में विषय की आवश्यकता के अनुसार उनकी परिभाषओं और विशेषताओं का वर्णन किया गया है ताकि पुस्तक में आगे आने वाले विषय के संदर्भ में उन्हें विषय को स्पष्ट करने के लिए जोड़ा ज़ा सके। दूसरे अध्याय में पूर्व वैदिक काल और वैदिक काल की संस्कृति के उत्थान में संगीत के योगदान को स्पष्ट किया गया है। तृतीय अध्याय में रामायण काल और महाभारत काल की संस्कृति के उत्थान में संगीत के योगदान को सारगर्भित रूप में स्पष्ट किया गया है। चौथे अध्याय में जैन काल और बौद्ध काल का संक्षिप्त वर्णन किया गया है और उस काल में संगीत की तत्कालीन भारतीय संस्कृति के उत्थान में जो भूमिका और योगदान रहा उसे प्रस्तुत किया गया है। पांचवें अध्याय में मध्यकालीन भारतीय संस्कृति के उत्थान में संगीत के योगदान को स्पष्ट किया गया है। छठे अध्याय में आधुनिक भारतीय संस्कृति के उत्थान में संगीत के योगदान को प्रस्तुत किया गया है और अंतिम अध्याय में पूरे पुस्तक के सार को उपसंहार के रूप में प्रस्तुत किया गया है।

कृतज्ञता ज्ञापन

"सच्चिदानन्दरुपाय विश्वोत्पत्त्यादिहेतवे।
तापत्रयविनाशाय श्री कृष्णाय वयं नुमः।।"

प्रस्तुत पुस्तक के कुशल निर्देशन के लिए मैं श्रद्धेय रीडर डॉ० परमा नन्द बंसल (संगीत विभाग-हि०प्र० विश्वविद्यालय) का हृदय से आभारी हूँ। जिनके आद्यान्त प्रेरणा एवं सतत निर्देशन से यह मेरा लेखन कार्य पूरा हो सका। इस पुस्तक की रूपरेखा से लेकर लेखन कार्य की समाप्ति तक उनके बहुमूल्य परामर्शों से मैं अत्यन्त लाभान्वित हुआ। अनेक बार हतोत्साहित होने पर भी उन्होंने अपने कुशल निर्देशन से विषय को अपने श्रेष्ठ सुझाव देकर शोध कार्य में मेरी सहज रुचि बनाए रखी।

माता-पिता इस संसार में एक व्यक्ति को जन्म देने का कारण बनते हैं और गुरु उस व्यक्ति को संसार में जीने के लिए सही मार्ग प्रशस्त करने का माध्यम। इन दोनों के व्यक्तित्व का प्रतिबिम्ब उस व्यक्ति की जीवनशैली में देखा जा सकता है। या यूँ कहा जाए कि व्यक्ति के जीवन में माता-पिता और गुरु की भूमिका अत्यन्त महत्वपूर्ण है। इनके अपेक्षारहित आशीर्वाद और योगदान को शब्दों में बांधना या वाणी से व्यक्त करना शायद ही किसी के लिए संभव हो। इन के प्रति कृतज्ञ होना या इनकी प्रशंसा में कुछ कहना सूर्य को दीया दिखाने जैसा है। माता-पिता और गुरु के रूप में परमात्मा प्रतिबिम्बित होकर अपने अस्तित्व का लौकिक आभास करवाते रहते हैं।

मैं अपने माता-पिता का आजीवन ऋणी रहूंगा जिनके स्नेहमयी आशीर्वाद से मैं इस लेखन कार्यको पूर्ण कर सका।

"अज्ञानतिमिरान्धस्य ज्ञानाञ्जनशलाकया।
चक्षुरुन्मीलितं येन तस्मै श्री गुरवे नमः।।"

मैं अपने परम श्रद्धेय गुरु प्रो० सतीश शर्मा (सितार वादक) और उनकी धर्म पत्नी श्रीमती सुषमा शर्मा जी का आजीवन ऋणी रहूंगा जिनके स्नेहमयी और अपेक्षारहित आशीर्वाद और मार्गदर्शन से मैं संगीत जैसी पवित्र विधा में आगे बढ़ पाया। इन्होंने न केवल मुझमें संगीत को समझने की सोच पैदा की अपितु संगीत के वास्तविक अर्थ को सही मायनों में समझाया। आज इस पुस्तक को लिखने के योग्य बन पाया, यह सब उन्हीं की मेरे उपर की गई मेहनत का प्रतिफल है। उनकी सांगीतिक जीवनशैली मेरे लिए सदैव ही प्रेरणा का स्रोत बनी रहेगी। इसी के साथ-साथ में संगीत विभाग के सभी गुरुजनों (डॉ० जीत राम (विभागाध्यक्ष), डॉ० राम स्वरूप शांडिल और प्रो० चमन लाल वर्मा) जी का आभारी हूँ और इस विभाग के सभी कर्मचारी वर्ग का भी धन्यवादी हूँ जो समय-समय पर मुझे इस कार्य के लिए शुभकामनाएं देते रहे।

में अपनी धर्म पत्नी श्रीमती सावित्री शर्मा का भी हृदय से आभारी हूँ जिन्होंने अपने जीवन के बहुमूल्य समय को मेरे इस प्रयास के लिए त्याग कर दिया।

में अपने छोटे भाई मदन मोहन और राजन सुशांत का भी आभारी हूँ जो समय-समय पर मेरे सांसारिक उत्तरदायित्वों को निभाते रहे। विशेषरुप से आभारी हूँ श्रीकान्त श्री निवास जी का जो एक लेखक भी है। इन्होंने मेरे इस कार्य में संशोधन कर मेरी अनेक त्रुटियों को निकाल कर इसे पाठनयोग्य बनाया और विशेषरुप से आभारी हूँ अपने जीजा जी श्री नरेन्द्र कुमार शर्मा और बड़ी बहन श्रीमती सुनीता शर्मा जी का जिन्होंने अपना बहुमूल्य समय निकालकर मेरे इस कार्य को टंक्ति कर संपूर्ण किया।

किसी पुस्तकालय के और पुस्तकालय के कर्मचारी वर्ग के सहयोग के विना यह कार्य पूर्ण नहीं हो सकता। अतः में पुस्तकालय के सभी

कर्मचारी वर्ग के प्रति आभार व्यक्त करता हूँ जिन्होंने पुस्तकों के चयन में मेरी सहायता की।

आशीर्वचन/मंगल कामनाएँ/ आमुख

संगीत साहित्य की आवृद्धि में लेखक के प्रयास अत्यंत वंदनीय हैं। संगीत मूलतः क्रियात्मक विद्या है तथा क्रियात्मकता का मर्मज्ञ व्यक्तित्व ही शास्त्रों की परतों को गहनता से मूल्यांकित करने में सक्षम होता है साथ ही क्रियात्मक पक्ष के संरक्षण संवर्धन में शास्त्र पक्ष के महत्व को नकारा भी नहीं जा सकता।

वर्तमान संदर्भ में इस सत्य से कदापि विमुख नहीं होना चाहिए कि आज शिक्षा जगत में अध्ययन-अध्यापन के बदलते प्रतिमानों ने अनेक चुनौतियों से साक्षात करवा कर हमें नवीन दृष्टिकोण से सोचने पर विवश कर दिया। विभिन्न काल खंडों में संगीत व संस्कृति के सह सम्बन्धों को विश्लेषित करती इस पुस्तक के मूल में लेखक की शोधवृत्ति वर्तमान की आवश्यकताओं का भाव निहित प्रतीत होता है।

प्रस्तुत कृति वास्तव में मेरे परम स्नेही डॉ. विनोद के अथम परिश्रम से किए गए शोध कार्य का संशोधित रूप है जिसे मेरे निर्देशन में पूर्ण किया गया है।

एक सफल अनुसंधान कर्ता, श्रेष्ठ शिक्षक दायित्व निर्वाह में डॉ. विनोद के इस सराहनीय प्रयास को मैं अत्यंत हर्षित एवं गौरवान्वित भाव से पुस्तक के सफल प्रकाशन पर अपनी शुभकामनाएँ एवं हार्दिक बधाई देता हूँ।

शुभ मंगल स्वरों सहित।

-डॉ. पी. एन. बंसल

लेखक की ओर से

भारतीय संस्कृति पर प्रत्यक्ष रूप से विभिन्न युगों की सांस्कृतिक प्रवृतियों की छाप पड़ी है प्रत्येक युग में संगीत की विभिन्न प्रवृत्तियों और भूमिकाओं का भारतीय संस्कृति पर अलग-अलग प्रभाव पड़ा है। संगीत के किस रूप के किस युग में क्या भूमिकाएं रही है और समाज व संस्कृति के लिए उसकी क्या उपियोगिता और प्रासंगिकता रही यह संगीत के लिए एक चुनौती बना रहा। इन सभी बातों पर विचार करते हुए संगीत को सदैव समाज और संस्कृति में आए बदलावों और रुझानों के अनुरूप ही समाज के समक्ष रखने का प्रयास किया और उसकी भूमिका को अग्रणी स्थान दिया। संगीत के संदर्भ में वस्तुत: वही अनुसंधानात्मक दृष्टि उसे हर बदलते युग में प्रासंगिक बनाती रही। इस पुस्तक में भारतीय सांस्कृतिक जीवन और उसमे संगीत की भूमिका की सर्वांगीण झांकी प्रस्तुत की गई है।

-विनोद शर्मा

Contents

अध्याय - 1

संस्कृति, भारतीय संस्कृति और संगीत

1.0 संस्कृति

मनुष्य जब इस संसार में आता है तो उसके समक्ष दो प्रकार के वातावरण होते हैं। पहला प्राकृतिक और दूसरा निर्मित वातावरण।[1] प्रत्येक मनुष्य का यह स्वभाव है कि वह अपने जीवन में खुशी और आनन्द चाहता है। इस आनन्द और खुशी को पाने के लिए यह सदैव प्रयत्नशील रहता है। इस प्रयत्न में उसे जीवन के अनेक रास्तों और विभिन्न पड़ावों से गुर्जरना पड़ता है। आनन्द को प्राप्त करने की चेष्टाओं में उसे जीवन के सुख-दुखों के उतार-चढ़ाओं से भी दो-चार होना पड़ता है। इन्ही उतार-चढ़ानों में उसे अपने आनन्द की खोज करनी पड़ती है। किसी भी सांसारिक और आध्यात्मिक वस्तु को प्राप्त करने हेतु उसे तदनुकूल वातावरण निर्मित करना पड़ता है। यह वातावरण दूसरे को दूषित और दुःखी न करें इस बात का उसे सदैव ध्यान रखना पड़ता है। यह बातावरण यदि समाज के अन्य वर्गों के लिए दुःख का कारण बन जाए तो वह समाज में वैमनस्य, पीड़ा और क्लेश का वातावरण उत्पन्न कर देता है और यदि यही आनन्द का प्रयत्ल व्यक्ति और समाज के कल्याण का हेतू बनता है तो वह समाज के लिए प्रेरणादायक स्त्रोत बन जाता है। कहने का भाव यह है कि यदि किसी वस्तु को प्राप्त करने में यदि समाज के हितों का ध्यान रखा जाता है और सामाजिक समन्वय कि

1 डॉ अंजु शर्मा, ब्रज संस्कृति में संगीत, पृ० (04)

भावना रखी जाती है तो वहां से व्यक्ति का संस्कारपूर्ण जीवन का आरम्भ माना जा सकता है और यही कालान्तर में उस व्यक्ति और उससे जुड़े समाज और राष्ट्र की सुसंस्कृति के उत्पन्न होने का कारण यन जाती है। यहीं से संस्कृति का आरम्भ माना जा सकता है।

संस्कृति एक ऐसा पारिभाषिक शब्द है जिसमें मानव जीवन की पवित्र साधना राष्ट्र के आदर्श मर्यादाएं और स्वतन्त्र भावनाओं का प्रतिष्ठित मूल्यांकन होता है। इसमें उन सभी आदर्शों की प्रेरणाओं का समावेश रहता है जिस पर राष्ट्र की उन्नती और अवनति के तथ्य छिपे रहते है। भारतीय जीवन में सदा ही संस्कृति के कल्याणकारी मार्ग को अपनाया है। कई विद्वान संस्कृति को आत्मा से संबोधित करते है। किसी भी देश या राष्ट्र का अस्तित्व संस्कृति के आधार पर ही टिका रहता है। अर्थात् बिना संस्कृति के कोई भी राष्ट्र समुन्नत नहीं हो सकता। उसकी व्यक्तिगत और समष्टिगत उपलब्धियों ही संस्कृति को एक निश्चित रंगरुप और आकार प्रदान करती है। संस्कृति हमें उन संस्कारों से अवगत करवाती है जिनके आधार पर एक व्यक्ति के व्यक्तिगत और सामाजिक जीवन आदशों का निर्माण होता है। इसलि संस्कृति व्यक्तिगत आदर्शों का निर्माण ही नहीं करती बल्कि वह साम्प्रजिक विकास भी साथ-साथ करती रहती है। व्यक्ति और समाज आपस में जुड़े हुए होते है। इसलिए समाज से अलग रहकर एक व्यक्ति किसी भी क्षेत्र में उन्नति नहीं कर सकता। संस्कृति व्यक्तियों के सामुहिक प्रयास से ही उत्पन्न होती है। आनेवाली भाबी संतती उनसे प्रेरणा लेती रहती है।[1] कहा जा सकता है कि संस्कृति युगों युगों के सामुहिक श्रम और सकारात्मक प्रयासों के परिणाम स्वरुप पैदा होती है।

मनुष्य एक सामाजिक प्राणी है। सामान्यतः समाज के संस्कारों की योजनाओं को संस्कृति मान किया जाता है। वाल्टेयर के शब्दों में "संस्कृति सुखमय जीवन व्यतीत करने की कला है।"

---

1 हरिशंकर शर्मा और सरोजपावा, भारतीय संस्कृति के आधार, पृ०(1)

अपने जीवन को सुखमय और सरल बनाने के लिए मानव अनेक उपकरणों का सृजन करता है। मानव की यही सृजनशीलता ही संस्कृति का मूल है। अपने परिवेश को अनुकूल बनाने लिए वह निरन्तर प्रयत्नशील रहता है। कुछ वस्तुएं उपकरण और वातावरण मनुष्य को समाज से विरासत में मिलते हैं, क्योंकि मनुष्य एक निरन्तर विकासशील प्राणी है। इसलिए विरासत से प्राप्त वस्तुओं से यह आवश्यकतानुसार परिवर्तन, परिवर्धन और परिशोधन के जरिए आगे बढ़ता रहता है। वस्तुतः संस्कृति समाज के सर्वग्राह्य आत्मिक जीवन रुपों की सृष्टि और उनका समुपयोग है। संस्कृति का संवन्ध किसी निर्दिष्ट समाज के विशिष्ट आचार-विचार, क्रिया-कलाप तथा अनुधिराज के साथ होता है जो मानवता के विकास का मार्ग प्रशस्त करते है।[1]

किसी भी समाज में संस्कृति की भूमिका व्यापक है। यह विशिष्ट काल मात्र में अपना बाह्यरुप देशाचार के अनुसार बदलती रहती हैं। जबकि आत्मिक रुप में उसके आधारभूत मूल्य स्थायी बने रहते है। इसके अतिरिक्त वह विशिष्ट मानवजातीय समाज की पहचान भी है। यही वह आन्तरिक सच्चाई है जिससे कालान्तर में एक विशेष मानव समुदाय की अस्मिता का निर्माण होता है। इतिहास की यह निरन्तर परिवर्द्धित और सर्वर्द्धित प्रक्रिया है। भारतीय समाज जिसका आदर्श उदाहरण है।

1.1 संस्कृति का शाब्दिक अर्थ और उसकी परिभाषाएं

संस्कृति शब्द में कृ, के पूर्व सकार है और उसका अर्थ समूह और अलंकार है। अर्थात् जिस कर्म से समाज की शोभा बढती है और समुदाय बनता है वह संस्कार और संस्कृति हैं। पाणनीय-अष्टाध्यायी भी कुछ ऐसा ही कहती है। **सम्परिभ्यां करो ती भूषणे समवाय च** अर्थात् जो

---

1 डॉ अंजु शर्मा, ब्रज संस्कृति में संगीत, पृ० (04)

संस्कारों को बनाये वह संस्कृति है। सांख्य सूत्र के अनुसार संस्कार प्रबल होने पर जब मन विशुद्ध हो जाता है तो मानव के द्वारा किया गया प्रत्येक कार्य सुसंस्कार युक्त हो जाता है। संस्कृति संस्कृत भाषा का शब्द है। उसका सरल अर्थ उत्तम कृति है। अर्थात् देह इन्द्रिय, प्राण, बुद्धि, मन आदि की उत्तम चेष्टाएँ। इन में लौकिक पारलौकिक, धार्मिक आध्यात्मिक, आर्थिक राजनैतिक सभी प्रकार के अभ्युदय और उन्नति कि अनुकूल चेष्टाएँ आ जाती है।[1] संक्षेप में कहा जाए ताक अन्ततः उत्तम चेष्टाएं ही संस्कृति कहलाए जाने की अधिकारीणि है। संस्कृति शब्द किसी एक देश जाति या संप्रदाय को परिभाषित नहीं करती अपितु यह समस्त विश्व के देशों में एक जैसी ही कही जा सकती है क्योंकि उनका उद्देश्य मनुष्य जाति में उत्तरोत्तर सकारात्मक सुधार करना है।

'संस्कृति शब्द को किसी एक परिभाषा में बांधना कदाचित कठिन कार्य है। इसके बारे में यह कहा जा सकता है कि मानव जीवन और समाज की व्यष्टिमय और समष्टिमय उपलब्धियों ही संस्कृति है। व्युत्तपत्ति के आधार पर संस्कृति शब्द में **सम्, उपसर्ग पूर्वक -कृ धातु सुटू आगम तथा क्तिन् प्रत्यय** से संस्कृति पद उत्पन्न होता है। **"सम्+सुद्+कृ+क्तिन् = संस्कृति"** इस आधार पर यह कहा जा सकता है कि संपूर्ण मानवता को जो विशिष्टता प्रदान करे वह संस्कृति है।[2]

वह मानव मूल्य जो हमें श्रेष्ठ आदर्श की ओर अग्रसर करे वह संस्कृति है। भारतीय वाङ्मय के अनुसार जब हम संस्कृति की बात करते हैं तो सहज और स्वभाविक रुप से हमारे मन में एक शब्द प्रतिध्वनित होता है और यह शब्द है-संस्कार। प्राचीन भारतीय संस्कृति में संस्कृति शब्द के सहधर्मी शब्द थे संस्कार और संस्क्रिया।[3] हिन्दी शब्द सागर में संस्कार है ठीक करना, सुधार करना, दोष या त्रुटि निकालना, धो मांजकर साफ

---

[1] हरिशंकर शर्मा और सरोजपावा, भारतीय संस्कृति के आधार, पृ० (4-5)

[2] डॉ रुचि गुप्ता भारतीय संस्कृति शाश्वत जीवन दृष्टि और संगीत, पृ० (1-2)

[3] डॉ सुजाता सिन्हा, डॉ उर्मिल सिंह- महाभारतकालीन संस्कृति, पृ० (02)

करना, परिष्कार, शरीर की सफाई, शौच, मनोवृत्ति या स्वभाव का शोधन पवित्र करना और वे कृत्य जो जन्मकाल से लेकर मरणकाल तक द्विजातियों के संबन्ध में आवश्यक होते है।[1]

महर्षि व्यास द्वारा प्रणीत महाभारत के वर्त पर्व में संस्कृति की परिभाषा कुछ इस प्रकार है "**तावच्छुद्रसमो क्षेषु यावद् वेदे न जायते। तस्मिन्नैव गति द्वेचे मनुः स्वायम्भुवचववीता।।" व० पर्व** अर्थात् जब तक बालक का संस्कार करके वेदाध्ययन न कराया जाए तब तक वह शूद्र के ही समान है।

उपर्युक्त कथन से अभिप्राय है कि व्यक्ति जब जन्म लेता है तो वह उस समय शूद्र के समान होता है। उसकी शिक्षा और प्रशिक्षण से उसके अन्तःकरण की वासनाओं और मन की शक्ति को परिमार्जित कर उसे शुद्ध किया जाता है और उसके पूर्व जन्म के कर्मों में संस्कारों द्वारा शोधन करके उसे वर्तमान जीवन में जीने योग्य मार्ग पर अग्रसर किया जा सकता है।

सर मोनियर विलियम्स ने संस्कार के अर्थ को स्पष्ट करते हुए कहा है कि उत्तम बनाना, चमकाना, शिक्षण और प्रशिक्षण संस्कार के अर्थ है।[2] उन्हें निश्चित आकार प्रदान करते हुए डॉ राजवली पाण्डेय लिखते है- संस्कार का अभिप्राय शुद्धि की धार्मिक क्रियायों तथा व्यक्ति के दैहिक, मानसिक व बौद्धिक परिष्कार हेतु किए जाने वाले अनुष्ठानो से है जिनमें वह समाज का पूर्ण सदस्य हो जाए।[3] मानव जीवन में संस्कार अपना एक अलग महत्व रखते है। इन्हें अपेक्षित नहीं किया जा सकता है। वह मानवीय जीवन में एक परिष्कृत शुद्धि ही नहीं लाते अपितु यह उनके जीवन के विधायक श्री बन जाते है। संस्कारों से मानव जीवन के उन पहलुओं की क्षतिपूर्ति भी की जा सकती है जिसके बिना मानव अपने

---

[1] श्यामसुन्दर दास, हिन्दी शब्दसागर, पृ० (3414)

[2] सर मोनियर विलियम्स, संस्कृत-अंग्रेजी शब्दकोष, पृ० (1120)

[3] डॉ राजवली पाण्डेय, हिन्दू संस्कार, पृ० (19)

जीवन को अधूरा समझता है और संस्कार मानवीय जीवन की ज्योति है। यदि वह संस्कार रुपी ज्योति से युक्त नहीं होता है तो वह पुनः अपने अतीत के अंधकार में जाकर अपनी पूर्व अवस्था में प्रवेश कर जाता है। व्यक्ति संस्कारों से ही सुन्दर बनता है।[1]

मनुष्य अपनी आदिम अवस्था से संस्कारहीन रहा है। धीरे-धीरे अपने ऊपर प्रतिबंध लगाकर और अनुचित बातों को दबाकर उसमें उचित तत्वों को लेकर ही सुंदर बना है। व्यक्ति के शरीर और मन की जो दूषित भावनाएं होती है यदि उनको परिष्कृत कर वह समाज में शिष्ट आचरण करता है तो यह व्यवहार उसे समाज में एक सुसंस्कृत व्यक्ति के रुप में प्रतिष्ठित करता है। संस्कृत और संस्कार शब्द अत्यंत प्राचीन होने के कारण शास्त्रों में प्रयुक्त होते हैं परन्तु संस्कृति शब्द इनकी तुलना में कुछ नया है।[2] अंग्रेजी भाषा के कल्चर शब्द के अर्थ को बोध कराने के लिए ही प्रायः इस शब्द का प्रयोग हिन्दी में प्रयुक्त हुआ है। यद्यपि दोंनो भाषा की ध्वनियों में अंतर है फिर भी उनके भावार्थ में कुछ साम्य भाव ढूंढा जा सकता है। वर्तमान समय में विशेषकर भावनात्मक एकता में निश्चय ही एक सामंजस्य पैदा हो गया है। 'पश्चिम के विद्वानों के अनुसार संस्कृति उस सामाजिक देन को कहते हैं जिसके अनुसार मानव अपने जीवन को एक सुदृढ़ और सुव्यवस्थित आधार देता है। जिसकी नींव पर चल कर वह वृहद स्मष्टिगत सभ्यता की ओर अग्रसर होता है। पश्चिम विद्वान मानते हैं कि समाज की समस्त शिल्प कलाएं, यस्वाभूषण, धार्मिक आस्थाएं, कलाकौशल और रीति-नीति आदि के समग्ररुप संस्कृति के उपादान है। पूर्व के विद्वान संस्कृति के आभ्यान्तरिक तत्वों पर विशेष ध्यान देते थे उनके अनुसार संस्कृति का संबन्ध संस्कारों से था।[3] जीवन को परिष्कृत शुद्ध, निर्मल, स्वस्थ एवं सबल कर्मट और सभी व्यक्तिगत

---

[1] डॉ भगवत शरण उपाध्याय, सांस्कृतिक भारत, पृ० (08)

[2] सावित्री शुक्ल, संत साहित्य की सामाजिक और सांस्कृतिक पृष्ठभूमि, पृ० (288)

[3] सावित्री शुक्ल, संत साहित्य की सामाजिक और सांस्कृतिक पृष्ठभूमि, पृ० (288)

और सामाजिक कार्यों में स्वयं को तत्पर रखने के लिए और अपने लक्ष्यों की प्राप्ति हेतु एक मनुष्य को अविराम संस्कार प्रक्रिया से गुजरना पड़ता है। जब एक शिशु जन्म लेता है तो एक पशू शावक में और उसमें कोई अंतर नहीं होता। जन्म के बाद उसे खाने-पीने बोलने, उठने-बैठने और चलने से लेकर हर स्तर में उसे नये संस्कारों से जुडना पडता है। बाल्यावस्था, किशोर और युवावस्था में उसे एक निरन्तर संस्कार प्रक्रिया से गुजरना पडता है। शरीर चर्चा, ज्ञान, कला और साहित्य शिल्प की चर्चा उसके परिवार और समाज के साथ अपने विचारों के आदान-प्रदान भी उसके अपने जीवन को एक सुसंस्कृत व्यक्ति बनाने के प्रयास है। अतः कहा जा सकता है कि संस्कृति मानव को स्वस्थ संतुलित और एक परिष्कार पूर्ण जीवन प्रदान करती है। संस्कार वह साधन है जिनके माध्यम से व्यक्ति के गुण-दोषों का परिमार्जन होता हैं।

अंग्रेजी का **कल्चर** शब्द लैटिन भाषा के कल्चुरा तथा कोलियर शब्द से निकला है। इनका अर्थ क्रमशः उत्पादन और परिष्कार है। इसके अनुसार संस्कृति को मानसिक उत्पादन कहा जा सकता है।[1]

कल्चर शब्द की निष्पति जिस कोलियर शब्द से हुई है, इसके दो अर्थ हो सकते है पहला पूजा करना तथा दूसरा कृषि या पशू पालन।[2] जिस समय यह अर्थ प्रचलित हुआ था उस समय समाज ने कृषि से युक्त जीवन को अपना लिया था किंतु सांस्कृतिक अभ्युदय के इस प्रथम चरण में कृषकों ने प्राकृतिक शक्तियों से सुरक्षा प्राप्त करने के लिए उनकी उपासना आरम्भ कर दी थी तथा यह पूजा मानवीय चिन्तन को प्रिय लगने वाली मन भावनी क्रियाओं पर आश्रित थी।[3]

---

[1] डॉ अंजलि मित्तल, भारतीय सभ्यता संस्कृति संगीत, पृ० (35)

[2] डॉ मदनगोपाल गुप्त, मध्यकालीन हिन्दी काव्य में भारतीय संस्कृति, पृ० (2)

[3] Boas and other's General Anthropology: Introduction Page (4)

कहा जा सकता है कि **कल्चर** शब्द पहले कृषि से संबधित कार्यों के अर्थ को संबोधित करता था परन्तु कालांतर में इसके परिशोधन संबन्धि अर्थ के कारण यह संस्कृति शब्द का पर्याय बना।

'**कल्चर** शब्द की व्युत्तपत्ति का द्योतन करने वाले उपर्युक्त दोनों अर्थों से प्रारम्भ में लिए जाने वाले उसके कृषि संबन्धी तात्पर्य की प्रधानता पुष्ट हो जाती है। उक्त क्षेत्र में होने वाली परिष्कार प्रक्रिया मानव के परिष्कार क्षेत्र में संभवता आरोपित की गई और यही कारण है कि दीर्घ काल तक कल्चर तथा सिविलाईजेशन दोनो शब्द एक ही अर्थ के बोधक बने रहे।[1] अनेक भाषाओं में संस्कृति के लिए जो विभिन्न शब्द मिलते हैं उन सब में संस्कृति का संबन्ध क्रिया, व्यवहार, उत्पादन, संस्कार तथा परिष्कार सम्मिलित है जिनके द्वारा समाज के लक्षणों को पहचाना जा सकता है। इस आधार पर कहा जा सकता है कि संस्कृति आदिकाल से लेकर आजतक की वह संचित निधि है जो उत्पादन तथा परिष्कार द्वारा निरन्तर प्रगति करती हुई एक पीढ़ी से दूसरी पीढ़ी को उत्तराधिकार में प्राप्त होती चली आई है तथा भविष्य में भी उसकी यही गति रहेगी।[2] वैदिक साहित्य में जिस संस्कृति शब्द का प्रयोग मिलता है। उसमें शिल्प या कला के सम्बंध में भी संस्कृति शब्द का प्रयोग किया गया है। आत्म संस्कृतिर्वाव शिल्पानि, इसे अंग्रेजी में इस प्रकार कहा जा सकता है Arts Indeed are the culture of the soul' -'छंदोमयं वा एतैर्यजमान आत्मानं संस्कृते, इन समस्त शिल्प या कलाओं के द्वारा यजमान को आत्मा की संस्कृति उपलब्ध होती है। संस्कृत भाषा का अर्थ है- जो भाषा विशेषरुप से Culture है, जो भाषा Cultured समुदाय या समाज की है। मराठी हिन्दी अन्यान्य प्रादेशिक भाषा में संस्कृति शब्द ही कल्चर के अर्थ में मान्य है।[3] भारतीय और पश्चिमी विद्वानों, लेखकों,

---

[1] डॉ मदनगोपाल गुप्त, मध्यकालीन हिन्दी काव्य में भारतीय संस्कृति, पृ० (04)

[2] डॉ अंजलि मितल, भारतीय सभ्यता संस्कृति संगीत, पृ० (35)

[3] डॉ अंजलि मितल, भारतीय सभ्यता संस्कृति संगीत, पृ० (36)

विचारकों ने अपने अपने विचारों और अनुभवों के आधार पर संस्कृति को अपने अपने शब्दों में कुछ इस प्रकार परिभाषित किया है:-

भारतीय वाङ्मय में संस्कृति को अतिपुरातन काल से ही महत्व प्राप्त है यद्यपि वेदों में संस्कृति का कोई स्पष्ट स्वरुप व्यंजित नहीं हुआ है तथापि इस शब्द का उल्लेख यजुर्वेद के इस श्लोक में मिलता है:-

अविच्छिन्नस्य ते देवसोम सुवीर्यस्य रामस्योषस्य यादितारः।
स्याम सा प्रथमा संस्कृति विश्ववारा स प्रथमो मिलो अग्निः।।

यजुर्वेद 7/14

ऐतरेय ब्राह्मण में संस्कृति को स्वरुपित करने का प्रयास लक्षित होता है। वहां संस्कृति मानय के वैयक्तिक और समष्टिगत उत्कर्ष की प्रतीती कराती है। भारतीय मनीषा के अंतर्गत उपनिषदों में ही सर्वप्रथम संस्कृति की सविस्तार व्याख्या दृष्टिगत होती है। छांदोग्योपनिषद ने मनुष्य को मानवतावादी चेतना से अनुप्राणित करने वाली दृष्टि को संस्कृति की अभिख्या प्रदान की है।[1] जीवन में, समाज में मानवीय दृष्टि की महता निर्विवाद है क्योंकि इसी भावना क़े ही परिणामतः सभी धर्म, कर्म, संप्रदाय सदाचार समन्वित होते है।[2] भारतीय विचारकों ने संस्कृति को इस प्रकार से अपने शब्दों में व्यक्त किया है-

रविन्द्र नाथः- संस्कृति मस्तिष्क का जीवन है।[3]

डॉ राधा कृष्णन- जीवन की विभिन्न और घनिष्ठ समस्याओं पर हुआ चिन्तन और उसकी अभिव्यक्ति संस्कृति है।[4]

राहुल सांस्कृतायन- एक पीढी आती है यह अपने आचार-विचार, रुचि, अरुचि, कला संगीत, भोजन-छाजन या किसी और दूसरी आध्यात्मिक धारणा के बारे में कुछ स्नेह की मात्रा अगली पीढी के लिए

---

[1] डॉ राम सजन पाण्डेय, संस्कृति और सौंदर्य, पृ० (05)

[2] डॉ राम सजन पाण्डेय, संस्कृति और सौंदर्य, पृ० (06)

[3] रविन्द्र नाथ:- The centre of Indian culture. P.[15]

[4] डॉ राधा कृष्णन- Freedom & culture P.[24]

छोड़ जाती है। एक पीढी के बाद दूसरी, दूसरी पीढी के बाद तीसरी और आगे बहुत सी पीढियाँ आती जाती रहती है और सभी अपना प्रभाव या संस्कार अगली पीढी पर छोडती जाती है। यह प्रभाव संस्कृति है।[1]

राजगोपालाचार्य- किसी भी जाति अथवा राष्ट्र के शिष्ट पुरुषों में विचारवाणी एवं क्रिया का जो रुप व्याप्त रहता है उसी का नाम संस्कृति है।[2]

हजारी प्रसाद द्विवेदी- मनुष्य की श्रेष्ठ साथनाएं ही संस्कृति हैं।[3] गौरी शंकर भः- मनुष्य के लौकिक, पारलौकिक सर्वाभ्युदय के अनुकूल आचार-विचार ही संस्कृति है।

डॉ नगेन्द्रः- संस्कृति मानव जीवन की वह अवस्था है जहाँ उसके राग द्वेषों का परिमार्जन हो जाता है।[4]

सुमित्रा नंदन पंतः- संस्कृति को मैं एक मानवीय पदार्थ मानता हूँ। जिसमें हमारे जीवन के सूक्ष्म स्थूल दोनों घरातलों के सत्यों का समावेश रहता है तथा उर्ध्व चेतना शिखर का प्रकाश और सामरिक उपत्यकाओं की छाया गुम्फित है। उसके भीतर आध्यात्म धर्म, नीति से लेकर सामाजिक छाया गुम्फित है। उसके भीतर आध्यात्म, धर्म नीति से लेकर सामाजिक सद्धिरीति तथा व्यवहारों का सौंदर्य भी एक अंतर सामांजस्य ग्रहण कर लेता है। संस्कृति को हमें अपने हृदय की शिराओं में बहने वाला मनुष्यत्व का रुधिर कहना चाहिए।[5]

---

[1] राहुल सांस्कृतायन, बौध संस्कृति, पृ० (03)

[2] डॉ रत्न चन्द शर्मा मुगलकालीन सगुण भक्ति काव्य का सांस्कृतिक विश्लेषण, पृ० (04)

[3] आचार्य हजारी प्रसाद द्विवेदी, अशोक के फूल, पृ० (69)

[4] डॉ नगेन्द्र, संस्कृति एक अध्ययन, पृ० (100)

[5] द्रष्टव्य, डॉ रुचि गुप्ता, भारतीय शाश्वत जीवन दृन्टि एवं संगीत, पृ० (03)

टायलरः- संस्कृति ज्ञान, विश्वास, कलाकृति, नैतिक नियम, आचार-व्यवहार तथा मनुष्य की अन्य उपलब्धियों को व्यक्त करने वाला शब्द है।[1]

बेकनः- संस्कृति को मान्यता का यह प्रयत्न कहा जा सकता है जिसमें वह अपने आन्तरिक स्वतन्त्र अस्तित्व को प्रभावपूर्ण ढंग से स्थापित करती है।[2]

जेम्स हेस्टिंग्सः- संस्कृति मानव के आध्यात्मिक जीवन के विविध पक्षों को प्रकाशित करती है। इसमें दिश विदेश की विभूतियों के गहनीय विचार और भावनाएं निहित रहती है।[3]

जॉन लुईसः- आचार, व्यवहार, प्रथाएं, मान्यताएं, दृष्टिकोण, भावनाएं और अन्य सामाजिक व्यवहार अनेक तत्वों से प्रभाव ग्रहण करते है। ये सब प्रत्येक समाज में एक सुनिश्चित पद्धति और परम्परा का निर्माण करते है। यह परम्परा समाज के सभी व्यक्तियों की थाती है। इन सभी प्रचलित और सर्वमान्य व्यवहार पद्धतियों को समष्टिरुप से संस्कृति की संज्ञा दी जाती है। वर्गों और मनुष्य के पारस्परिक संबंध और इनके समस्त सापेक्ष व्यवहार सामान्य रुप से स्वीकृत होकर संस्कृति का रुप खड़ा करते है।[4]

फिलिप वैम्बीः- मानव व्यवहार के समस्त विशिष्ट रुप संस्कृति के अंतर्गत आ जाते हैं। व्यवहार आंतरिक भी हो सकते है, बाह्य भी।[5]

ब्रोनिस्लोव गालिनोस्कीः- मानव को राष्ट्रीय परम्परा से कलाएं जीवन के उपकरण, सांकेतिक विधाएं, रहन-सहन, भावनाएं और

---

[1] V. Tylor: Primitive culture vol.-1, [P1]

[2] Becon: Encyclopaedia of Religion & Ethics. Vol.4 [P.358]

[3] Same: [P.358]

[4] John Luise, Cultural Sociology, [P.139-140]

[5] Philip Bag By:- Cultural & History. [P.88]

मान्यताएं प्राप्त होती है। ये सभी संस्कृति के अंतर्गत आ जाती है।[1] भारतीय और पश्चिमी विद्वानों द्वारा व्यक्त संस्कृति की परिभाषाओं पर अपना मन्तव्य व्यक्त करते हुए डॉ० रामसजन पाण्डेय ने अपनी पुस्तक संस्कृति और सौंदर्य, में लिखा है कि संस्कृति मानव के गतानुगतिक संस्कारों का वह सफल रूप है जिससे उसके सामाजिक आचार-विचार, पूर्व त्योहार, रहन-सहन, रीति रिवाज, नीति धर्म, आध्यात्म कला आदि की प्रतीती होती है। संस्कृति मानव की एक तरफ तो विधायिका है और दूसरी तरफ परिचायिका भी। समुन्नत और सौंदर्यमयी संस्कृति स्वस्थ एवं सुन्दर समाज की सर्जना करती है। एक अन्य तथ्य जो उभरकर सामने आता है वह तथ्य दृष्टिकोण की भिन्नता है। विचारकों ने संस्कृति के परिभाषा क्रम में कहीं तो भौतिक दृष्टिकोण को अंगीकार किया है कहीं आदर्शमूलक मत का आश्रय लिया है और कहीं समन्व्यात्मक दृष्टिकोण स्वीकार किया है। भौतिक या यथार्थमूलक दृष्टि के अन्तर्गत संस्कृति केवल भौतिक या दैहिक आवश्यकताओं तक सीमित रह गई है और आदर्शमूलक चिंतन के अन्तर्गत दैहिक आवश्यकताओं को अस्वीकार करते हुए उसे पूर्णरूप से अनुभव गम्य बना दिया गया है। यदि विचार करें तो यह तथ्य स्पष्ट रुप से भासित हो जाए कि संस्कृति न तो पूर्णतः भौतिकता से आबद्ध है और न पूर्णतः अनुभूति से ही संबद्ध है और न पूर्णतः वायवी है और न पूर्णतः आंतरिक ही है। वस्तुतः संस्कृति अंतस और बाह्य की, यथार्थ और आदर्श की, व्यवहार और अनुभूति की व्रजल सर्जन्म है। संस्कृति मानव के अंतस से उसकी आंतरिक आनन्दमयी वृतियों से सम्बोधित है। अस्तु। अवधेय है कि संस्कृति की धारणा बड़ी व्यापक है। उसके अंतस में नाना घटक समाहित है। वे सकल घटक परस्पर सुसंबद्ध है। इन घटकों को समझना, इनके लक्ष्यों को जानना ही मानव का लक्ष्य है। मया यूँ कहें कि इस धरती पर मानव ही ऐसा प्राणी है जो संस्कृति को जानता है समझता है, निर्मित करता है और उसका

---

[1] Bronslove Molinosky:- Encyclopaedia of Social Science. [P.621]

अनुपालन करके स्वयं और समाज को आनंदित आलोकित करता है।[1] संस्कृति समाज को वैशिष्ट्य एवं व्यक्तिता देती है और समाज संस्कृति को गति, संगीत, संचरण एवं प्रसारण देता है। संस्कृति पारम्परिक उत्तराधिकार है और अर्जित समृद्धि और संपदा भी संस्कृति जटिल आंतरिक संगठन है जिसमें क्रिया प्रतिक्रिया और उनके घात-प्रतिघात एवं विचार तथा उनके अन्तः संघात भावना एवं उसके घात-प्रतिघात का सक्रिय संघात है। संस्कृति कोरी भावनात्मक स्थिति नहीं, संचरणशील प्रक्रिया है। जहां एक ओर मानसिक उत्तरदायित्व है वहीं दूसरी ओर वास्तविक ऐतिहासिक उत्तरदायित्व है इसमें अतीत की छाया का दर्शन वर्तमान यथार्थ का बोध एवं भविष्य की आस्थामूलक आकांक्षा समाहित है।

डॉ० राम सजन पाण्डेय अपनी पुस्तक 'संस्कृति और सौंदर्य, में संस्कृति को सार रुप में कुछ विन्दुओं को स्पष्ट करके कुछ इस तरह प्रस्तुत करते हैं।

1. संस्कृति शारीरिक तथा मानसिक परिष्कार की अवस्था है।

2. संस्कृति लौकिक जीवन की मंगल विद्याम्पिनी शक्ति तो है ही साथ ही साथ वह पारलौकिक जीवन का भी पथ प्रदर्शित करती है।

3. संस्कृति की चेतना सतत-सर्वत्र उध्योन्मुखी होती है।

4. संस्कृति एक अनवरत प्रवाह है। अस्तु! देशकाल समाज की सापेक्षिता की स्थिति में संस्कृति भौतिकता से संपृक्त होती है। इसलिए इसे जीवन मूल्यों की संपोषिका संधारिका कहा गया है।

संस्कृति व्यक्ति और समाज के आनन्दात्मक उन्मेश का नाम है। सार रुप में संस्कृति एक ऐसा प्रत्यय है जो मानवीय कार्य व्यापारों, व्यवहारों उसकी आनुभूतिक अवस्थाओं संभावनाओं की मंगलमयी सृष्टियों से आनंदित और आंदोलित है।[2] संस्कृति को सदैव ही विभिन्न भागों व वर्गों

---

[1] डॉ० रामसजन पाण्डेय, संस्कृति और सौंदर्य, पृ० (9-10)

[2] डॉ0 रामसजन पाण्डेय, संस्कृति और सौंदर्य, पृ0 (10-11)

में विभाजित करके उसके मूल तत्वों को आंकने का प्रयास किया गया है। संस्कृति को बढ़ाने उसे अग्रसर होने में सहायक बनने व उसके द्वारा प्रभाव प्रस्तुत करने में भी कई उपतत्वों का हाथ रहता है। इन्हीं विश्लेषणों व विविधताओं के चलते संस्कृति का मानव जीवन में विशेष महत्व है। मनुष्य जाति ने ही इस शैली को अपनाया ब इसका प्रसार किया। पृथ्वी के किसी अन्य जीव जगत में संस्कृति या संस्कार की ऐसी कोई पद्धति नाहीं मिलती। जंगल का सिंह अपनी जीवन शैली को अपने कुटुम्ब तक ही सीमित रखता है। यहां तक कि अक्सर यह अपने वंश के दूसरे सिंहों को भी अपने क्षेत्र या जीवन से जुड़े भू भाग में उनका हस्तक्षेप पसन्द नहीं करता। लेकिन मनुष्य एक ऐसी जीव पद्धति का प्रमाण है जिसने सदैव ही, अपनी संस्कृति व शैली को प्रसारित करने का गौरव अनुभव किया है। मनुष्य ने अपने समस्तभावों आवश्यक आवश्यकताओं व संवन्द्रों को एक संस्कार रुपी संस्कृति में बद्ध किया है।[1] उपरोक्त सभी विचारों के आधार पर यह कहा जा सकता है कि- संस्कृति वह अनुभव जन्य सत्यकृति है जो श्रेष्ठ विचारों के अनुसंधान से उत्पन्न होती है। जो न केवल व्यकित और समाज के आन्तरिक और बाह्य गुणों को प्रभावित करती हैं अपितु उसे आने वाली (भावी) संतति के कल्याणार्थ उसे सुरक्षित रखने के लिए सतत प्रेरित करती रहती है और जो न केवल एक व्यक्ति या एक समाज के लिए लाभदायक होती है अपितु उससे सारा राष्ट्र और संपूर्ण विश्व लाभान्वित हो एसी प्रेरणा संस्कृति ही प्रदान करती है। अर्थात् संस्कृति किसी भी जाति या राष्ट्र की आत्मा के समान होती है। जिस प्रकार आत्मा का कभी नाश नहीं होता उसी प्रकार संस्कृति भी कभी नष्ट नहीं होती क्योंकि वह कर्मजन्य अनुभवों का परिणाम होती है। प्रत्येक जीवन में पीढ़ी दर पाढ़ी विचारों के रुप में स्थानान्तरित होकर (अपने आप ही श्रेष्ठ से श्रेष्टतर बनकर पुष्ट होती रहती है।

[1] अंजलि मितल, भारतीय सभ्यता, संस्कृति एवं संगीत, पृ0 (36)

1.2 भारतीय संस्कृति

भारतीय संस्कृति का उद्गम ऋग्वैदिक काल से माना जाता है। तब से लेकर आज तक इस संस्कृति की अनवरत धारा बहती चली आ रही है। भारतीय संस्कृति की यात्रा को हम चार कालों में बांट सकते हैं। प्रथम काल आर्यों का युग है जिसे वैदिक काल की संज्ञा दी गई है जिसके अंतर्गत रचे गए वेदों में आर्यों की संस्कृति का विशद् वर्णन है। इसमें रामायण और महाभारत का काल भी सम्मिलित माना जा सकता है। द्वितीय काल में बौद्ध और जैन धर्म के युग को लिया जा सकता है। तृतीय काल का आरम्भ मुसलमानों के भारत आगमन से होता है और चौथा काल आधुनिक युग के नाम से जाना जाता है। इस युग का आरम्भ अंग्रेजी राज्य की स्थापना से माना जा सकता है।

प्रथम-युग:- इस युग का आरम्भ 3000 से 5000 ई० पूर्व तक माना जाता है। यह युग आर्यों की संस्कृति का युग था। इस युग में चारों वेदों की रचना हुई और आरण्यक ग्रंथ उपनिषद् आदि रचे गए और रामायण महाभारत जैसे महाकाव्यों की भी इसी काल में रचना हुई। इन धार्मिक ग्रंथों के माध्यम से आर्य जाति ने अपनी भारतीय संस्कृति की जड़ें इतनी मजबूत बना दी कि आज तक भी यह अपनी समृद्ध परम्पराएं भारतीय जनमानस के जीवन को सिंचित करती आ रही है। जबकि अन्य समकालीन संस्कृतियां विनाश के गर्त में समा गई।[1] आध्यात्मिकता से परिपूर्ण ऐसी सुक्ष्म और संशोधित विचारधारा और जीवन के प्रत्येक कर्म को संस्कारों से व्यवस्थित करना और साहित्य और कला के क्षेत्र में एसी कल्पना करना जो अतिश्योक्ति और कोरी भावुकता से रहित हो।

स्त्री जाति और गुरुओं के प्रति श्रद्धाभाव ने इस युग की प्रत्येक अनार्य जाति को अपने में मिलाकर एक विशाल हिन्दु समाज की नींव रखी।

---

[1] डॉ० जदुनाथ सरकार, मध्ययुगीन भारत, पृ० (21-22)

द्वितीय युगः- ईसा पू० छठी शताब्दी में दूसरी धार्मिक क्रान्ति हुई जिसमें बौद्ध और जैन धर्म का सूत्रपात हुआ। इन दोनो धर्मों का विकास इस देश के साथ-साथ अन्य देशों में भी हुआ। इन दोनो धर्मों के दर्शन शास्त्र के योगदान से हिन्दू धर्म में एक नवीन भाव का जागरण हुआ जिसके आधार पर संस्कृति के दूसरे युग में वह अपनी महत्वपूर्ण भूमिका निभाने में सफल रहे। यह धर्म इतना प्रसिद्ध हुआ कि इसके धार्मिक विचारों के कारण इसे एशियाई एकता का युग कहा गया। इन धार्मिक क्रान्तियों ने हीनयान और महायान के रुप में बौद्ध धर्म पौराणिक ब्राह्मण धर्म वैष्णव बर्म शैव धर्म तान्त्रिक थर्म सहज संप्रदाय अपने-अपने समय में भारत की सीमाओं से बाहर फैले। उतरी पश्चिमी स्थल मार्गों के द्वारा अफगानिस्तान होकर बीन व मध्य एशिया में भारतीय संस्कृति के प्रभाव लगभग दो हजार वर्षों तक निरन्तर प्रभावित होते रहे।[1] विदेशों के जीवन और सभ्यता पर हमारे पूर्वजों ने इतना धार्मिक और सांस्कृतिक प्रभाव डाला कि आज भी सैंकड़ों वर्षों बाद भी उसके ज्वलन्त प्रमाण वर्तमान में देखे जा सकते है।[2]

मध्य युगः- भारतीय संस्कृति का तीसरा काल मध्ययुग का काल माना जाता है। इसका आरम्भ मुसलमानों के भारत आगमन से होता है।

ईसा के लगभग आठवीं शताब्दी में अरब देश के मुसलमानों ने सिन्ध प्रांत तक अपनी संस्कृति की छाप जमाने का प्रयास किया। इसमें वह काफी हदतक सफल भी रहें। हिन्दू जाति काफी समय तक मुसलमानों के पराधीन रही। जिसके कारण भारत का सांस्कृतिक विकास काफी समय तक अवरुद्ध रही परन्तु दीर्घ काल तक शासन करने के उपरान्त भी मुसलमान अपनी संस्कृति की छाप भारतीय संस्कृति पर नहीं डाल सके।[3]

---

[1] राधा कुमुद मुखर्जी, भारत की संस्कृति और कला, पृ0 (27)

[2] हरिशंकर शर्मा और सरोजपावा, भारतीय संस्कृति के आधार, पृ० (21)

[3] डॉ० जदुनाथ सरकार, मध्ययुगीन भारत, पृ0 (67)

आधुनिक युगः- भारतीय संस्कृति का वर्तमान काल आधुनिक युग के नाम से जाना जाता है। इसका आरम्भ भारत में अंग्रेजों के भारत आगमन और अंग्रेजी राज्य की स्थापना से माना जाता है। निस्संदेह प्रश्चिमी सभ्यता ने भारतीय सभ्यता और संस्कृति को प्रभावित किया है। पश्चिम के प्रभाव के कारण भारत में सांस्कृतिक पुनरजागरण भी हुआ। यह जागरण प्रधानतः धार्मिक ही रहा फिर भी भारतीय साहित्य समाज और यह की संस्कृति इसके प्रभाव से अछूते न रह सके।[1] पश्चिमी सभ्यता के प्रभाव से निसंदेहं भारतीय जीवन शैली में परिवर्तन आए लेकिन भारतीय जनमानस की लोक संस्कृति में हिन्दू जीवन शैली के संस्कार ज्यों के त्यों व्रने रहे। जो भारतीय संस्कृति के वर्तमान में जीवन्त होने के प्रबल प्रमाण है। भारतीय संस्कृति विभिन्न माध्यमों जैसे- युद्ध शान्ति, कलाओं और राजनीति में शासन व्यवस्था संगीत साहित्य, चित्रकला स्थापत्य आदि कलाओं में विकसित होती आई है। इन सभी विधाओं में भारतीय संस्कृति ने पूरे विश्व में एक अनुपम और विशेष पहचान बनाई है। इस संस्कृति के निर्माण में उसके उत्तराधिकार को वहन करने वाली हिन्दू जाति का इतिहास सदा से जीवन्त और ज्वलन्त रहा है। भारतीय संस्कृति को उज्ज्वल बनाने में यहीं के वैदिक ऋषियों का सबसे अधिक योगदान रहा जिन्होने मानवीय धर्म का और वेदो की ऋचाओं का साक्षात्कार कर भारतीय जीवन शैली की आधारशीला रखी।[2] यूनान रोम मित्र य चीन की संस्कृतियों ने भी अपनी संस्कृति के महत्वपूर्ण अंश देकर विश्व को समृद्ध बनाया किन्तु भारतीय संस्कृति की विश्व संस्कृतियों को जो देन है वह इन देशों की संस्कृतियों से अलग है।[3] आज विदेशों की ये उन्नत सभ्यता और संस्कृतियां अपना पुराना अस्तित्व खोकर एक नया रुप विकसित कर चुकी है। ये भौतिक सभ्यता के विकास को ही संस्कृति

---

[1] हरिशंकर शर्मा और सरोजपावा, भारतीय संस्कृति के आधार, पृ0 (21)

[2] हरिशंकर शर्मा और सरोजपावा, भारतीय संस्कृति के आधार, पृ०(1)

[3] डॉ० देवराज, भारतीय संस्कृति, पृ०(31)

मानते है और सभ्यता का आरम्भ वह पुनर्जागरणकाल से मानते है परन्तु भारतीय संस्कृति और सभ्यता सिन्धु घाटी में ही अपना एक विकसित ओर परिष्कृत रुप धारण कर चुकी थी। उसके बाद वैदिक ऋषियों ने अपनी तपस्या से इस संस्कृति को संपन्न बनाया। तब से लेकर आज तक इसके संस्कारिक मूल्य सामाजिक विधान और मानवीय भावनाएं भारतीय संस्कृति को आज तक निरन्तर गतिशील बनाए हुए है। अनेक सभ्यता और संस्कृतियों के आक्रमणों और झंझावात को सहन करते हुए आज भी अपने अस्तित्व को यों का त्यों बनाए हुए है।[1] भारतीय संस्कृति में मानवीय अंतःकरण के सद्गुणों को श्रेष्ठ दिशा में प्रेरित करने की क्षमता विद्यमान है क्योंकि वह देव संस्कृति है। भारतीय संस्कृति किसी एक जाति, संप्रदाय, ग्रंथ या देश तक ही सीमित नहीं है बल्कि युगों से चली आ रही एक ऐसी सबल विचारधारा है जो ऋषि मुनियों साधकों और चिन्तकों की तपस्या के फलस्वरुप उत्पन्न हुई है। जिसका मूल उद्देश्य व्यक्ति को उसके सही स्वरुप से अवगत करवाना था। दूसरे शब्दों में इसे आत्मसाक्षात्कार कराना कहा जा सकता है। भारतीय संस्कृति का चिन्तन किसी एक जाति धर्म या संप्रदाय के कल्याण की भावना नहीं करता अपितु वह संपूर्ण विश्व के प्राणियों के कल्याण की कामना करता है। वेदों में कहा गया है किः-

सर्वे भवन्तु सुखिनः सर्वे सन्तु निरामया।
सर्वे भद्राणि पश्यन्तु मा कश्चि दुःख भाग्भवेत्।।

अर्थात्- सभी सुखी हों, सभी नीरोग हों, अर्थ के अंदर कल्याणकारी भावना का उदय हो और कोई भी प्राणी दुःख की प्राप्त न हो। इन्हीं भावनाओं को लेकर भारतीय संस्कृति सदैव सेवा अहिंसा और करुणा आदि जैसी श्रेष्ठ भावनाओं को मनुष्य के अंदर जागृत करने की प्रेरणा देती रही है। इसमें जहां आनन्द और उल्लास पूर्वक जीवन व्यतीत करने की छूट है वहां जीवन को नियमों में रहकर उसे श्रेष्ठ बनाने पर भी बल

[1] कल्याण, हिन्दू संस्कृति विशेषांक, पृ०(68)

दिया गया। मानव को सही मायनों में सच्चा मनुष्य बनाने की इस अभूतपूर्व क्षमता ने भारतीय देव संस्कृति को विश्य संस्कृति के नाम से संबोधित किया गया। क्योंकि उसका वह प्रकाश संपूर्ण वसुधा में फैला और सब लोगों के लिए सर्वग्राही बना।[1] भारतीय संस्कृति अपने इन्हीं गुणों से पूरी मानव संस्कृति के लिए प्रेरणा का स्त्रोत बनी।

'भारतीय संस्कृति सब को एक सूत्र में चांधने में और विनाश की अपेक्षा सृजन करने पर बल देती है। यह अनगढ़ को एक परिष्कृत रुप से गढ़ देने वाली यह दिव्य औषधी है जो मानव जीवन को उसके साधारण जीवन से दैवी जीवन की और उन्मुख करती है। धातु को जिस प्रकार अग्नि में तपाकर शुद्ध किया जाता है उसी प्रकार मानव के पशुतुल्य संस्कारों से उभारकर उसमें एक श्रेष्ठ जीवन की नींव रखती है। संस्कार भारतीय वाङ्मय में मनुष्य को देवत्व की ओर ले जाने वाली एक संजीवनी है।[2]

1.2.1 भारतीय संस्कृति की विशेषताएं

भारतीय संस्कृति विश्वभर में सबसे पुरातन है क्योंकि वैदिक साहित्य विश्वभर में सबसे प्राचीन माना जाता है क्योंकि वेद ही हमारी संस्कृति के आधार स्त्रोत है। वेदों में कहा गया- "सा प्रथमा संस्कृति विश्वधारा।" अर्थात् भारतीय संस्कृति ही सारे विश्व को व्याप्त करने वाली पहली संस्कृति है:-

एतद् देश प्रसू तस्य सकाशादग्रजन्मनः।
स्व स्व चरित्रं शिक्षरेनपृथिव्यां सर्व मानवः।।

अर्थात्- हे संसार के लोगों यदि तुम सभ्य और शिष्ट बनना चाहते हो तो भारतीय अग्रजन्मा विद्वान के चरणों में अपने अपने आचारों के अनुरुप शिक्षा प्राप्त करके शिक्षित बनो। भारतीय संस्कृति आदि से लेकर आज

---

[1] डॉ0 रुचि गुप्ता, भारतीय शाश्वत जीवनदृष्टि और संगीत, पृ० (56)

[2] राधाकमल मुखर्जी, भारतीय संस्कृति और कला, पृ० (61)

तक ज्यों की त्यो बनी हुई है क्योंकि वह मानव जीवन के किसी एक पक्ष को न लेकर उसके चहुंमुखी विकास की बात करती है। भोग के साथ त्याग और सभी एकसाथ मिलकर चलने की बात करती है जबकी अन्य संस्कृतियों की कब्रें खोदकर उनकी खोज की जा रही है।[1] भारतीय संस्कृति जीवित मनुष्य को उसके भूत-भविष्य जीने की वास्तविक प्रेरणा देती है।

भारतीय संस्कृति की झलक भारत की भौगोलिक परिस्थितियों यहां के ऋषि मुनियों के अनुभव से उपजे दर्शन, उनके उपदेशों, लोक पर्वो, लोक साहित्य और लोक संगीत और अनेक ऋषि मुनियों द्वारा प्रणीत काव्यों महाकाव्यों में दृष्टि गोचर होती है। एक दूसरे के प्रति सहिष्णुता का भाव, उदार दृष्टि और समन्वय भाव इस संस्कृति को एक अलग विशेषता प्रदान करती है। साहित्यिक दृष्टि से भारतीय संस्कृति की एक समृद्ध परम्परा है। यहां की संस्कृति के निर्माण में वेदों, उपनिषदों, आस्तिक दर्शन, महाभारत और रामायण की विशेष भूमिका रही है। अनेक लोग संस्कृतियों, जनजातियों की सांस्कृतिक परम्पराओं के अद्भुत समन्वयों से यह संस्कृति समृद्ध होती चली आई है। भारतीय संस्कृति को एकता के सूत्र में बांधने में रामायण और महाभारत जैसे जीवन्त महाकाव्यों ने अपनी भूमिका अदा की है। भारतीय जनमानस अनेक आंतरिक संघर्षों और बाहरी आक्रमणों से जूझता रहा परन्तु ऐसे समयों पर इस संस्कृति में ऐसे महापुरुषों ने संतों ने अपने अमृततुल्य संदेशों से भारतीय समाज में उत्पन्न आपसी कलहों के विष को शांत किया। अपने उदार दृष्टिकोण से भारतीय संस्कृति को सदैव नवीन जीवन धारा से सिंचित किया।

भारतीय जन मानस ईश्वर में विश्वास आत्मा की अमरता कर्मफल और पुनर्जन्म में विश्वास रखता है। भारतीय संस्कृति ने अन्य संस्कृतियों के

---

[1] अंजु शर्मा, ब्रज संस्कृति में संगीत, पृष्ठ (05)

अच्छे गुणों को ग्रहणकर अपनी समन्वयशीलता का परिचय दिया।[1] भारतीय संस्कृति का प्रभाव क्षेत्र बड़ा ही व्यापक व्यापक रहा है। सृष्टि की सबसे पुरातन संस्कृति होने के कारण संपूर्ण विश्व में इसका प्रभाव था। सृष्टि के आदि पुरुष मनु महाराज ने वेदों को सृष्टि के प्रथम ज्ञान स्त्रोत के रुप में स्वीकार किया। रामायण और महाभारत काल तक संपूर्ण विश्व में भारतीय संस्कृति की दुन्दुभि बजती थी। तदोपरान्त भारतीय संस्कृति में एक अंधकार युग आया, फिर बौद्ध काल में एक बार पुनः भारतीय संस्कृति के सूर्य का उदय हुआ और संपूर्ण मध्य एशिया तक उसके सूर्य की रोशनी ने अपने ज्ञान धर्म से प्रकाश मान किया। आज भारतीय संस्कृति का प्रभाव संपूर्ण विश्व में देखा जा सफता है। विश्व बन्धुत्व की भावना और संपूर्ण विश्व के चराचर प्राणियों के कल्याण की भावना करना ही भारतीय संस्कृति की विशेषता है। पूरी वसुधा को वह एक परिवार मानती है और इस पृथ्वी पर जन्में एक एक व्यक्ति को ईश्वर की संतान मानती है-

सं गच्छध्वं समव्रदध्वं सं वो मंनांसि जानताम्।
संभाग वो यथा पूर्व सं सजनानामुपासते।।

अर्थात्- विश्व के सारे लोगो। तुम एक होकर प्रगति की राह में कदम बढ़ाओ। तुम्हारे सुभी के मूल मन्तव्य एक जैसे हों। एक साथ मिल बैठकर विचार विनिमय करो। जो भी परमात्मा के दिए वरदान हैं उनका समान वितरण करके उनका समुचित उपयोग करो।[2] विश्व की शांति के लिए आज के इस न्यूक्लियर हथियारों के ढेर के उपर बैठी हुई। समस्त मानव जाति के कल्याण के लिए आज ऐसे उपदेशो की परम आवश्यकता है। भारतीय संस्कृति के मुख्यतः दो आधार जिन पर इसकी संस्कृति की नींव टिकी है वह आदिकाल से आजतक समान रुप से देखे जा सकते है। पहला आधार आध्यात्म हैं ओर दूसरा है धर्म। इन दो

---

[1] डॉ0 अंजु शर्मा, ब्रज संस्कृति में संगीत, पृ० (07)

[2] डॉ0 अंजु शर्मा, ब्रज संस्कृति में संगीत, पृ० (7-8)

पारिभाषिक शब्दों के बीच ही संपूर्ण भारतीय संस्कृति को स्पष्ट रुप से देखा व पहचाना जा सकता है। भारतीय संस्कृति के इन रुपों की संपूर्ण व्याख्या प्राचीन ग्रंथों, शिक्षा शास्त्र, दर्शन, इतिहास, मनोविज्ञान, खगोलशास्त्र, संस्कृत साहित्य, हिन्दी साहित्य, नाटक, संगीत व अन्य कलाओं में स्पष्ट रुप से देखी जा सकती है। या यूँ कहें कि यह दो तत्व आध्यात्म और दर्शन धर्म भारतीय संस्कृति के उत्थान के दृढ़ आधार स्तम्भ रहे है तो कोई अतिश्योक्ति न होगी। इन्ही दो प्रमुख तत्वों ने भारतीय संस्कृति को विश्व मानचित्र पर विश्व गुरु के रुप में प्रतिष्ठित किया है। आध्यात्म और धर्म ने भारत के प्रत्येक व्यक्ति, समाज, संप्रदाय और संपूर्ण राष्ट्र को एकता के दृढ़ सूत्र में बांध रखा है और भारतीय जनमानस के दृष्टिकोण को सदैव नवीन और सहिष्णु बनाए रखा है। आध्यात्म भारतीय संस्कृति की विचार भूमि है तो धर्म उसका कर्मक्षेत्र है। भारतीय संस्कृति ने धर्म को किसी एक विचार और संप्रदाय की संपत्ति नहीं माना अपितु यह स्वीकार किया कि जो कर्म मानव जीवन को श्रेष्ट मार्ग की ओर अग्रसर करे सामाजिक कल्याण के कर्म की ओर प्रेरित करे और मनुष्य को देवत्व तक पहुंचाए वही वास्तव में सच्चा धर्म है। इन्हीं दो तत्वों को भारतीय संस्कृति के मुख्य आधार स्त्रोत मानकर भारतीय संस्कृति की विशेषताओं को इस पुस्तक में प्रस्तुत किया जा रहा है।

1.2.2 भारतीय संस्कृति में आध्यात्म

जिस तरह एक मोमवती आग के बिना नहीं जल सकती उसी प्रकार एक व्यक्ति आध्यात्म के बिना भीवित नहीं रह सकता। यह आध्यात्म तत्व हर एक मनुष्य के अंदर विद्यमान है परन्तु वही व्यक्ति आनन्दित रह सकता है जो उसके विद्यमान होने के प्रति जागरुक है। हर एक व्यक्ति इसको नहीं जान पाता और जो नहीं जानता वह अपनी इस अज्ञानता से

उस तत्व के अभाव में सदैव दुःखी रहता है।[1] हर युग में समाज के लोगों के अंदर धर्म का ज्ञान उपस्थित रहता है। समाज के लोग यह जानते है कि उनके लिए क्या अच्छा है ओर क्या बुरा है। धार्मिक मान्यताएं निर्धारित करती है कि इन सामाजिक मूल्यों को किस तरह लोगों में प्रतिस्थापित किया जाए।[2] प्राचीन आर्य जाति विलक्षण बुद्धि और प्रतिभा सम्पन्न थे। उन्होंने संस्कृति के विभिन्न क्षेत्रों जैसे- धर्म, दर्शन, साहित्य व्याकरण, तर्कशास्त्र, राजनीतिक शास्त्र, भूगोलशास्त्र, गणितशास्त्र, ललित कलाओं और ज्ञान- विज्ञान के अनेक क्षेत्रों में उल्लेखनीय प्रगति की। उन्होंने सभ्यता के भौतिक उत्कर्ष के साथ-साथ आध्यात्म पक्ष में भी उतनी ही रुचि ली और अपने कर्म को उन्होंने देवताओं की उपासना से जोड़े रखा।[3] भारतीय संस्कृति में जीवन मृत्यु का बोध आपसी बन्धुत्व पारिवारिक जीवन, पाप-पुण्य, जन्म-पुनर्जन्म, कर्मविचार ऐसे मूलभूत तत्व है जो हमारी संस्कृति के आधार माने जा सकते है और ये सभी तत्व सभ्यता के विकास के साथ-साथ विकसित होते जाते है और धर्म और आध्यात्म के आधार पर इन्हें एकरूपता प्राप्त होती जाती है।

'आध्यात्म शब्द' ओध, उपसर्ग तथा 'आत्मनू' शब्द से मिलकर बना है। अधि उपसर्ग अधिकरण कारक को सूचित करता है। दार्शनिकों ने आध्यात्म शब्द का संबंध आत्मा से माना है और आत्मा तथा परमात्मा के संबंधों की चर्चा इस आध्यात्म शब्द से की जाती है। हिन्दी मानक कोष के अनुसार आत्मा तथा परमात्मा के गुणों और उसके परस्पर संबंधों का दार्शनिक विवेचन आध्यात्म है। हिन्दी साहित्य कोष के अनुसार आध्यात्मवाद दर्शन का प्रारम्भिक रुप है।[4]

---

[1] ब्रेन ब्राउन, विजडम ऑफ हिन्दू, पृ0 (14)

[2] आक्सफोर्ड, वट इज आर्ट, पृ० (128)

[3] आचार्य चलवीर, ऋग्वेदीय ब्राह्मणों का सांस्कृतिक अध्ययन।

[4] डॉ० सुनिता शर्मा, भारतीय संगीत का इतिहास (आध्यात्मिक और दार्शनिक)

The term spiritual is very ambiguous. The philosophical thinkers divide the known word into body and spirit representing all that is known material. Mind being known material is further called a spirit and word spiritual is ment to cover all mental function, but it is further associated with all the craving and aspirations of the fhind for the transcends even the body and preyche and aspires for unity with Brahman The ultimate reality. The goal like self realization, liberation, reward after death are, Therefore treated as the spiritual goals implying that they are the thing aspired by soal and not the mind associated with the body.[1]

भारतीय दर्शन में आध्यात्म को भारतीय संस्कृति की आत्मा कहा गया है। हमारे ऋषि मुनियों ने अपनी तपस्या और विवेक पूर्ण साधना से जीवन और जगत के कुछ एसे सत्यपूर्ण तथ्यों का अन्वेषण किया जिससे यह सिद्ध हुआ कि केवल मात्र पिष्टपेष्ण ही जीवन का लक्ष्य नहीं बल्कि यह तो शरीर को जीवित रखने का साधन है और इससे जीवन के उन सूत्रों का संधान किया जाए जो हमें विवेकपूर्ण जीवन जीने के लिए प्रेरित करे।

'आध्यात्मिकता भारतीय संस्कृति का सार तत्य है। इसी ने भारतीय संस्कृति को विश्वभर में अमर बनाया है। आर्यों के आन्तरिक और बाहरी जीवन के सभी कर्मों और उद्योगों में आध्यात्म ने एक मार्गदर्शक के रुप में महत्वपूर्ण भूमिका निभाई। भारतीय संस्कृति के जनमानस के दैनिक दिनचर्या से लेकर समाज और राष्ट्र के कर्मों में सदैव ही आध्यात्मिकता का स्पर्श रहा है। आध्यात्म हिन्दु धर्म के लोगों की आधारशिला बनी। इसी आध्यात्मिकता के कारण चक्रवर्ती सम्राट प्राचीन ऋषि मुनियों के आगे नतमस्तक होते थे।[2]

---

[1] Kuppu swami & Hariharn, Reading on music and dance. Page [28]

[2] हरिशंकर शर्मा और सरोजपावा, भारतीय संस्कृति के आधार, पृ० (30)

'यदि मानव के पास प्रत्येक वस्तु है पर आध्यात्मिकता नहीं तो क्या लाभ ? हिन्दु जानते थे कि इस भौतिक सृष्टि के मूल में वह सत्य व दिव्य आत्मा निहित है जिसे कोई पाप कलुषित नहीं कर सकता। कोई दुराचार भ्रष्ट नहीं कर सकता और कोई दुर्वासिना गंदा नहीं कर सकती। उनकी दृष्टि में यह परा प्रकृति आत्मा उतनी ही सत्य है जितना कि पश्चिमी व्यक्ति की इन्द्रियों के लिए कोई भौतिक पदार्थ। इस विचारधारा में वह शक्ति चिन्हित है, जिसमें भारतीयों को शताब्दियों के उत्पीड़न और विदेशी आक्रमण या अत्याचारों के बीच अजेय रखा। आज भी राष्ट्र जीवित है और इस राष्ट्र में भयंकर विपत्ति के दिनों में भी आध्यात्मिक पुरुष कभी उत्पन्न होने से नहीं चूके हैं। हजारों वर्षों के असंख्य कष्टों में यह हिन्दू जाति मर क्यों नहीं गई। भारतीय राष्ट्र मर नहीं सकता वह उस समय तक अमर रहेगा जब तक यह आध्यात्मिकता भारतीय संस्कृति की पृष्ठभूमि के रुप में रहेगी, जब तक कि उसके लोग आध्यात्मिकता को नहीं छोड़ेगे।[1] जीवन और मृत्यु के बीच में उपस्थित मानवीय जीवन की अनेक घटनाओं को हमारे ऋषि मुनियों ने अपने आध्यात्म जीवन के बल पर भिन्न भिन्न दृष्टिओं से आंका। अपने तप से उन्होने पाया कि साधना अवस्था तक ही भेद या द्वैत का भाव रहता है परन्तु उसके बाद तो सिद्धावस्था में द्वैत-अद्वैत, भेद-अभेद का भाव एक ही भाव यानि अद्वैत भाव रह जाता है। ऐसे सिद्ध पुरुषों एवं संतो की वाणी में कभी सगुण एवं कभी निर्गुण उपासना के रुप में उसी एक परम तत्व को प्रतिपादित किया गया। यही परम तत्व अथवा आत्म तत्व सारी आध्यात्मिकता का केन्द्र बिंदु बना। सूक्ष्म जगत में विचरण करने वाले संत महात्माओं का मुख्य केन्द्र बिंदु आध्यात्म रहा। कर्म, भक्ति ओर ज्ञान के माध्यमों से एक साधारण मानव ब्रह्मत्व की स्थिति में पहुच जाता है। इन सब को प्रतिपादित करने के लिए साकार और निराकार की उपासना की गई।[2]

---

[1] विवेकानन्द, हिज़ कंपलीट वर्क, वाल्यूम-5, पृष्ठ (367)

[2] डॉ0 राम कुमार, आध्यात्मिकता और हरयाणवी संस्कृति बोध, पृ० (20)

आध्यात्मिकता एक तरफ राष्ट्र की संस्कृति की नीव को सुदृढ़ करती है तो दूसरी ओर उसे नैतिक बल प्रदान करती है। भारतीय संस्कृति में आध्यात्म ने एक ऐसी जीवन्त भूमिका अदा की, कि भारतीय जनमानस के प्रत्येक क्षेत्र में जैसे- प्रास्परिक प्रेम, युद्ध में, शान्ति में, साहित्य में, कलाओं में, मुख्य आचार आध्यात्म पाल रहा है।। है। परमात्मा में अटूट विश्वास ओर अनेक देवी-देवताओं में श्रद्धा के फलस्वरुप अनेक स्तुति गीतों की रचना का प्रादुर्भाव हुआ और व्यक्तिगत जीवन से लेकर सामाजिक जीवन तक और यहां तक कि जीवन के राजनीतिक पक्षों में भी आध्यात्मिकता का पुट रहा और जीवन के प्रत्येक कृत्य आध्यात्म का स्पर्श पाकर उन्नत हुए जिससे भारतीय संस्कृति की नीव सुदृढ़ बनी और नैतिक दृष्टि से भी इसका उत्थान हुआ।

1.2.3 भारतीय संस्कृति में धर्म

धर्म को भारतीय संस्कृति का दूसरा मूलभूत आधार तत्व माना जाता है। हमारे आदिकाल के वेदों से लेकर आजतक के ग्रंथों में ईश्वर स्तुति ओर धर्म संबंधी उपदेशों का वर्णन मिलता है। इसी धर्म की व्याख्याओं के आधार पर भारतीय जनमानस अपने जीवन को जीता चला आया है और आध्यात्म के आधार पर उसने अपने जीवन के धर्म की नीव रखी। धर्म कोई व्यक्तिगत या समष्टिगत बस्तु नहीं बल्कि वह तो मावन जीवन के कर्मो की सही व्याख्या करता है और कर्म को उसके वास्तविक उद्देश्य से परिचित करवाता रहा है। आमतौर पर हमारे मस्तिष्क में धर्म शब्द को लेकर मंदिर, मस्जिद, गुरुद्वारे, गिरिजाघर, प्रार्थनाएं, धर्म संबंधी उपदेश धार्मिक संप्रदाय, कर्मकाण्ड, शब्द-कीर्तन, भजन, साधु संतों तथा विभिन्न साम्प्रदायों के प्रवर्तकों द्वारा प्रवर्तित मार्ग, मौन धारण, जप तप, ध्यान स्मरण आदि चीजें आती है किन्तु यह सब चीजें धर्म नहीं अपितु धर्म को सही रुप में परिभाषित करने तथा उसे समझने के भिन्न भिन्न मार्ग

है। ये मार्ग हमे सर्वश्रेष्ठ मार्ग की ओर बढ़ने के लिए प्रेरक के रुप में काम करते है।[1]

The most beautiful thing we can experience is the mysterious side of life. It is the deep feeling which is at the crade of all true art and science. Int this sense I count myself among most deeply religious people.[2]

इस संदर्भ में पश्चिम विद्वान राबर्ट लियोपोल्ड साइमन लिखते हैं कि-

One can not consider any aspect of Indian culture without viewing it in the context of its religious bare, Hinduism In India more than any other major nation the world religion is reflected in every nuance of traditional society. Distinction between secular and religious values as made in westeren societies would have no place in this culture. All thought all action indeed all compromise a person's consciousness are among traditional Indians connected in one way or another with religion. God is omnipresent even the rough, commercially competitive taxi driver has representation of his'Ishta Devta mounted on the dash board of his auto adorned with a fresh garland of flowers place around it each day A person's daily life from predawn to relining at night consists of a series of rituals The fact of preparing of bothing, of eating even the formalities of greeling people are religious rituals ones total being is an important part of a social whole, Integrated within an infinity complex, yet single religious system. In India because the importance of religion, Hindu culture is at the concepts beliefs and action connected with religion.[3]

---

[1] डॉ० सुनिता शर्मा, भारतीय संगीत का इतिहास (आध्यात्मिक और दार्शनिक)

[2] David Murti Arthetic in the religious experience.

[3] Robert Leopold Simon, Spiritual aspect of Indian Music. Page[1]

1.2.4 धर्म शब्द की व्युत्पत्ति, अर्थ एवं परिभाषाएं

व्युत्पत्ति की दृष्टि से धर्म शब्द 'घृ, (धारणे) धातु से मन प्रत्यय लगाने पर निष्पन्न होता है।[1] **धृ+अर्तिस्तुष्हूमितिमन्**

जिसका अर्थ है- **'ध्रियते लोकोऽनेन धरति लोकं वा'**

अर्थात्- जिसके द्वारा यह लोक धारण किया जाता है अथवा जो लोक को धारण करता है। तात्पर्य ये कि लोक की धारक शक्ति को ही धर्म कहा गया है।[2]

कुछ मानक कोष ग्रंथों के अनुसार धर्म की निम्नलिखित परिभाषाएं हैं-

1. कर्तव्य पालन, दस्तूर, प्रथा, अध्यादेश, अनुविधि।[3]
2. धार्मिक व नैतिक गुण।[4]
3. किसी वस्तु में सदा रहने वाली सहज वृति स्वभाव प्रकृति आदि।[5]
4. शुभादृष्ट पुण्य।[6]
5. निश्चित नियम या व्यवस्था।[7]
6. मानव जीवन के चार पुरुषार्थों में एक।[8]

---

[1] हलायुध कोष, पृ० (300)

[2] शब्द कल्पद्रुम द्वितीय भाग, पृष्ठ (786)

[3] ज्ञान शब्द कोष, पृष्ठ (376-80)

[4] बसु हिन्दी विश्व कोष, पृ० भाग-2, पृष्ठ (100,126)

[5] मॉनियर विलियम, संस्कृत-ईगलिश शब्दकोष, पृष्ठ (510)

[6] Encyclopaedia of Religion and Ethics. Vol-4. Page(702)

[7] K. Sachinanda Moirtly Ethics & Value, Volume-1 Page(968)

[8] हलायुध कोष, पृष्ठ (370)

धार्मिकत्रे यत्र ततीर्थ स देशो निरुपद्रवः।
न धर्मे रमता बुद्धिर्यतो धर्मस्तोजयः।
पातिलोकाभिमान मूतस्तमस्मै धर्माय वै नमः।।

(वृहद धर्म पुराण/1-42-43)

अर्थात्- धर्म वह शक्ति है जो व्यक्ति समाज तथा राष्ट्र को धारण करने की सामार्घ्य रखती है इसके अन्तर्गत मनुष्य के ये सब कर्तव्य आ जाते हैं जिनसे उसके तथा समाज के जीवन का कल्याण होता है और जिनका व्यवहारिक जीवन से घनिष्ट संबंध है।[1] वे सभी कर्म जिनको मानव अपने पुरुषार्थ के बल पर करता है और परिणामस्वरुप जिनसे परमब्रह्म की प्राप्ति के मार्ग खुलते हैं, धर्म कहा जाता है। धर्म हमारे रीति रिवाज और कर्मकाण्ड का आधार ही नहीं है अपितु हमारे दैनिक जीवन शैली जैसे- खान-पान, सामाजिक व्यवहार और संस्कृति का भी एक रुप है। धर्म मानव जीवन के इस लोक और परलोक के मार्ग को प्रशस्त करने का एक साधन है और पूरी मानवता को एक सूत्र में बांधने का सूत्र है। 'धर्म एक ऐसा व्यापक शब्द है जो सामने आते ही किसी व्यक्ति या समाज का इतिहास और उसके जीवन की भूमिका प्रस्तुत करने में समर्थ होता है। धर्म शब्द में जाति विशेष की सभ्यता, संस्कृति, आचार-विचार, रहन-सहन, रीति-रिवाज तथा जीवन प्रणाली की प्रक्रिया और निर्देशन प्रस्तुत होता है। धर्म को व्यक्ति के आचरण और व्यवहार की संहिता कहा गया है, जो उसके देश काल और परिस्थिति के अनुसार व्यवस्थित नियमित और नियंत्रित करता है तथा उसके स्वस्थ और उज्ज्वल जीवन जीने का मार्ग प्रस्तुत करता है।[2] भारतीय संस्कृति के इतिहास में धर्म को विभिन्न ग्रंथो में यहां के दार्शनिक विचारकों, चिन्तकों ने, मनीषियों ने अपने-अपने ढंग से धर्म को परिभाषित किया है और प्रत्येक युग में धर्म को परिभाषित किया गया।

---

[1] डॉ0 कुसुम दता, महाभारत के शांति पर्व में धर्म का स्वरुप, पृ० (14)

[2] हरिशंकर शर्मा व सरोजपावा, भारतीय संस्कृति के आधार, पृ० (48)

ऋग्वेद भाष्य भूमिका में वेदोक्त धर्म के विषय में कहा गया कि जो पक्षपात रहित हो, न्याय, सम्याचरण से युक्त धर्म है उसी को ग्रहण करो। उसके अनुसार धर्म का ज्ञान तीन प्रकार से होता है- एक तो धर्मात्मा विद्वानों की शिक्षा दूसरा आत्मा की शुद्धि एवं सत्य को जानने की इच्छा तथा परमेश्वर की कही वेदविद्या। सत्य को धर्म तथा असत्य को अधर्म कहा गया। सभी मनुष्यों को प्रेरणा दी गई है कि वे परस्पर प्रेम भाव से रहें। यही वेदों में ईश्वरोक्त धर्म है। वेद रीति से ही ईश्वरोपासना करने से धर्म में प्रवृति होती है।

मनुस्मृति में कहा गया-

वेदो ऽखिलो धर्ममूलं स्मृतिशीले च तद्विदाम्।।

मनुस्मृति/अ0-2/श्लोक-6

अर्थात्- वेद धर्म के मूल है।

वेदों में प्रतिपादित किया गया धर्म ही परवर्ती समस्त वाङ्मय का आधार है। अथर्ववेद के एक श्लोक में धर्म को इस तरह परिभाषित किया गया है-

ओजश्च तेजश्च सहश्च बलं च वाकू च इन्द्रिय च श्रीश्च धर्मश्च।।

(अथर्ववेद/12-5-7)

अर्थात्- ओज, भयरहित, तेज, हर्ष शोकादि, त्यागरुप, सहिष्णुता, ब्रह्मचर्य, सत्य व प्रिय भाषण, इन्द्रियसंयम तथा श्री संपन्नता को ही धर्म कहा गया है।

1.2.5 बाल्मीकि रामायण में धर्म

धारण करने से ही धर्म रह सकता है और धर्म से ही प्रजाजन सुव्यवस्थित रह सकते है। अतः धर्म को धारण करने वाला चराचर तीनों लोकों को धारण कर सकता है। धर्म ही दुष्टों का निग्रह और प्रजाजनों का रंजन कर सकता है। इसी से वह धर्म कहलाता है। धर्म ही सबसे बढ़कर है और मरने पर भी धर्म ही सहायक हो सकता है। धर्म पर आरूढ़ रहने वाले को कोई भी पदार्थ दुष्प्राप्य नहीं है। दान, दया सज्जनों का

सत्कार व्यवहार में सीधापन ये ही परम धर्म है और इसकी रक्षा करने पर यह लोक और परलोक दोनो ही बनते है। भगवान राम को धर्म का मूर्त रुप स्वीकार किया गया है।[1] रामायण में कहा गया है- 'धर्म से ही राज्य की प्राप्ति होती है और धर्म से ही प्रजा का उचित पालन हो सकता है।[2] सत्यवादिता, प्रतिज्ञापालन, इन्द्रियसंयम, पितृभक्त, क्षमावान आदि चारित्रिक गुण राम को धर्मज्ञ बनाते है। यहां धर्म का व्यवहारिक रुप रामायण के विभिन्न पात्रों में मुखरित हुआ है। राम साक्षात धर्म के साकार रुप, सीता पतिव्रत धर्म को निभाने वाली, हनुमान स्वामी भक्त, भरत भ्रातृभक्त, विभीषण सत्वगुण संपन्न, परजनहितकारी जटायु आदि सभी चरित्र धर्म के आदर्श रुप को दशति है। इसके विपरीत वेदों का विद्वान परन्तु आचार तथा चरित्रहीन रावण अधर्म के साक्षात रुप को प्रतिपादित करता है।[3] रामायण महाकाव्य में धर्म के मार्ग पर चलकर अपने आचरण को जिस तरह प्रस्तुत करना चाहिए और उस धर्म का आचरण कर अधर्म को किस तरह जीता जा सकता है उसको रामायण के प्रत्येक पात्रों द्वारा महर्षि बाल्मीकि ने प्रस्तुत किया है।

1.2.6 महाभारत में धर्म का स्वरूप

रामायण की तरह महाभारत में भी धर्म की चर्चा की गई है। महाभारत के शांति पर्व में कहा गया-

धारणाद्धर्म इत्याहुधर्मेण विषताः प्रजाः।
कस्याछारणसंयुक्तं स धर्म इति निश्चयः।।

(शांति पर्व/110-11)

---

[1] डॉ० कुसुम दता, महाभारत के शांति पर्व में धर्म का स्वरुप। पृ० (21)

[2] डॉ० कुसुम दता, महाभारत के शांति पर्व में धर्म का स्वरुप। पृ० (22)

[3] डॉ० कुसुम दता, महाभारत के शांति पर्व में धर्म का स्वरुप। पृ० (23)

अर्थात्- धारण क्रिया के कारण ही इसे धर्म कहते है। धर्म ने ही सारी प्रजा को धारण किया है। जो बारण शक्ति संपन्न है निश्चित रुप से वही धर्म है। शांति पर्व में कहा गया है-

प्राणियों के कल्याण व उन्नति के लिए धर्म का सृजन एवं प्रवचन स्वयंभू ब्रह्मा ने किया। जो कुछ भी अहिंसा से युक्त है वह धर्म है। धर्म की वृद्धि से प्राणियों की उन्नति होती है और धर्म का ह्रास होने से सबका क्षय होता है। सबको धारण करने वाला धर्म निश्चित ही कार्यों अकार्यों की विभाजक रेखा है।

महाभारत में धर्म के नौ लक्षण कहे गए है-

अदतस्यानुपादनं दनामध्ययनं तपः।
अहिंसा सत्यमक्रोधः क्षमेज्या धर्म लक्षणम्।।

(शांति पर्व/37/07)

अर्थात्- चोरी न करना, दान, अध्ययन, तप, अहिंसा, सत्य, अक्रोष, क्षमा तथा यज्ञ में सभी धर्म के लक्षण है।

1.2.7 विभिन्न भारतीय विचारकों और पश्चिम विचारकों के अनुसार धर्म की परिभाषाएं

मुंडर के अनुसार- जो विचार एवं भावनाएं आदर्श असतित्व की ओर संकेत करते हैं वे धार्मिक हैं। इसलिए धर्म का नाम प्रतीक व व्यक्ति सर्वदा पवित्र और शुद्ध है क्योंकि वे सामान्य वस्तुओं से परे जाने वाले सर्वोतम मूल्य हैं। अतः धार्मिक अभिवृति, निष्ठा, आत्मोसर्ग समादर विनय तथा वस्तु की अभिवृति है।[1]

पैट्रिक के अनुसार- हाल ही में धर्म में फिर से रुचि उत्पन्न करने में जितना कार्य धर्म के इतिहास के अध्ययन ने किया है उतना किसी ने

[1] पेट्रिक, दर्शन शास्त्र का परिचय, पृष्ठ (37)

नहीं। प्रत्येक पाठक को प्राचीन और अर्वाचीन देशों के धर्मों से और उनके अर्थों से परिचित होना चाहिए। उनमें सर्वमान्य तत्व यही है कि उन अदृश्य शक्तियों में विश्वास करो जो जगत का नियंत्रण और औचित्य का निर्धारण करती है उनमे सामंजस्यपुर्ण संबंध स्थापित करने की इच्छा रखो जो संभवतः सदा ही एकता तथा अनुक्रिया के निश्चय की भावना से युक्त होती है।[1]

ई० वी० टायलर के अनुसार- धर्म आध्यात्मिक सत्ताओं में विश्वास है। मेक्समूलर के अनुसार धर्म वह मानसिक शक्ति या प्रवृति है जो मनुष्य को अनन्त सता का ज्ञान प्राप्त कराने में सक्षम बनाती है। **कान्ट** का कथन है कि दैवी आदेश के रूप में कर्तव्य स्वीकृति ही धर्म है। **श्यालर मारवर** के अनुसार ईश्वर में पूर्ण रुप से निर्भर रहने की भावना में ही धर्म का तत्व निहित है। **फिलिन्ट** के कहा कि धर्म मनुष्य का ऐसी सता में विश्वास है जो उससे शक्तिशाली और इन्द्रियातीत है। परन्तु वह उसके स्थाई भावों तथा क्रियाओं के प्रति उदासीन नहीं है।[2]

डॉ० राधा कृष्णन के अनुसार- धर्म से व्यक्ति के जीवन में पूर्णता आती है। इस प्रकार धर्म वही है जो किसी को क्लेश नहीं पहुंचाता, वरन लोक कल्याण करता है।[3]

गोपाल कृष्ण गोखले के अनुसार- एक आदर्श समाज में धर्म प्रत्येक मनुष्य के कर्तव्यों और अधिकारों का वह सिद्धान्त है जो समस्त नैतिक कार्यों को प्रतिबिम्बित तथा नियमित करता है। दूसरे अर्थ में धर्म को कर्तव्यों का संग्रह भी माना गया है।[4]

जिमिर के अनुसार- वस्तुतः धर्म आचरण की वह संहिता है जिसके माध्यम से व्यक्ति समाज के सदस्य के रुप में और एक व्यक्ति के रुप में

---

[1] वही, पृष्ठ (39)

[2] डॉ0 विजय लक्ष्मी जैन, संगीत दर्शन, पृ० (16)

[3] डॉ0 राधा कृष्णन, रिलिजन एण्ड सोसाईटी, पृ० (104)

[4] जिमिर, फिलासफीन ऑफ इण्डिया, पृ० (28-35)

नियन्त्रित होता हुआ क्रमशः विकसित होता है और अपने चरम उद्देश्य (मोक्ष) की प्राप्ति करता है। स्पष्ट है कि आचरण गत नियमों का संग्रह ही धर्म है।[1]

उपर्युक्त परिभाषाओं के आधार पर यह कहा जा सकता है कि धर्म का मानव जीवन में अत्यंत महत्वपूर्ण स्थान है। धर्म से मानव जीवन के कार्यों में सकारात्मक बदलाव आते हैं। धर्म को किसी जाति संप्रदाय या किसी विशेष देश पर विभाजित नहीं किया जा सकता है। समस्त मानव जाति पर धर्म की परिभाषा समान रुप से लागू होती है। यह मनुष्य को देवत्व की ओर प्रेरित करता है। धर्म ही मानव को पशु से अलग करता है। धर्म से ही मनुष्य का चरित्र बलवान बनता है। संक्षेप में कहा जाए कि धर्म मनुष्य के कर्म की वह आधार शिला है जिस पर चलकर मनुष्य न केवल अपना अपितु संपूर्ण मानव जाति का उद्धार करता है।

भारतीय संस्कृति के इतिहास में चार धार्मिक क्रान्तियां हुई जिनका भारत के सांस्कृतिक वातावरण पर विशेष रुप से प्रभाव पड़ा। प्रथम क्रांति आर्यों के भारत आगमन से हुई। उन्होने भारत की अनार्य जाति को अपने में मिलाकर जिस नए हिन्दू समाज की रचना की उस की संरचना बेदों के आधार पर की। इन दोनो आर्य और आर्येतर जातियों के मिलने से एक बुनियादि संस्कृति बनी। दूसरी धार्मिक क्रान्ति तब हुई जब महावीर और गौतम बुद्ध ने इस संस्थापित संस्कृति और धर्म में आई विसंगतियों और कुरीतियों के विरोद्ध में अपने नवीन प्रासंगिक विचारों से भारतीय संस्कृति की धारा को खींचकर एक नई उद्दार दिशा की ओर ले गए। तीसरी धार्मिक क्रान्ति का सूत्रपात मुस्लमानों के इस्लाम धर्म के रुप में हुआ और इस देश में उसका हिन्दुत्व के साथ मुस्लमानों से भी संपर्क हुए। चौथी क्रान्ति यूरोपीय जातियों के आगमन के फलस्वरुप

---

[1] जी० के० गोखले, इण्डियन थोट थ्रू एजेज, पृ० (25)

हुई। इनके संपर्क में आकर हिन्दुत्व और इस्लाम ने नव जीवन का अनुभव हुआ।[1]

इतिहास का अध्ययन करने पर यह विदित होता है कि भारतीय समाज ही नहीं अपितु संपूर्ण विश्व सदैव धर्म के आवरण में आवेष्टित रहा है। अतः मानव को सामाजिक प्राणी के साथ-साथ धार्मिक प्राणी भी कहा जाए तो कोई अतिश्योक्ति न होगी। जिस प्रकार मानव का समाज के बिना जीवित रहना असम्भव है उसी प्रकार मानव कहीं न कहीं किसी न किसी रुप में प्रत्यक्ष या अप्रत्यक्ष रुप में धर्म के बिना अपने सही जीवन की कल्पना नहीं कर सकता। भारतीय संस्कृति का विशाल स्तम्भ अगर आज खड़ा है तो केवल धर्म ही उसकी आधार शिला है और भारतीय कला का कोई भी रुप धर्म से अछूता नहीं है। जिस प्रकार संस्कृति को इतिहास का दर्पण कहा जाता है उसी प्रकार कला संस्कृति का दर्पण और धर्म उनका संरक्षक रहा है।[2] भारतीय संस्कृति के इतिहास में धर्म का जो एक सबसे बड़ा योगदान रहा कि इसने भारत की सांस्कृतिक एकता को बनाए रखा। भौगोलिक दृष्टि से इतने बड़े देश में कोई भी विजय स्थाई नहीं रह सकी। संस्कृति की विभिन्न अवस्थाओं में भारत भूमि पर अनेक जातियों और जनो का अधिकार रहा परन्तु वैदिक काल से ही धर्म आर्यों के जीवन का अभिन्न अंग बन गया था। आर्यों ने विदेशियों को अपने वैदिक धर्म से प्रभावित कर उन्हें अपना बना लिया। छठी ई० पू० भारत में बौद्ध व जैन धर्मो का प्रादुर्भाव हुआ, परन्तु आर्यों के धर्म के प्रभावशाली होने के कारण वे हिन्दू धर्म के ही रुप बन गए, क्योंकि आर्यों को ज्ञान हो गया था कि जीवन के उतार-चढाबों में धर्म ही साथ देता है। सामाजिक जीवन के कार्यों और उद्देश्यों को धर्म ही निर्धारित करता है। इसलिए धर्म विभिन्न जातियों और संप्रदायों में एकता की

---

1 डॉ0 रामधारी सिंह दिनकर, भारतीय संस्कृति के चार अध्याय- प्रस्तावना।

2 डॉ० सुनीता शर्मा, भारतीय संगीत का इतिहास, (आध्यात्मिक और दार्शनिक) पृ० (14)

कड़ी बन गया। भारत के चारों कोनो में धार्मिक यात्राएं आज देश की सांस्कृतिक एकता का प्रतीक बन गई है। इन तीर्थ यात्राओं, पुराणों, धर्मशास्त्रों और मंदिरों में उकेरी गई मूर्तियां और चित्रकला जो धर्म पर ही आधारित है ने समस्त भारतवासियों को एक से विचार उत्पन्न करने में सहयोग दिया। मुस्लमान अंग्रेजों के सदियों तक पराधीन रहने के कारण भी भारतीय संस्कृति के इस आधारभूत एकता के तत्व धर्म को विनष्ट नहीं कर सके। अतः स्पष्ट है कि धर्म ने भारतवासियों को एक सूत्रता के बंधन में बांधे रखने में अपना महत्वपूर्ण योगदान दिया।

अतः कहा जा सकता है कि भारतीय संस्कृति आज उस सनातन धर्म की संस्कृति है जो सीमा को लांघ कर असीम का स्पर्श कराती है, ज्ञात से अज्ञात, देह से आत्मा की और मृत्यु से अमरत्व और भेद से अभेद की ओर ले जाने वाली भगीरथी है और अपने प्रकाश और सुरभी से विश्व के कोने-कोने को देदीप्यमान और सुगंधित करती आई है।

1.3 संगीत

कलाओं में संगीत एक ऐसी कला है जो सदैव ही अपनी क्रियात्मक अभिव्यक्ति से नवीन हो कर निकलती है। यही एक मूल कारण है कि संगीतकला सबसे श्रेष्ठ और सूक्ष्म मानी गई है। इसकी तुलना उस स्वच्छ और निर्मल जल से की जा सकती है जो किसी भी रंग आकार में ढाला जा सकता है। संगीत जब अनायास ही भावपूर्ण अभिव्यक्त स्वरों में प्रस्फुटित होकर निकलता है तो नीरस से नीरस व्यक्ति में भी एक नयी चेतना और स्फूर्ति का संचार कर देता है। संगीत एक अनुभव सिद्ध कला है। जब तक इस कला को चाहने वाला व्यक्ति स्वयं इसका संधान न करें तब तक वह इसका वास्तविक आनन्द नहीं ले सकता। संगीत सुर ताल और लय का सुंदर मिश्रण है। संगीत वाणी और कर्ण का विषय है। वाणी के संदर्भ में जब हम शब्दों को सुरों में ढालकर अपनी वाणी से व्यक्त करतें हैं तो उसके प्रत्येक शब्द के अर्थ को समझकर काव्यमयी

छंद बनाकर उसकी सार्थकता को प्रकट करने का प्रभावी प्रयास करते है। शब्दों को सीधे न कहकर यदि हम उसे सुरों में पिरोकर प्रस्तुत करते हैं तो वह अवश्य ही प्रभावी होते हैं। इसी तरह यदि हम किसी ध्वनी को साधारण रूप में सुनते हैं तो तत्काल उस का अनुसरण नहीं करते। यदि यही ध्वनी लय और सुर में हो, वह उसी क्षण हमारे हृदय और मस्तिष्क पर सकारात्मक और अच्छा प्रभाव छोडती है। भारतीय संस्कृति के इतिहास में जितना भी साहित्य रचा गया, वह संस्कृत भाषा मे अधिकतर रचा गया। वह चाहे बेद हों या उपनिषद, ब्राह्मणग्रन्थ, काव्य या महाकाव्य सभी निश्चित श्लोकों में रचे गये और छन्दों में निबद्ध कर इनकी रचना हुई। इनमें लय, रस, लावण्य, ओज और उच्चारण की वैज्ञानिकता छिपी हुई है। उच्चारण की वैज्ञानिकता केवल संगीत के स्वरों में निबद्ध होने के कारण है।

संगीत का ललित कलाओं में प्रमुख स्थान होने के कारण यह भौतिक और आध्यात्मिक उन्नति का सर्वश्रेष्ठ माध्यम है। भक्ति या उपासना के मार्गों में संगीत अपनी महत्वपूर्ण भूमिका निभाता रहा। प्राचीन समय में ईश्वर की उपासना के दो मार्ग रहे। प्रथम वैदिक और दूसरा तांत्रिक। वैदिक उपासना विषेशकर उच्चवर्ग के लोगों तक सीमित रही क्योंकि इसमें एक परिष्कृत मस्तिष्क और अधिक धन की आवश्यकता थी। यह आम जनता के लिए सुलभ नहीं रही। तांत्रिक मार्ग में शिव और शक्ति जैसे देवताओं की पूजा का विधान था जो जनसाधारण के अनुकूल था। इन दोनों मार्गों में संगीत प्राचीनकाल से उपयोग होता रहा। इसे मार्गी और देसी संगीत की संज्ञा दी गई। मार्गी संगीत ऋषि मुनियों और देवताओं का संगीत या और देसी आम जनता का संगीत। मार्गी संगीत को ब्रह्मा द्वारा निर्मित माना गया और देसी सदाशिव द्वारा प्रसारित माना गया। एक वैदिक और दूसरी आगम परम्परा थी। संगीत के प्रसिद्ध नाट्यग्रंथ में इन दोनों का समावेश हुआ है। इसके अतिरिक्त भारत में बौद्ध धर्म का प्रादुर्भाव हुआ जिसका भारत की परम्पराओं से मतभेद था, परन्तु संगीत ही एक ऐसी परम्परा थी

जिसको उसने अपने धर्म प्रचार के लिए सशक्त माध्यम माना। एशिया के अन्य देशों में इसका प्रभाव देखा जा सकता है।[1] भारतीय संगीत के इतिहास के अध्ययन से ज्ञात होता है कि संगीत ने दो तरह से जनमानस के जीवन में प्रवेश किया। एक तो वह संगीत जो धार्मिक अनुष्ठानों जैसे यज्ञादि में प्रयोग में लाया जाता था। वह पूर्णतः वैदिक सामगीत से सम्बन्धित था। इसके लिए निश्चित नियमों का पालन किया जाता था। दूसरा संगीत आम जनता का संगीत था। इसे प्रत्येक घर में लौकिक और सामाजिक अबसरों पर गाया जाता था। इसका प्रमुख उद्देश्य लोगों का प्रमुख मनोरंजन करना था। इसे देसी संगीत की संज्ञा दी गई। वैदिक काल में संगीत की दोनों धारायें समान रुप से चलती रही और विभिन्न समय अंतरालों में यह एक दूसरे को प्रभावित भी करती रही। मार्गी और देसी संगीत का मूल स्रोत तो जन संगीत या देसी संगीत ही था। अन्तर केवल इतना था कि मार्गी संगीत को संस्कारित और परिष्कृत होने के कारण उच्च श्रेणी या शास्त्रीय संगीत में स्थान प्राप्त हुआ और दूसरा लोकरुचि के अनुकूल विकसित हुआ और सामान्य जनता का संगीत बना। मार्गी संगीत शास्त्रीय संगीत के नियमों से बंधा रहा और देसी संगीत लोक संगीत के नियमों से नियन्त्रित रहा। पहला निश्चित नियमों में अनुशासित रहा, दूसरे में लोकरुचि के अनुशासन रहे। कहा जा सकता है कि मार्गी संगीत राजतंत्र का प्रतिनिधि और लोक संगीत लोक तंत्र का प्रतिनिधि बना। प्रथम संगीत गम्भीर और अनुशासित तथा दूसरा स्वरों की विचित्रता और चपलता के लिए प्रसिद्ध था। आरम्भ में साम संगीत को मार्गी और गंधर्व संगीत को देसी संगीत कहा गया। वैदिक काल में ये दोनो परम्पराएं एक दूसरे से अलग रही। साम संगीत को वैदिक ऋषि मुनि गाते थे और गांधर्व संगीत व्यवसायी गंधर्वी द्वारा गाया जाने वाला संगीत था। मार्गी और देसी परस्पर सापेक्ष होने के कारण दोनों का उद्देश्य जनमानस को अपने मधुर संगीत से प्रभावित करता था। दोनों में

---

[1] शरदचन्द्र श्रीधर परांजपे, भारतीय संगीत का इतिहास, पृ० (01)

अन्तर इतना था कि एक जब संस्कारों से परिष्कृत होने के कारण समाज का प्रतिष्ठित वर्ग उसको चाहने लगता है तो वह मार्गी संगीत कहलाया और दूसरा लोकरुचि के अनुशासन में रहकर नए-नए सौंदर्य तत्वों का समावेश होने के कारण देसी संगीत कहलाया। दोनों ने परस्पर एक दूसरे से कुछ न कुछ ग्रहण करते हुए अपने आप को समृद्ध किया।[1]

संगीत का संस्कृति से सहसम्बंध होने के कारण संगीत के उत्पन्न एवं विकास होने के साथ साथ संगीत की उत्पत्ति और विकास को भी समानांतर रूप में देखा जा सकता है। संगीत की स्थिति और स्तर संस्कृति के उत्थान और पतन पर निर्भर करती है क्योंकि संगीत कैसा भी क्यों न हो अपने विकास के लिए सामान्य जनजीवन से आधार पृष्ठभूमि बनाता है। क्योंकि मानव जाति जितनी पुरातन है उतना ही पुरातन संगीत भी है। कण्ठ मनुष्य के लिए सहज और स्वभाविक देन है या यूं कह सकते है कि वरदान है। इसी से उसके गीत एवं वाद्यों के निर्माण क्षेत्र तय होते है। यही कारण है कि लोक संगीत की जो प्रारम्भिक अवस्था है उसमें कुछ ही स्वरों की आवृति पाई जाती है। सभी आदिम जातियों के संगीत की यह प्रमुख विशेषता है। जैसे-जैसे सभ्यता का विकास होता रहा संगीत भी उसके अनुसार विकास करता गया। यह विकास उसके प्रयोग किए जाने वाले स्वर, वाद्य और नृत्य के प्रकारों में देखा जा सकता है। लोक संगीत में अधिक से अधिक पाँच ही स्वरों का प्रयोग देखा जा सकता है। उनके वाद्य भी अल्प विकसित और अल्प परिष्कृत होते हैं और नृत्य में अंगों का संचालन शीघ्र और सीमित होता है। एकतन्त्री, द्वितन्त्री जैसे तन्तु वाद्य वंशी एवं तुरही जैसे फूंक से बजने वाले वाद्य ओर ढोल या ढोलक जैसे चर्मवाद्य इनके संगीत के स्वाभाविक उपकरण होते है। संगीत के सात स्वरों का प्रयोग इनमे नहीं के बराबर होता है।

संगीत की उत्पत्ति के विषय में विश्व के विभिन्न विद्वानो के अलग-अलग मत है। भारतीय चिंतन के अनुसार :-

---

[1] शरदचन्द्र परांजपे, संगीतबोध, पृ० (3,4)

संगीत की उत्पत्ति आरम्भ में वेदों के निर्माता ब्रह्मा जी के द्वारा हुई। ब्रह्मा जी ने यह कला शिव को दी, शिव ने सरस्वती को, सरस्वती ने इस कला का ज्ञान नारद जी को दिया। नारद जी ने स्वर्ग के गंधर्व, किन्नर और अप्सराओं को संगीत की शिक्षा दी। वहां से भरत, नारद, हनुमान आदि ऋषि संगीत कला में पारंगत होकर इस कला के प्रचार के लिए पृथ्वी पर अवतरित हुए।[1]

एक अन्य मत के अनुसार संगीत का जन्म ॐ के गर्भ से हुआ। ॐ शब्द एकासर होकर अ, ऊ, म इन तीन अक्षरों से मिलकर बना है। इन तीनों अक्षरों के संयोग से ही इसकी ध्वनि एक अक्षर के समान होती है। ओउम के तीनो अक्षर अ, उ, म तीन शक्तियों के द्योतक है।

अकारो विष्णुस्वदिष्ट उकारस्तु महेश्वरः।
मकारेष्येच्यते ब्रत प्रणवेन त्रयोमक्तः।।

अर्थात्- अकार विष्णु, उकार महेश्वर और मकार ब्रह्मा को सम्बोधित किया गया है।[2]

1.3.1 संगीत का व्युत्पतिपरक अर्थ, शाब्दिक अर्थ, परिभाषाएं, विशेषताएं और महत्व

सगीत की व्युत्पत्ति के आधार पर संगीत के शाब्दिक अर्थ को इस प्रकार जोड़ा गया है। **सम**+**गै**+**क्त** अर्थात् सम एक अव्यय है और गै का अर्थ गाना है। सम के अव्यय के रुप अर्थ समानता, संगीत, उत्कृष्टता, निरन्तरता, औचित्य आदि को सूचित करने के लिए किया जाता है।[3]

---

[1] उमेश जोशी, भारतीय संस्कृति का इतिहास, पृ० (1)

[2] उमेश जोशी, भारतीय संस्कृति का इतिहास, पृष्ठ (12)

[3] मानक हिन्दी कोष, सम्पादक रामचन्द्र वर्मा, पृष्ठ (313)

अतः संगीत का अर्थ वह गायन जो उत्कृष्ट, उत्तम, सार्थक और अपने आप को सही रूप में व्यक्त करता है, संगीत कहा जा सकता है।[1]

संगीत शब्द गीत में सम उपसर्ग लगाकर बना है। सम का अर्थ सहित होता है और गीत का अर्थ गान। वह क्रिया जो गाने के साथ हो संगीत कहलाता है।

नृत्यंवाधमुग प्रोक्तम् बाधं गीतानुवृत्ति च।
अतोगीत प्रधानत्वाषत्रा ऽ ऽवावभिदियते।।

शारंगदेव, संगीत रत्नाकर अं० लोक

अर्थात्:- गायन के अधीन वादन और वादन के अधीन नृत्य है। इन कलाओं को संगीत में प्रधान अंग के रूप में स्वीकार किया गया है।[2] अर्थात् यह तीनो कलाएं परस्पर स्वतन्त्र होते हुए भी एक दूसरे से जुड़ी है।

पश्चिम देशों में संगीत के लिए म्यूज़िक शब्द का प्रयोग किया गया है। वे म्यूज़िक शब्द की उत्पत्ति ग्रीक शब्द मौसिक से मानते है।[3] म्यूज़िक शब्द को ग्रीक की सांस्कृतिक परम्पराओं में उन देवियों के लिए सम्बोधित किया गया है जो विभिन्न ललित कलाओं की अधिष्ठात्री मानी जाती है। ग्रीक की पारम्परिक पौराणिक कथाओं में इनका संबंध उस चतुवर्णीय उत्सव से जोड़ा जाता है जिनमे सम्भवतः गायन वादन और नृत्य की स्पर्धाएं आयोजित की जाती थी औमें यह देवियां उनमें भाग लेती थी।[4]

अरबी भाषा में संगीत का समानार्थी शब्द **मूसीक़ो** है। इसकी व्युत्पत्ति मूसीका शब्द से हुई है।[5] यूनानी भाषा में मूसीका को आवाज़ कहते है। इसीलिए **इल्मे मूसीक़ी** (संगीत कला) आवाजों का अर्थात्

---

[1] नमिता बैनर्जी, मध्यकालीन भारत एवं संगीत, पृ० (10)

[2] पं० दामोदर, संगीत दर्पण, श्लोक 3

[3] Encyclopedia of Music (Augustine) Vol. 15, Page-1033.

[4] मानक अंग्रेजी कोष, सम्पादक- सत्य प्रकाश मिश्र, पृष्ठ (891)

[5] फहरंगे असफिया (उर्दू शब्द कोष) भाग-4 पृ0 (478)

रागों का इल्म कहलाने लगा। व्यवहारिक रूप में देखने पर स्पष्ट होता है कि जब कोई व्यक्ति गाता है तो आधार स्वर के लिए वाद्य की आवश्यकता होती है और ताल के लिए भी वाद्य आवश्यक होता है। जब वह अपने गायन या वादन का प्रदर्शन भावों सहित करता है तो उसमें नृत्य की भाव भंगिमाओं का भी समावेश प्राकृतिक रूप से स्वयं आ जाता है। इसलिए **संगीत रत्नाकर** में कहा गया है **"गीत वाद्यं नृत्यं त्रयं संगीतमुच्यते"** अर्थात् गीत वाद्य और नृत्य इन तीनो के मिश्रण को ही संगीत कहते है। प्राचीन काल में संगीत के स्थान पर गंधर्व शब्द का प्रयोग हुआ है। यह संज्ञा उन्हें गायकों के रूप में दी गई है।[1] शारंग देव की संगीत के लिए यह भाषा - **"गीतं वाधं नृत्यं त्रयं संगीतमुच्यते"**। इसको सभी विद्वानो ने अधिकतर मान्यता दी है। वात्सयायन ने भी अपनी 64 कलाओं में इन तीनो को सबसे प्रमुख स्थान दिया है। अर्थात् ये कलाएं एक दूसरे की परिपूरक है। यह अपने आप में स्वतन्त्र भी हैं और एक दूसरे पर आश्रित भी है। इनका परस्पर अन्योन्याश्रित सम्बन्ध है। तीनों की अभिव्यक्ति संगीत की अभिव्यक्ति है। भरत ने अपने नाट्यशास्त्र में गीत को नाक के प्रमुख अंगों में स्वीकार किया है। बाद्य और नृत्य को गीत का अनुचर बताया है। इसलिए नाटक को त्रोयर्तिक की संज्ञा भी दी गई है। नृत्य कला के ज्ञान से पूर्व गीत और वाद्य का ज्ञान भी परम आवश्यक है। बौद्ध ग्रन्थों में संगीत को गंधर्ववेद के नाम से जाना जाता है। पश्चिम में म्यूज़िक कहा जाता है। वहां आजकल गीत और वाद्य म्यूज़िक के अन्तर्गत रखा गया है। नृत्य को स्वतन्त्र कला के रूप में स्वीकार किया गया है।[2] नाट्य शास्त्र में गीत वाद्य और नृत्य की उत्पत्ति के संबंध में कुछ इस प्रकार बताया गया है। सर्वप्रथम नाटक की उत्पत्ति और प्रादुर्भाव संबंधी संदर्भों और तथ्यों को देखना होगा ताकि संगीत और इसके उत्पन्न होने के कारणों की कुछ और जानकारी प्राप्त हो सके।

---

[1] संगीत पत्रिका, भक्ति संगीत अंक 1970, पृ०(10)

[2] डॉ0 राधाबल्लभ त्रिपाठी, हिन्दी अनुबादक-नाट्य शास्त्र, पृ० (03)

भरत के प्रसिद्ध नाट्क ग्रन्थ के आरम्भ के श्लोकों में भरत इस बात को स्पष्ट करने का प्रयास करते है और साथ में संगीत की उत्पत्ति के विषय में भी अपने इन नाट्य ग्रंथ में चर्चा करते है। उन्हीं श्लोकों और उनकी व्याख्या से इस संदर्भ को स्पष्ट करने का प्रयास किया जा रहा है। नाट्य शास्त्र में उल्लेख है कि -

समाप्तजप्यं व्रतिनं स्वसुतैः परिवारितम्।
अनध्याये कदाचित् तु भरतं नाट्यकोविदम्।।

भरत कृत नाशास्त्र अ0-1 श्लोक -2

अर्थात्- नाट्य शास्त्र के रचयिता भरतमुनि जब जप समाप्त कर अपने पुत्रों से घिरे बैठे थे तब अत्रेय आदि जितेन्द्रिय महात्मा महामुनि आए और उनके पास विनयपूर्वक बैठकर पूछने लगे कि-

योऽयं भगवतसम्यग प्रथितो वेवसम्मितः।
नाट्यवेवः कथं ब्रह्मन्नुत्पन्नः कस्य व कृते।।
कत्यङ्गः किम्प्रमाणश्च प्रयोगाश्चास्य कीदृशः।
सर्वमेतद् यया तत्वं भगवन वक्तुमर्हसि।।

भरत कृत नाट्यशास्त्र अ0-1 श्लोक -3-4

अर्थात्- हे भगवन आपने जो वेद तुल्य नाट्य वेद सम्यक् रुप से निर्मित किया है। वह कैसे उत्पन्न हुआ, किसके लिए है, इसके कितने अंग है, इसका क्या प्रमाण है और इसका प्रयोग किस प्रकार होता है। यह सब यथावत आप कृपया हमें बताईए।

तेषां तु वचनं श्रुत्वा मुनीनां भरतो मुनिः।
प्रत्युवाच ततोवाक्यं नाट्य वेद कयां प्रति।।
भवद्भिः शुचिभिर्मुत्वा तथाऽवाहित मानसैः।
श्रूयतां नाट्य वेदस्य सम्भवो ब्रह्मा निर्मितः।।

भरत कृत नाट्यशास्त्र 10-1 श्लोक -6-7

उन मुनियों के वचन सुनकर भरतमुनि ने नाट्य वेद के विषेप में उत्तर दिया। आप लोग एकाग्र और पवित्र होकर ब्रह्मा के द्वारा निर्मित इस नाट्य वेद की उत्पत्ति का इतिहास सुनिए-

पुरा कृत युगे विप्रा वृते स्वायम्भुवे ऽन्तरे।
त्रेतायुगेऽयं सम्प्राप्ते मनोर्वैवस्वन्तस्य तु।।
ग्राम्य धर्म प्रवृते तु कामलोभवशं गते।
ईर्ष्या क्रोधादि सम्मूढे लोके सरिवटा दुःखिते।।
महेन्द्र प्रमुखैर्देवैरुक्तः किल पितामहः।
क्रीडनीय कमिच्छामों दृश्यं श्रव्यं च यद् भवेत्।।
न वेद व्यवहारो ऽयं संश्रव्यः शूद्र जातिषु।
तस्मात् सृजा परं वेदं पंचम सार्ववर्णिकत्रम्।।
धर्म्यमयं यशस्यं च उपदेश्यं स सङ्ग्रहम्।
भविष्यतश्च लोकस्य सर्व कर्मानुदर्शकम।।
सर्वशास्त्रार्थ सम्पन्नं सर्व शिल्प प्रवर्तकम्।
नाट्याख्यं पंचम वेदं सेतिहासं करोम्यहम्।।
एवं संकल्प्य भगवान सर्वपदानुस्मरण।
नाट्यवेदं ततश्चक्रे चतुर्वेदांगसम्भवम्।।
जग्राह पाठ्यमृग्वेदात् समाभ्यो गीतमेव च।।
यजुर्वेदाभिनयान रसानाथर्वणादपि।।
आज्ञापितो विदित्वाऽहं नाट्यवेदं पितामहात्।
पुत्रान्ध्यापयामास प्रयोगं चापि तत्वतः।।

भरत कृत नाट्यशास्त्र 10-1 श्लोक -8-16 तक।

अर्थात्- हे विप्रो बहुत पहले की बात है। स्वयंभुव मनु के मन्वन्तर में सतयुग के बीत जाने पर वैवस्वत मनु का त्रेतायुग आरम्भ हुआ। लोग ग्राम्य धर्म में प्रवृत तथा काम और लोभ के वश में होकर ईर्ष्या क्रोधादि से दिग्भ्रान्त और सुखी दुःखी रहने लगे। तब इन्द्रादि देवताओं ने पितामह ब्रह्मा से कहा हम मनोविनोद का ऐसा साधन चाहते है जो दृश्य भी हो और श्रव्य भी। यह वेद व्यवहार शूद्र जाति के लोगों को तो सुनाया नहीं जाता। इसलिए आप एक अन्य पांचवा वेद रचिए जो सभी वर्गों के लिए हो। ब्रह्मा ने चारों वेदों का स्मरण कर संकल्प किया कि मैं- नाट्य नामक पांचवे वेद की इतिहास सहित रचना करता हूँ, जो धर्म, अर्थ तथा यश की प्राप्ति कराने वाला, उपदेश देने वाला और उस उपदेश का अच्छी तरह ग्रहण करने वाला, सभी कला विषयक शास्त्रों के तत्वों से सम्पन्न

तथा समस्त शिल्पों का प्रवर्तक होगा। ऐसा करके संकल्प करके भगवान ब्रह्मा ने सारे वेदों का अनुसरण करते हुए चारों वेदों के अंगों से उत्पन्न नाट्य वेद का निर्माण किया। उन्होने पाठ्य ऋग्वेद से, गीत सामवेद से, अभिनय यजुर्वेद से तथा रसों को अथर्ववेद से लिया। उस नाट्य वेद का ज्ञान मैने पितामह से प्राप्त किया और उन्हीं की आज्ञा से अपने पुत्रों को पाठ पढ़ाया तथा तत्वपूर्वक उस का प्रयोग भी उन पुत्रों को बताया।[1] महर्षि भरत ने इस नाट्यवेद की शिक्षा प्राप्त कर अपने पुत्रों को शिक्षित किया और भगवान ब्रह्मा ने स्वाति एवं उनके शिष्यों को वाद्य तथा नारद और गंधर्वो को गायन के लिए नियुक्त किया। इन सभी के साथ मिलकर अमृत मंथन नाटक का प्रयोग किया जिसे देख सभी देव दानव प्रसन्न हुए। इस प्रयोग की प्रथम शैया गीत थी। गीत पर सर्वप्रथम प्रयत्न किया गया।

क्योंकि गीत और वाद्य के भलीभांति प्रयोग से नाटक में कोई विपत्ति नहीं आती। ब्रह्मा ने त्रिपुरदाह नामक नाटक का प्रयोग भगवान शंकर के सामने किया। इससे प्रसन्न होकर भगवान शंकर ने कहा कि प्रतिदिन सांध्यकाल में नृत्य करते हुए नृत्य का आविर्भाव किया है। ब्रह्मा जी के प्रार्थना करने पर शंकर जी ने तण्डु को यह नृत्य सिखलाया जिससे यह ताण्डव कहलाने लगा। इसी अवसर पर भगवती पार्वती ने लास्य नामक नृत्य उपस्थित किया। इस प्रकार नाट्य वेद के साथ संगीत का भी प्रादुर्भाव हुआ। दामोदर पण्डित ने अपने ग्रन्थ संगीत दर्पण में संगीत के स्वरों की उत्पत्ति पशु-पक्षियों से मानी है। इसको भी आंशिक रुप में सत्य माना जा सकता है कि आदि-मानव को प्रकृति के वातावरण में उत्पन्न अपने इर्द-गिर्द की पृष्ठभूमि के परिवेश से उत्पन्न पशु-पक्षियों की ध्वनियों को सुनकर वैसी आवाज़ निकालने का कौतूहल पैदा हुआ होगा। प्रायः देखा जाता है कि आदिवासी जातियाँ अपने परिवेश में उत्पन्न हुई वस्तुओं को अपने दैनिक जीवन में प्रयोग में लाते हैं। जंगल में

[1] डॉ0 राधाबल्लभ त्रिपाठी, हिन्दी अनुवादक-नाट्य शास्त्र, पृ० (03-05)

बांस के छिद्रों से गुजरती वायु से उसे सहज ही बंसी बनाने की प्रेरणा मिली हो, काफी हद तक इस सत्य को स्वीकार किया जा सकता है। धनुष की प्रत्यंचा की टंकार से उसे तन्तु वाद्य की कल्पना की हो, ऐसा माना जा सकता है।[1]

भरत मुनि ने अपने नाटय शास्त्र के 33 वें अध्याय में वाद्यों की उत्पत्ति उनके प्रयोग के बारे में विस्तृत वर्णन किया है। 'एक बार स्वाती मुनि जब आकाश में बादल छाये हुए थे तभी वे जल लाने के लिए सरोबर में गए। जब वे सरोबर में जल लेने के लिए उतरे तो इन्द्र ने पृथ्वी को बड़ा सागर बना डालने के लिए मुसलाधार वृष्टि आरम्भ कर दी, तब उस सरोवर में अतिवेग से गिरने वाली बून्दों से ध्वनियों का निर्माण होने लगा। तब मुनि ने सहसा इन अपूर्व ध्वनियों को सुना और उन पर ध्यानपूर्वक विचार करना आरम्भ कर दिया। पत्तों पर होने वाली इस सुन्दर मधुर और हृदयग्राही ध्वनि के ज्येष्ठ, मध्यम और कनिष्ठ प्रकारों का गंभीरता से विभाजन करते हुए वे अपने आश्रम में लौट आए और लौटकर विश्वकर्मा की सहायता से मुनि ने मृदंगों का और फिर पुष्कर का, पणव और दुर्दुर वाद्यों का निर्माण कर डाला।[2] इन वाद्यों का निर्माण कर उन्होंने वाद्यों को रस भावानुकूल बजाने और उपयोग करने की योजना बनाई।

उत्सवे चैव याने च नृपाणां मङ्गलेषु च।
शुभ कल्याण योगे च विवाह कारणे तथा।।
पुत्रादि के समुत्पन्ने संग्रामे योध संकुले।
ईदृशेषु हि कार्येषु सर्वतो वाद्यानि वादयेत्।।

नाट्यशास्त्र, अध्याय 33, श्लोक 19-20

अर्थात्:- किसी राजकीय उत्सव, राजकीय शोभा यात्रा मंगल अवसर या किसी शुभ योग के उपस्थित होने पर विवाह तथा पुत्रोत्सव के समय या युद्ध के समय जहाँ अनेक योद्धा इक्कठे होते हों तथा इसी तरह से अन्य अवसर आने पर सभी वाद्यों का एक साथ या आवश्यकतानुसार

---

[1] शरचन्द्र श्रीधर परांजपे, भारतीय संगीत का इतिहास, पृ० (07)

[2] द्रष्टव्य, सुषमा कुलश्रेष्ठ (कालीदास साहित्य एवं बादन कला) पृ० (100)

अलग-अलग वादन किया जा सकता है।[1] इसी तरह नृत्य तथा वाद्य के समान कण्ठ संगीत की प्रेरण आदि मानव को प्रकृति से उपलब्ध हुई। ऐसी कल्पना की जा सकती है। मानव का कण्ठ स्वयं एक प्रकार का वाद्य है, जो स्वर की सूक्ष्मताओं को आत्मसात करने की क्षमता रखता है। संगीत पूर्णरुप से मानव द्वारा निर्मित एक ऐसी कला है जो मानव की तीव्र अनुभूतियों की अभिव्यक्ति इसकी जननी रही है, तथा मानव मन के विकास के साथ ही इस कला का विकास होता रहा है।[2] कुछ शब्दकोशों के अनुसार संगीत को इस तरह परिभाषित किया गया है- Music is an art of combining round with a view to beauty of form and expression of emotions.[3]

Music is an art of Harmonious rounds rythemic order pleasant sound.[4]

Music is an English name for a branch of musical performance.[5]

गीत वादित्र नृत्यानां त्रयं संगीतमुच्यते।
गानस्या त्र प्रधानत्वाउंगीतमितिरितम्।।

संगीत परिजात श्लोक 20

गीतं वाद्यं च नृत्यं त्रयं संगीतमुच्यते।
नारदेन कृतं शास्त्रं मकरन्दारणमुक्तम्।।

संगीत मकरन्द, प्रथम पाठ श्लोक - 3

भातखण्डे जी के अनुसारः- गीत वाद्य तथा नृत्य इन तीनों कलाओं का समावेश **संगीत** शब्द में होता है। वस्तुतः ये तीनों कलाएं स्वतन्त्र है।

---

[1] भरतमुनि, नाट्यशास्त्र, अ० 33 श्लोक (19,20)

[2] डॉ0 शरचन्द्र श्रीधर परांजपे, भा० सं० का ई० पृ० (08)

[3] The Concise Oxford Dictionary, Page 533.

[4] Bhargva English dictionary

[5] Dictionary of Music Nirmala Devi. Page-154.

किन्तु गीत प्रधान होने के कारण तीनों का समावेश संगीत मे किया जाता है।[1]

संगीतसार के अनुसार:- संगीत, गायन, वादन और नृत्य के माध्यम से बांछित भाव उत्पन्न करने वाली रचना है। वास्तव में संगीत कला स्वर, ताल और लय के संतुलित मिश्रण की मधुर सुरीली रचना है। जो प्राणी मात्र के चिन्तन को एक दम आनन्दित कर देती है।[2]

डॉ० शरचन्द्र श्रीधर परांजपे, संगीत के अर्थ को समझाते हुए कहते है- संगीत एक अन्विति है, जिसमें गीत, वाद्य, नृत्य तीनों का समावेश है। संगीत शब्द में व्यक्तिगत और समूहगत दोनों रुप है। गीत, वाद्य नृत्य तीनों इसमे आ जाते है। भारतीय विद्वानों ने संगीत को धार्मिक मान्यताओं से जोड़ने दो प्रयास किया है। भगवती देवी सरस्वतीं को विद्या और कला की देवी, जिसके हाथों में वीणा का होना संगीत का प्रतीक है। इसी तरह वैदिक पौराणिक महाकाव्यों के साहित्य में संगीत से संबन्धित कथाएं और किंवदंतियां प्रचुर मात्रा में उपलब्ध हैं।

हमारा संगीत देवी मान्यताओं से प्रेरित है। यह स्वीकार करना है कि देवी देवताओं ने इस पृथ्वी पर आकर संगीत का सृजन किया तर्क संगत प्रतीत नहीं होता। देवताओं से हमारे संगीत को जोडने का केवल एक ही प्रयोजन समझ में आता है कि हमारे मनीषि विद्वान चाहते थे कि संगीत में शृंगार रस की बहुलता से वासनाजन्य अश्लीलता न आ जाए सम्भवतः इसीलिए उन्होने संगीत को धर्म का संरक्षण दिया तथा उसे ईश्वर से उद्भूत बताया।[3]

साररुप में निष्कर्ष ये निकलता है कि संगीत की उत्पत्ति मानव मन में आने वाले भावों से हुई है। संगीत मानव की एक आवश्यकता है। राम वृक्ष बेनीपुरी जी अपने एक लेख 'गेहूं और गुलाब' में लिखते है तन की

---

[1] पं० वि० ना० भातखण्डे, क्रमिक पुस्तक मालिका, दूसरी पु०, पृ० (09)

[2] वीणा मानकरण, संगीतसार, पृ० (01)

[3] रेणु सचदेव, हमारी धार्मिक परम्पराएं एवं हिन्दुस्तानी संगीत, पृ० (6,7)

भूख शांत होने पर मन की भूख की पूर्ति के लिए ललित कलाओं का जन्म हुआ। ललित कलाओं में श्रेष्ठ होने के कारण संगीत उनके भावों को प्रकट करने का प्रमुख साधन बना। अत्यन्त प्रसन्न होने पर अंगों प्रत्यंगों का स्वतः हिलना और बच्चे का हाथ पैर हिलाकर किलकारियां मारना और उसके दुःख सुख की अभिव्यक्ति हास्य और रुदन में झलकती है। दोनों अवस्थाओं में संगीत मनोभावों को व्यक्त करने का सशक्त आदिम स्रोत बना। नाटक में जहाँ शब्द कुछ कहने में असमहूँ हो जाते हैं वहां संगीत उसको आश्रय देता है। इसीलिए संगीत मनोभावों को व्यक्त करने का मनुष्य के लिए सशक्त माध्यम बना। इसकी यात्रा दीर्घकाल के प्रागेतिहासिक से आज तक कई पड़ावों से होकर उत्तरोत्तर परिष्कृत होकर जन भावनाओं की आवश्यकता और समय की प्रासंगिकता को लेकर आगे बढ़ रही है। निरन्तर परिवर्तन शीलता संगीत की विशेषता है। इसीलिए वैदिक काल तक आते-आते संगीत अपने श्रेष्ठ स्तर तक पहुंचा। प्रकृति के हर कार्य ने संगीत को सृजन करने में अपना योगदान दिया। प्रकृति का हास्य, रुदन मानव मन के उत्साह एवं शोक स्थाई भावों के द्योतक हैं। इन्हीं भावों से धीरे-धीरे संगीत रूपी स्रोत प्रस्फुटित हुआ।[1]

1.3.2 भारतीय संगीत की विशेषताएं

संगीत किसी एक जाति, धर्म, सम्प्रदाय या किसी एक लोक संस्कृति का प्रतिनिधित्व नहीं करता। परन्तु इसकी सबसे बड़ी विशेषता है, सम्पूर्ण राष्ट्र के लिए इसका योगदान। अन्तर केवल इतना है कि इसका प्रयोग कैसा होता है और किन परिस्थितियों में होता है। भारतीय संस्कृति में प्राचीन काल से संगीत अन्तरम भावों को अभिव्यक्त करने का ऐसा श्रेष्ठ साधन रहा कि लोगों के अन्दर आध्यात्म और मानव धर्म की

---

[1] रेणु सचदेव, हमारी धार्मिक परम्पराएं एवं हिन्दुस्तानी संगीत, पृ० (7,8)

जो सही व्याख्या है उसको उसने अपने विभिन्न माध्यमों से प्रस्तुत किया। समय बदला, युग बदले। विभिन्न कालों में बदलते युगों में लोगों की मानसिकता में परिवर्तन हुए, जीवनशैलियां बदली और जीवन जीने के तौर तरीके बदले। मानवधर्म की कर्म की परिभाषाओं में समय के अनुसार परिवर्तन हुए। आदिकाल, वैदिककाल, पौराणिक कालों में लोगों की जीवन सम्बन्धी समस्याओं में परिवर्तन आते रहे। मध्यकाल से आधुनिक काल तक आज सभ्यता और संस्कृति कई पड़ावों, परिवर्तनों और परिस्थितियों से गुजरी परन्तु संगीत ने इन सभी बदलते युगों में, कालों में और धर्म की बदलती व्याख्यों में अपनी परिभाषा को ज्यों का त्यों रखा। अन्तर केवल इतना रहा कि समय के अनुसार इसमें प्रासंगिकता और उपयोगिता में परिवर्तन आते रहे जो भारतीय सभ्यता और संस्कृति के बदलते युगों में संस्कृति के उत्थान में सहायक रहे। इस संदर्भ में स्वामी प्रज्ञानंद अपनी पुस्तक म्यूज़िक ऑफ नेशन्ज में लिखते है-

Indian music proceses truely, universal and divine Ideal and for which it excels all system of the world. The Indian sees of music says that through it lives and moves upon the snifting soil of the mundane, yet it transcends it by its unworldly nature and divine beauty and it animates and elevates the level of conciourness of everyone who sincerely culture its, really appreciates it and severently odox it. It breaths always the spiritual air and contained with in it and inherent the power of healing sothing aching heart of suffering and crying multitude. It tings not only the mind of people and all living being but console and purifies them and assure them with the award or superiority of getting everlasting bliss and transquil happiness. And in the part so in the present it is charming and attracting the taste and temperament and conquering the heart of all the people of the world.[1]

भारतीय शास्त्रीय संगीत मौलिक विज्ञान न होकर आध्यात्मवाद की संवेदनशीलता है। भौतिक आनन्द को छोड़कर या थोड़ा इन की उपेक्षाकर ही संगीत के आनंद को लिया जा सकता है। संसार बुद्धिजीवी और श्रमजीवी मनुष्यों का मिश्रण है। श्रमजीवी भौतिक वस्तुओं में अपने जीवन का आनन्द खोजते है और बुद्धिजीवी श्रम की अपेक्षा अपनी भावनाओं का बुद्धि से प्रयोग करते है जो उन्हें मन और आत्मा के भीतरी सपन्दन की ओर उन्मुख करता है। भारतीय संगीत भी मनुष्यों के भावों की अंतरम अभिव्यक्ति का श्रेष्ठ साधन है जो आध्यात्मिक और धार्मिक भावनाओं का उद्गम स्थल भी कहा जा सकता है। भारतीय संगीत का न केवल उद्गम अपितु पालन पोषण भी धार्मिक स्थलों और आध्यात्मिक संगीतज्ञों के आश्रय में हुआ।[2]

संगीत का धर्म से प्राचीनकाल से ही अत्याधिक घनिष्ट संबन्ध रहा है। संगीत तथा ईश्वर स्तुति एक ही सिक्के के मानो दो पहलू थे। संगीत मंदिरों में पलता बढ़ता रहा। ईश्वर स्तुति चाहे वह पूजा अर्चना के रूप में हो चाहे भजन हो, आरती हो, यह सभी संगीत रुप में ही थे। नृत्य भी देवदासियों द्वारा ईश्वर के समक्ष मंदिरों में किया जाता था। भक्ति संगीत का यह रूप किसी न किसी रूप में संगीत द्वारा आज भी अभिव्यक्त किया जाता रहा है। अनेक रचनाएं चाहे वो ध्रुवपद में हो ख्याल में हो या अन्य किसी गायन विद्या में भगवान के नाम गुणों पर आधारित है। तालों के नाम रागध्यान, रागचित्र देवताओं पर रचे और लिखे गए वाद्यों में रूद्रवीणा, सरस्वतीं वीणा तालों में ब्रह्मताल, रुद्रताल आदि इनके

---

[1] Swami Prajna Nanda, Music of the nation. Page. 34.

[2] द० संगीत पत्रिका दिसम्बर 1965, पृ० (59,60) सम्पादक लक्ष्मीनारायण गर्ग।

उदाहरण है। कहने का तात्पर्य संगीत सदैव धर्म के साथ-साथ चलता है और उसे पुष्ट करता रहा।[1]

भारतीय संस्कृति का अध्ययन करने पर विद्वानो ने पाया कि भारत की सदियों से चली आ रही परम्पराओं के अनुरूप भारत की समस्त कलाएं पल्लवित हुई। भारत में शिक्षा का अंतिम लक्ष्य निर्वाण प्राप्त करना है। भारतीय मनिषियों ने (आध्यात्म) शिक्षा को आध्यात्म से जोड़ा और संगीत उसे पुष्ट करने का साधन बना। मुगलकाल में अवश्य ही यह लोगों के मनोरजन का साधन बना परन्तु इसके पूर्व भारतीय संगीत पूर्णतः आध्यात्मिक और धार्मिक था। अनेक धार्मिक क्रान्तियों के बावजूद भी जो भारत में परिवर्तन हुए, संगीत व्यक्ति की आध्यात्मिक भावना और आलौकिक आनंद का केन्द्र बना रहा। इसने साहित्य और अन्य कलाओं से जुड़कर धर्म और दर्शन की सही व्याख्या कर व्यक्ति की आध्यात्मिक और धार्मिक चेतना का विकास किया।[2]

In order to pressurize true nature of Indian music we should first of all know what its distinguished feature is, its chief quality is and its spiritualism. Our country is land of values a seat of meditation for the attainment of God, which is for beyond growing materialism. It was through Sangita the vedic seers are struck at the unsuspactable beauty and vastness of nature expressed in the feeling towards God and Goddess.[3] In ancient India music was inextricably interwoven with the devotional and ritualistic side of life, and had therefore close association with the temple. It was mainly on account of its devotional and emotional appeal that music was valued by the common people. From the very begning religion and music went side by side. In the ancient

---

[1] विजय लक्ष्मी जैन, संगीत दर्शन, 90 (110), पृ०

[2] भा० सं० का ईतिहास, डॉ० सुनीता शर्मा, पृष्ठ (17)

[3] Suresh Chandera, The fundamental of ancient music & dance, P. (13,14)

times the tribes have different deities and it was a custom to dance and sing before the images of such Gods for performing certain ritual and sites. Also there were Devdasi's whose function was only to dance and sing before the images of Gods in the big temples.[1]

हमारी संस्कृति का एक विशेष गुण है कि वह कट्टर न होकर अनेक विभिन्ताओं को आत्मसात कर लेती है। क्योंकि भारत में अनेक संस्कृतियों के आगमन के परिणामस्वरूप उनके विचारों, रीतिरिवाजों और धार्मिक विचारों का प्रभाव पड़ा। उनमें जो भी कुछ अच्छे गुण थे उनका समन्वय भारतीय संस्कृति में होता गया। इसी समन्वय की भावना के कारण भारत में हर जाति, धर्म, सम्प्रदाय के सिद्धान्तों और मान्यताओं को स्थान मिला। संगीत में भी इसी समन्वय की भावनाओं को देखा जा सकता है। मुगलों के आगमन से पूर्व संगीत एक जैसा था परन्तु मुगल संस्कृति के प्रवेश से भारतीय संगीत दो धाराओं में बंट गया। उत्तर भारतीय संगीत और दक्षिण भारतीय संगीत। मुगलों का संगीत केवल मनोरंजन के लिए गाया बजाया जाता था। परन्तु भारत का संगीत आध्यात्मिक अधिक था और मनोरंजनात्मक कम था। भारतीय संस्कृति के लिए संगीत एक पवित्र कला थी। परन्तु मुगलों का शासन होने के कारण उत्तर भारत के संगीत में अनेक परिवर्तन आए। परन्तु दक्षिण भारत का संगीत विशुद्ध वैदिक संस्कृति के संगीत का प्रतिनिधित्व करता ही रहा। उसने संगीत की पवित्रता को बनाए रखा। मध्य काल में लोगों को अपने भारतीय धर्म से जोड़ने और भारतीय संस्कृति के पुनरुत्थान और पुनर्जागरण का संगीत श्रेष्ठ साधन बना। मुसलमानों के संगीत के आगमन के I कारण भारतीय गायनशैलियों में और भारतीय वाद्यों में अनेक परिवर्तन हुए, जो कालान्तर में लोगों के बीच काफी लोकप्रिय हुए। इसके फलस्वरुप संगीत को एक नई दिशा मिली। ख्याल, टप्पा, ठुमरी आदि का आविष्कार हुआ। तबला, सितार आदि वाद्यों का

[1] S.M.Tagore, Universal History of Music, P. (52)

आविष्कार हुआ। नृत्य की नई शैलियों जैसे कत्थक आदि का निर्माण हुआ। अनेक नये रागों का निर्माण हुआ, जिससे संगीत ने एक नये युग में प्रवेश किया। इसी तरह आज पश्चिमी वाद्य भी हमारे संगीत में स्थान पा चुके हैं और हमारे संगीत का एक प्रमुख अंग बन चुके है। इसी परस्पर समन्वय की भावना के कारण आज भारतीय संगीत हमारी भारतीय संस्कृति का विश्व में प्रतिनिधित्व कर रहा है। इसके अतिरिक्त धार्मिक स्वतन्त्रता और विचारों की स्वतन्त्रता को भी हमारा भारतीय संगीत आत्मसात किए हुए है। भारतीय संस्कृति में आज अनेक संस्कृतियों का पदार्पण हो चुका है। आज सभी को समानरुप से स्थान मिलता है। एक भारत ही ऐसा देश है जहाँ सभी धर्मों का समान रूप से आदर किया जाता है। प्रत्येक व्यक्ति अपनी इच्छानुसार किसी भी जाति धर्म या सम्प्रदाय को अपना सकता है। अपने विचारों को स्वतन्त्र रूप से व्यक्त कर सकता है। ऐसी ही विशेषता हमारे संगीत में भी है। संगीत की अनेक रचनाएं भारतीय संगीतज्ञों और मुसलमान संगीतज्ञों द्वारा रची गई, जो परस्पर एक दूसरे के इष्ट देवों पर रची गई। दोनों समुदाय के लोग उसे संगीत के माध्यम से प्रकट करते है। कोई भी कलाकार किसी भी शैली में अपनी रचना कर सकता है और संगीत की संस्कृति में उसे सम्मान दिया जाता है। क्योंकि संगीत किसी भी जाति धर्म या सम्प्रदाय की सीमाओं में नहीं बंधा है। हर गायक या वादक सीमा में बंधे रहने के बाद भी उसे उसकी कल्पना के अनुरुप संगीत रचना प्रस्तुत करने की स्वतन्त्रता है। इसी कारण संगीत सदैव नयी कल्पनाओं से ताज़ा बना रहता है। ईश्वर प्राप्ति का श्रेष्ठ साधन भी संगीत को स्वीकारा गया है। अनेक भक्त जैसे मीरा, सूरदास, तुलसी, त्यागराज, स्वामी हरिदास आदि ने भक्ति संगीत के माध्यम से ईश्वर का साक्षात्कार ही नहीं किया बल्कि भारतीय संस्कृति के प्रत्येक मानस में ईश्वर भक्ति का सफल संचार किया।

संगीत की एक अन्य विशेषता यह भी है कि वह मनुष्य को सकारात्मक कल्याण के मार्ग की ओर प्रेरित करता है। एक गायक या वादक संगीत रचना को सुनाकर स्वयं तो आनन्दित होता ही है परन्तु सुनने

वाले को भी आनन्दित करता है, जिससे नैतिक गुणों दया प्रेम और परस्पर सहयोग की भावना पनपती है। एक ओर जहाँ पश्चिम का संगीत अधिकतर लोगों की कुत्सित भावनाओं को जगाता है वहीं भारतीय संगीत मनुष्यों को अपनी धीर-गम्भीर प्रवृति के कारण प्रेम दया और उदात्त भावनाओं को पुष्ट करता है।

सांस्कृतिक आदान-प्रदान की भूमिका में संगीत अपना महत्वपूर्ण स्थान रखता है। किसी भी संस्कृति में लोक कलाओं का अपना महत्वपूर्ण स्थान होता है। भारत देश में तो अनेक लोक संस्कृतियां है परन्तु लोक संस्कृति अलग-अलग होने के बावजूद भी संगीत इन्हें एक दूसरे से जोड़े रखता है। विभिन्न स्थानों प्रान्तों की भाषा ऐतिहासिक प्रसंग, भौगोलिक स्थिति, उद्योग धन्धे, फसलें, पारिवारिक पृष्ठभूमि, धार्मिक आस्थाएं विशेष देवी-देवता उत्सव पर्व सभी की छवि का ज्ञान लोक संगीत से प्राप्त होता है। यही एक सबसे बड़ा कारण है कि संगीत सांस्कृतिक एकता और सांस्कृतिक आदान-प्रदान का सबसे सशक्त माध्यम है। या यूं कहा जाए कि पूरे राष्ट्र की संस्कृति को संगीत एक सूत्रता में बाधता है। यह फूलों से गूंथी एक ऐसी माला है जिसमें अनेक संस्कृतियों के पुष्प संगीत के धागे में गूंथे हुए है जो भारत को भावनात्मक एकता से जोड़ते है और यह बात राष्ट्र की अनेकता में एकता को प्रदर्शित करता है।

संगीत वास्तव में एक ऐसी सूक्ष्म कला है और इसके अन्दर एक ऐसी आध्यात्मिक शक्ति है जिसके द्वारा यह संसार के प्रत्येक प्राणी को आविर्भूत कर देती है। हर पचास मील के फासले पर भिन्न-भिन्न भाषा भिन्न-भिन्न संस्कार आचार व व्यवहार वाले व्यक्ति रहते है। संगीत के क्षेत्र में आकर पूर्व और पश्चिम, उत्तर और दक्षिण का भेद मिट जाता है। रह जाती है तो केवल स्वरावलियों की मिठास। संगीत की इस मधुरता से न केवल बुद्धिजीवी ही मगर मानवेत्तर प्राणी भी प्रभावित हो जाते है। भारतीय अभिजात संगीत जिसका बीज भक्ति भावना पूर्ण धरती पर जन्मा, शनैः शनैः अंकुरित हुआ यह बीज आज विशालकाय वट वृक्ष के

रूप में सर्वत्र फैला हुआ दृष्टिगत होता है। इस संगीत की आत्मा पूर्णतः आध्यात्मिक है तथा सीधे मानव हृदय पर प्रभाव डालती है। संगीत अपने विकास क्रम में विभिन्न युगों और ज़ातियों की प्रवृति को अपनाकर भी अपने आध्यात्मिक स्वरूप को आज भी यथावत् रूप में बनाए हुए है। वैदिक काल से लेकर आज तक न जाने कितने विदेशी संस्कृतियों का समागम हुआ पर भारतीय संस्कृति उन सभी प्रवृतियों को अपने अंदर समेटकर भी अपने मूल अस्तित्व को बनाए हुए है। विविधता में जीवित रहकर भी एकता बनाए रखना भारतीय संगीत का अपना विशिष्ट गुण है। यही कारण है कि वैदिक ऋचाएं भरत का संगीत सिद्धांत जाति गायन और प्रबन्ध आदि आज हजारों वर्ष पुराने होकर भी अपना प्रभाव भारत में ही नहीं अपितु संपूर्ण विश्व में बनाए हुए है।

भरत का षड़ज ग्राम जो स्वतः अनुभूत करके बनाया गया या आज न केवल भारत में बिलावल थाट के रूप में ही नहीं अपितु पाश्चात्य संगीत में मेजर स्केल के रुप में जीवित है। आज भी जब हमारे कलाकार दूरि देशों में अपनी कला का प्रदर्शन करने जाते हैं तो वहां का रहन-सहन भाषा आदि को न जानते हुए भी बहां की जनता को मन्त्रमुग्ध करने की क्षमता रखते है। उसका सबसे बड़ा कारण है, हमारे संगीत का संवाद गुण सहित होना, जो सदा से ही सच्चा नैसर्गिक प्रासंगिक और वैज्ञानिक रहा है।[1]

भारतीय संगीत में भेद मिटाने की अद्भुत क्षमता है। यह भेद से अभेद की ओर ले जाता है। संगीत के एक छत्र राज्य में आकर जाति-पाति ऊँच-नीच का भेद समाप्त हो जाता है। तेहरवीं शताब्दी से लेकर आज तक भारतीय संगीत में अनेकों देसी विदेशी गायक हो गए है। जिनमें अधिकांशतः मुस्लिम गायक ही हुए है। अपने धार्मिक और व्यवहारिक जीवन में चाहे अनेक मत मतान्तर रहे हो पर संगीत के क्षेत्र में भारतीय

---

[1] संगीत, वाल्यूम 52, 1986

संगीत के सच्चे उपासक रहे हैं और अपने को भारतीय संस्कृति की परम्परा का अनुयायी मानने में गर्व का अनुभव करते हैं।[1]

भारतीय संगीत गुरु शिष्य से बंधी हुई एक ऐसी विद्या है जिसके फलस्वरूप विभिन्न सम्प्रदायों के लोग अपने परम्परागत धर्मों की परवाह न करते हुए दूसरे धर्म और दूसरे समुदाय में उत्पन्न गुणी संगीतकार को अपना गुरु बनाने में संकोच नहीं करते। एक दूसरे से आत्मीय सम्बन्ध जोड़ने का यह सशक्त माध्यम है।

संगीत में एकता के ऐसे ज्वलंत उदाहरण सदियों से पाए गये है। हिन्दु गुरु के मुस्लमान शिष्य और मुस्लमान के हिन्दु शिष्य हुए है। पाकिस्तान एक राष्ट्र बनकर भारत से अलग हुआ। यही नहीं उसने दो बार भारत वर्ष पर आक्रमण करके संसार की दृष्टि में अपने आप को भारत का दुश्मन साबित कर दिया किन्तु उनकी दुश्मनी, संगीत द्वारा एक ही श्रृंखला में जुड़ी हुई दोनों राष्ट्रों के संगीतज्ञों को अलग न कर सकी। संगीत सम्मेलनों में दोनों देशों के गायक इकठ्ठे होकर मंच पर एक साथ मां सरस्वती की आराधना करते हैं।

उपर्युक्त कथन के आधार पर कहा जा सकता है कि संगीत ने भाषा, धर्म और जाति के बंधनों से मुक्त होकर मानवीय समाज और संस्कृति की रक्षा की। समाज में एकता बंधुत्व की भावना प्रत्येक काल में पैदा की। व्यक्ति और समाज के बंधनों को सुदृढ़ बनाया। सांगीतिक विद्याओं से भाषा धर्म जाति सम्प्रदाय और देश की सीमाओं की परवाह न करते हुए सभी मनुष्य जाति को एक मंच के नीचे लाकर ईक्कठा कर दिया।

[1] संगीत का समाज शास्त्र, सत्यवती शर्मा, पृष्ठ (173)

1.3.3 संगीत का महत्व

संगीत के महत्व के बारे में विजय लक्ष्मी जैन अपनी पुस्तक संगीत दर्शन में लिखती हैं कि वैसे तो हर कला का मनुष्य के जीवन में अपना अलग-अलग महत्व है परन्तु संगीत ने तो मानव के साथ साथ प्रकृति को भी प्रभावित किया है। इस बात का अनुमान सहज ही लगाया जा सकता है कि जब प्रकृति भी संगीत से प्रभावित हो तो मनुष्य जो एक चिंतनशील प्राणी है तो फिर उसके जीवन में संगीत का होना (महत्वपूर्ण) संगीत के महत्व को दर्शाता है। एक व्यक्ति से परिवार, परिवार से समाज और समाज से राष्ट्र बनता है। संगीत का व्यक्ति के विकास, परिवार और समाज के विकास और फिर राष्ट्र के विकास में एक महत्वपूर्ण भूमिका है। व्यक्तिगत जीवन को एक जुट रखने में संगीत का महत्व बहुत अधिक है। संगीत व्यक्ति के जीवन में पवित्र भावनाओं का विकास कर उसे मानसिक चिंतन से मुक्ति दिलाकर उसके व्यक्तित्व में विकास करता है। उसे मनोवैज्ञानिक रूप से संतुलित रखता है।

भारतीय संगीत का महत्व इस बात से भी स्पष्ट हो जाता है कि संगीत एक व्यवहारिक और प्रायोगिक विषय है। यह तत्काल किसी भी चीज को प्रभावित कर सकने में सक्षम है। यही कारण है कि संगीत हमारी संस्कृति की आज तक रक्षा करता आया है। हमारे भारत वर्ष की संस्कृति के रीतिरिवाज और परम्पराओं व धर्म का संगीत सजीव वाहक है। हर काल और परिस्थिति में समय के अनुरूप संगीत ने समाज के दृष्टिकोण को देखते हुए अपने में बदलाव किए ताकि समय के अनुकूल उसकी प्रासंगिकता बनी रहे। हमारी संस्कृति में संगीत समयानुसार घुलता मिलता रहा और जहां उसकी आवश्यकता अनुभव हुई वहीं वह संस्कृति के उत्थान से सहायक बनता रहा। यही कारण है कि 'जन्म से लेकर मृत्यु तक के जितने भी संस्कार होते हैं चाहे कोई भी पर्व या उत्सव हो संगीत का उसमें अवश्य ही समावेश होता है। चाहे अनपढ़ हो या

साक्षर, गांव हो या शहर, पिछड़ी बस्ती हो या आदिवासी जाति सभी में अपनी-अपनी प्रथाओं के अनुकूल संगीत गुंजता रहा।[1]

वैदिक काल से लेकर आणुनिक काल तक संगीत का जो भी रूप सामने आया वह हमारे देश की संस्कृति के उत्थान का कारण बनी। वैदिक काल के सामगान हो या रामायण और महाभारत का गन्धर्वगान, मध्यकाल का भक्ति संगीत हो या आधुनिक शैली का संगीत। सभी स्तरों पर संगीत ने अपना महूँचपूर्ण स्थान रखा। समय के अनुसार यह लोगों के मनोरंजन का साधन भी बना और आजीविका का साधन भी बना। लोगों को नैतिक व आर्थिक दृष्टि से उन्नत करता गया।

आज हमारे दैनिक जीवन में अधिकतर प्रातः उठते ही ईश्वर का नाम स्मरण करते हुए दिन का प्रारम्भ करते है। इसका उदाहरण वर्तमान में सुबह रेडियो में ईश बन्दना स्तुति आदि सबसे पहले आती है। जो हमारे राष्ट्र की संगीत के प्रति आगाध प्रेम को दर्शाता है। वर्तमान समाज में जीवनशैली में परिवर्तन आ चुका है। महिलाएं पुरुषों के साथ कंधे से कंधा मिलाती हुई जीवन के हर क्षेत्र में अपना अलग-अलग महत्व रखती है। निःसंदेह इस कारण धार्मिक संस्कारों के गीतों और लोकगीतों के प्रचार में कमी आई है। क्योंकि जीवन में आज व्यस्तता अधिक बढ़ गई है। अतः आज सिने संगीत, भाव संगीत, नाटय संगीत ने दृश्य श्रव्य उपकरणों के माध्यम से लोगों में संगीत की रुचि को बनाए रखा है। इससे संगीत का महत्व प्रासंगिक बना हुआ है। वेदकाल से आजतक हमारे जीवन में संगीत का बराबर हस्तक्षेप रहा और संस्कृति का विकास संगीत के अन्दर समाहित रहा। प्लेटो ने भी कहा है कि किसी भी देश की संस्कृति और सभ्यता का अनुमान उस देश की संगीत कला की अवस्था से लगाया जा सकता है।[2]

---

[1] संगीत दर्शन, विजय लक्ष्मी जैन, पृ० (124)

[2] सत्यवती शर्मा, संगीत का समाजशास्त्र, पृ० (172)

संगीत मानव जीवन में स्फूर्ति उल्लास और सरसता बनाए रखता है। देश की सीमाओं पर बैठे सैनिक अपने अकेलेपन में जहां सुनसान जंगल रेत ही रेत या वर्फ से ढके पहाड़ होते है में समाज और परिवार से बहुत दूर रहते है। केवल एक मात्र संगीत ही ऐसा साधन है जो उनके इस अकेलेपन को दूर करता है। रेडियो द्वारा अपने-अपने मनपसन्द गीतों को सुनकर वह अपना हर गम भूलकर सदैव उल्लास से भरे रहते हैं।[1]

संगीत का एक महत्वपूर्ण कार्य और उपयोग है कि वह भावों के एकीकरण में सहायता प्रदान करता है। विभिन्न भाषा-भाषी, प्रान्तों, विभिन्न लोक संस्कृतियों को एक मंच पर लाकर खड़ा कर देता है। राष्ट्रगीत, मार्च धुने, देश भक्ति के गीतों से हर स्थान व जाति सम्प्रदाय के लोगों में भावनात्मकरुप से देश प्रेम की भावना पैदा कर देता है। इसी कारण संगीत में अनुशासन एकता की भावना समूहगान, समूहनृत्य आदि से उत्पन्न होती है। प्रान्तीयता, भाषा भेद, जाति धर्म सभी से ऊपर उठकर संगीत सबको एक कर देता है। आधुनिक शिक्षा में, संगीत शिक्षा के क्षेत्र में, चिकित्सा के क्षेत्र में भी महत्वपूर्ण योगदान दे रहा है।[2] उपर्युक्त कथन की पुष्टि करते हुए स्व० संगीत सम्राट मास्टर मनहर बर्वे ने लिखा है कि -

Music is the only art and greater power which makes the unity of all human casts.[3]

उपर्युक्त कथनो के आधार पर कहा जा सकता है कि संगीत व्यक्ति के सामाजिक, आर्थिक, सांस्कृतिक जीवन में अपना विशेष महत्व रखता है जिससे उसका सार्वभौमिक विकास होता है। कहा जा सकता है कि एक सुसंस्कृत श्रेष्ठ राष्ट्रीय संस्कृति का निर्माण कर सकती है। संगीत इसका सर्वश्रेड उदाहरण है।

---

[1] विजय लक्ष्मी जैन, संगीत दर्शन, पृष्ठ (127)

[2] विजय लक्ष्मी जैन, संगीत दर्शन, पृष्ठ (126,127)

[3] सत्यवती शर्मा, संगीत का समाजशास्त्र, पृष्ठ (174)

1.3.4 निष्कर्ष

कलाओं में किसी भी समाज के वास्तविक स्वरुप को भलीभांति देखा जा सकता है। कोई भी कला हो वह समाज के तत्कालीन प्रभावों को अपने अंदर आत्मसात करती है। या यूं कहा जाए कि समाज में जो कुछ भी घटित हो रहा होता है वह चाहे अच्छा हो या बुरा, नैतिक हो या अनैतिक, कलाएं उसे अपने-अपने माध्यम से उसके यथार्थ रुप को प्रस्तुत करती है। समाज के लोगों के समक्ष वह उनके जीवन के वर्तमान रुप को ज्यों का त्यों उपस्थित कर देती है। सहृदय व्यक्ति की चेतना के लिए वह जागरुकता पैदा करती है और असामाजिक तत्त्वों के लिए चुनौती और चेतावनी देने का काम करती है। साधारण लोगों को भी वह प्रेरणा देती रहती है। उन्हें समाज में होने वाली घटनाओं से सदैव सजग रहना सिखाती है और जो कुछ समाज में अनैतिक हो रहा है उससे संघर्ष करने के लिए मूक हथियार का भी कार्य करती है। वह चाहे काव्य हो या शिल्प, संगीत हो या चित्रकला। सभी अपने माध्यमों से अपने कर्तव्यों का वहन करती है। संक्षेप में यूं कहा जाए कि कलाएं हमारी संस्कृति और समाज का प्रतिबिम्ब होती है। सम सामयिक घटनाओं से प्रभावित होने के कारण उनमे यह गुण आ जाता है। संगीत कला हमारी संस्कृति का एक ऐसा अनिवार्य अंग है कि इसके बिना हमारे समाज की कल्पना भी नहीं हो सकती। यह एक ऐसी वैचारिक संरचनात्मक प्रक्रिया है जिसमें यह अपने आप को काल और सम सामयिक घटनाओं के अनुसार अपनी विभिन्न विधाओं (गायन, वादन, नृत्य) के माध्यम से अपने आप को प्रासंगिक दृष्टि से अभिव्यक्त करती है। यद्यपि यह संस्कृति के अनुसार समय स्थान और भावनाओं से जुड़ा होता है परन्तु फिर भी यह अपने विषय के माध्यम से सामाजिक और सांस्कृतिक संबन्धो को सफल रुप में प्रकाशित करता है। किसी भी जन संस्कृति या लोक व्यहार की शैली को समझने के किए जितना सशक्त माध्यम संगीत है शायद ही कोई दूसरा हो। क्योंकि संगीत किसी भी जाति या जनजातीय संस्कृति को

समझने का एक ऐसा सरल माध्यम है कि इसके माध्यम से किसी भी जाति, समाज, संप्रदाय या देश की गहन संरचना को आसानी से समझा जा सकता है। संस्कृति के जो भी घटक है उन्हें समझने में सहायता मिलती है।

भारतीय संगीत आरम्भ से दो धाराओं में प्रभावित होता रहा। पहली धारा मार्गी संगीत दूसरी धारा देसी संगीत की थी। मार्गी धारा परिष्कृत, परिमार्जित और श्रेष्ठ विद्वानजनों, ऋषिमुनियों का संगीत था। मार्गी संगीत के लिए एक नियमित नियमबद्ध प्रणाली थी। उसके लिए शास्त्रीय विधान थे। अर्थात् उसके लिए स्वर शब्द, भाषा, लय, ताल, काव्य इन सभी का परिष्कृत और परिमार्जित होना आवश्यक था। इसके लिए संगीतकारों को संगीत की साधना तो परमावश्यक थी ही, परन्तु भाषा ताल और साहित्य का ज्ञान भी परमावश्यक था। इन सभी के लिए उन्हे तदनुरुप शिक्षा भी आवश्यक थी। जीवन को शुद्ध नियमो में बांधकर इन सभी की शिक्षा लेते थे। इसके लिए उन्हें अन्य विषयों की अपेक्षा अधिक परिश्रम करना पड़ता था। सांसारिक प्रलोभनो का त्याग करना पड़ता था। अपनी जीवन शैली को चारित्रिक दृष्टि से उन्नत बनाना पड़ता था, तब कहीं जाकर वह समाज के सर्वोत्कृष्ट नागरिक के रुप में प्रतिष्ठित होते थे।

दूसरी धारा का संगीत देसी संगीत था जिसका उद्देश्य लोक रुचि के अनुसार और जनसाधारण की अभिव्यक्ति के अनुकूल अपने आप को परिवर्तित करते रहना पड़ता था। इस संगीत के दो रुप विकसित हुए। पहला शास्त्रीय संगीत और दूसरा लोक संगीत। शास्त्रीय संगीत वह संगीत है जो शास्त्रों के नियमों में बंधा हुआ होता है। जिसे स्वर, ताल आदि नियमों में बांधकर आकर्षक रीति से गाया बजाया जाता है। शास्त्रीय संगीत के दो अंग है। 1. सैद्धान्तिक 2. व्यवहारिक।

1. सैद्धान्तिक शास्त्रीय संगीत:-

सैद्धान्तिक शास्त्रीय पक्ष में संगीत का पूर्ण शास्त्र आ जाता है। संगीत के पारिभाषिक शब्द जैसे- नाद, श्रुति, स्वर, सप्तक, घाट, राग,

मूर्छना, गमक, तान, आलाप आदि आते हैं। यह अंग लिखित रूप में शास्त्रों में उपलब्ध होते है।

2. व्यवहारिक शास्त्रीय संगीतः-

संगीत कला एक व्यवहारिक कला है। इसमे गायन के प्रकार, वादन के प्रकार और नृत्य के प्रकार इनकी शैलियां और घराने आदि आते है। शास्त्रीय संगीत की अपनी कुछ विशेषताएं है। शास्त्रीय संगीत में धुन पर ही नहीं, वरन स्वर तत्वों की साधना एवं कल्पना की विविधता को भी महत्व दिया जाता है। स्वरों को विभिन्न अलंकारों से सजाकर राग का चित्रण करना गायक या वादक का उद्देश्य होता है। एक ही राग को भिन्न-भिन्न गायकों और वादकों से सुनने में भिन्न-भिन्न तरह का आनंद देता है। शास्त्रीय संगीत हमारे देश की सांस्कृतिक निधि है। शास्त्रीय संगीत की अपनी अनेक शैलियां हैं। जैसे ध्रुपद, धमार, ख्याल, ठुमरी आदि जो विभिन्न समयानुसार बाहरी प्रभावों के कारण प्रचलित होती रही है। किन्तु यह परिवर्तन बाहरी स्वरूप में होता रहा है। शास्त्रीय संगीत के मूलभूत नियमो में नहीं।

लोक संगीतः-

लोक संगीत के नियमो का कठोरता से पालन नही होता। स्वर, लय और काव्य के समन्वय से जन मनोरंजन करना ही लक्ष्य होता है। लोक संगीत हमारी भारतीय संस्कृति के लोक जीवन की एक ऐसी निधि है जिसमे हमारे लोक मानस के सुख-दुःख, उतार-चढ़ाव, मिलने और विछुड़ने की भावनाएं व्यक्त हुई है। हमारी सदियों से चली आ रही धार्मिक परम्पराएं धार्मिक विश्वास आज लोक संगीत में जीवित है। लोक संगीत हृदय से निकला स्वाभाविक संगीत है जिसमे साधारण रूप से जीवन का हर पहलू साकार हो उठता है। लोक संगीत में हमारी परम्पराओं रीति रिवाजों का साक्षात् रूप देखने को मिलता है।

लोक संगीत किसी भी संस्कृति का प्रमुख और महत्वपूर्ण अंग है। लोक संगीत का जन्म व्यक्ति के नैतिक मूल्यों, सामाजिक उत्सव,

त्योहारों, रीति रिवाजों एवं सामूहिक कार्यों द्वारा हुआ है। यह मानव मन की अनुभूतियों की सरल, निर्दोष, उन्मुक्त, स्वच्छन्द और सहज अभिव्यक्ति है। यह वस्तुतः जन सामान्य में प्रचलित संगीत है जो परम्परागत रूप से चलता रहता है।[1] परम्परागत संगीत, लोक संगीत, भाव गीत, भजन, चित्रपट संगीत आदि। भाव संगीत वह संगीत है जिसके अंतर्गत लोक संगीत, लोक परम्पराओं, रीति रिवाजों, लोक संस्कारों का साक्षात रूप में हम दर्शन करते हैं।

लोक संगीत सहज स्वाभाविक और स्वयं अनायास ही प्रस्फुटित होता है। यह वह स्वच्छन्द अभिव्यक्ति है कि मुख से जो स्वर लहरी फूट पड़ी, गीत बन गई। हृदय पक्ष, भाव पक्ष प्रधान होने के कारण लय ताल विशेष का इसमें कम ध्यान रखा जाता है। अर्थात् शास्त्रीयता के वृत से यह बाहर ही रहता है।[2]

भारतीय संस्कृति में हर पर्व, उत्सव, संस्कारों, त्योहारों पर, ऋतुओं पर, प्रेम प्रसंगों पर लोक गीत गाए जाते हैं। ये गीत व्यक्तिगत और सामूहिक सुखों दु:खों को अभिव्यक्त करने के उद्देश्य से विभिन्न अवसरों पर गाए जाते हैं। लोक संगीत में जो भी गाया जाता है उसमें परम्परागत रूप से स्थानीय भाषा एवं सामाजिक भावनाओं से संबन्ध होता है। इसलिए स्थानीय बोलचाल, रहन-सहन, वेशभूषा तथा आचार विचार का प्रभाव लोक संगीत में देखा जा सकता है। लोक संगीत लोक संस्कृति का प्रतीक है। इसमें मानव की रुचि सहज, स्वाभाविक और परम्परागत होती है।

अतः 'लोक संगीत उन लोगों के जीवन की अनायास प्रवाहात्मक अभिव्यक्ति है जो सुसभ्य तथा सुसंस्कृत प्रभावों से बाहर कम या अधिक

---

[1] सत्यवती शर्मा, संगीत का समाज शास्त्र, पृ० (133)

[2] सत्यवती शर्मा, संगीत का समाज शास्त्र, पृ० (134)

रूप में आदिम अवस्था में रहते है। यह साहित्य प्रायः मौखिक होता है और परम्परागत रूप से चला आ रहा है।[1]

प्रायः देखने में आता है कि आदिम कबीले में रहने वाले लोग या जन जातीय क्षेत्रों में रहने वाले लोग अपनी सांगीतिक धरोहर को आसानी से नहीं छोड़ते और न ही अपने जो रीति रिवाज हैं उनके मूल स्वरूप में परिवर्तन करते है। आज के युग में इनकी संस्कृति को समझने के लिए संगीत सबसे उपयुक्त माध्यम है। समय के परिवर्तन के अनुसार इनके भौतिक संसाधनों में तो परिवर्तन आए है। भाषाओं में भी थोड़ा बहुत परिवर्तन अवश्य आया है परन्तु संगीत संबन्धित शैलियों में जैसे (गायन, वादन, नृत्य) में कोई भी परिवर्तन नहीं हुआ है। क्योंकि उनकी सांस्कृतिक एकता का मुख्य स्त्रोत संगीत ही था। संगीत और नृत्य इनकी सामुदायिक और साम्प्रदायिक एकता की अभिव्यक्ति का सशक्त माध्यम था। संगीत इनके सुख दुःख, आशा-निराशा, प्रेम, भय, उत्सवों, आराधनाओं, परम्पराओं धार्मिक विश्वास और सामाजिक एकता की अभिव्यक्ति का प्रमुख अंग था। अतः कहा जा सकता है कि संगीत हमारी लोक संस्कृति, सामाजिक और राष्ट्रीय संस्कृति को अभिव्यक्त करने का अनिवार्य और जीवन्त अंग है। अपनी विभिन्न विधाओं के माध्यम से संगीत न केवल हमें सौंदर्यानुभूति करवाता है अपितु वह सामाजिक संरचना, सामाजिक सम्बन्धों, संस्कारों और लोगों के जीवन दर्शन को सही अर्थों में उद्घाटित करता है। अतः उक्त कथन की पुष्टि में कहा जा सकता है कि संगीत एक कला ही नहीं अपितु वह राष्ट्र के सामाजिक और सांस्कृतिक बंधनों का आधार भी है। यही एक बहुत बड़ा कारण रहा कि हमारा प्राचीन संगीत सामाजिक, राजनैतिक, सांस्कृतिक और आर्थिक दृष्टि से भारतीय संस्कृति में सर्वोच्च्व स्थान पर विराजमान रहा है।

---

[1] सत्यवती शर्मा, संगीत का समाज शास्त्र, पृ० (133)

अध्याय - 2

पूर्व वैदिक युग और वैदिक युग की संस्कृति के उत्थान में संगीत का योगदान

पूर्व वैदिक काल सुदूर और अतीत काल का वह खण्ड है जिसके संबन्ध में कोई सूत्रबद्ध, आंकड़े या सामग्री उपलब्ध नहीं है। भारतीय संस्कृति का प्रथम ऐतिहासिक ज्ञान हमें वैदिक साहित्य में उपलब्ध होता है। भारतीय संस्कृति का यह सहस्त्रदल शताब्दियों में विकसित हुआ है। ऐसी ही विशाल सभ्यता का दर्शन हमें सिन्धु तथा हड़प्पा जैसे स्थानों में हुआ। यह सभ्यता ऋग्वेद से पूर्ववर्ती है या उत्तरवर्ती है इसके बारे में मनीषी एक मत नहीं जुटा पाए हैं। प्रसिद्ध पुरातत्ववेता **"सर जॉन मार्शल"** उसे प्राग्वैदिक मानते है। डॉ० मैके हेवास तथा दीक्षित जैसे पुरातत्ववेता इसी मत के अनुयायी है। उनके अनुसार सिन्धु सभ्यता वह श्रृंखला है जो हिन्द यूरोपीय तथा वैदिक सभ्यता को जोड़ती है। राव बहादुर दीक्षित के अनुसार वैदिक संस्कृति तथा सिन्धु संस्कृति प्रायः समकालीन है।[1]

ऋग्वेद में आर्यों के संबन्ध में जो विवरण पाया जाता है उसी का प्रत्यक्ष प्रमाण सिन्धु सभ्यता में पाया जाता है। अतः यह स्पष्ट है कि

---

[1] डॉ परांजपे, भारतीय संगीत का इतिहास, पृ० (13)

सिन्धु सभ्यता वैदिक सभ्यता से प्राचीन नहीं है अपितु दोनों सभ्यताएं एक दूसरे से परस्पर जुड़ी हैं।[1]

प्रसिद्ध प्राचीन विद्या विशारद लक्ष्मण स्वरूप ऋग्वेदीय आर्यों को सिन्धु की उपत्यका के अधिवासी तथा सिन्धु सभ्यता के शिल्पी मानते है। डॉ० बेक के अनुसार यह सभ्यता किसी विदेशी सभ्यता की शाखा नहीं फिर भी इन संस्कृतियों का प्रभाव परस्पर सम्पर्क के कारण दिखाई देता है। भारतीय अन्वेषकों का प्रायः यही मत है कि सिन्धु सभ्यता के निर्माण का श्रेय आर्यों तथा अनार्यों में किसी एक को नहीं दिया जा सकता। सिन्धु घाटी की सभ्यता में जो भी सामग्री उपलब्ध हुई इस आधार पर पुरातत्वविदों का मत है कि इस सभ्यता का विस्तार अपनी सभ्यता से बहुत दूर-दूर तक हो चुका था और इसके व्यापारिक संबन्ध भारत से बाहर भी स्थापित हो चुके थे। बिद्वानों का ऐसा मत है कि मेसोपोटामिया, पश्चिन का रूस, मिस्र तथा सेस्टन जैसी सभ्यताओं से इसके संबन्ध होने के कारण इनमे एक दूसरे के जैसी समानता दिखाई देती थी।[2]

सिन्धु सभ्यता में लिंग के आकार की मूर्तियों से पता चलता है कि वह प्रकृति प्रेमी थे और प्रकृति में उत्पन्न वृक्षों की और मूर्तियों की पूजा करते थे। विद्वानों के मत के अनुसार शिवलिंगों से समानता रखने वाली आकृतियों से यह बात स्पष्ट हो जाती है कि भारत में प्रचलित शैव परम्परा का आरम्भ इसी काल में हो चुका था। मोहनजोदड़ो में एक ध्यान मग्न योगी की मूर्ति जिसकी दृष्टि अपनी नासिका के अग्रभाग पर केन्द्रित है, प्राप्त हुई है। मूर्ति की एक अन्य मुद्रा में एक देवता को योगासन की मुद्रा में दिखाया गया है। एक अन्य मूर्ति में तीन नेत्रों तथा तीन मुखों को अंकित किया गया है। यह मूर्ति भी योगासन की मुद्रा में ही है। निश्चय ही संगीत के क्षेत्र में तो सम्भवतः कम ही उन्नति हो परन्तु सिन्धु सभ्यता में

---

[1] राधा कुमुद मुखर्जी, हिन्दु सभ्यता, पृष्ठ (32)

[2] राधा कुमुद मुखर्जी, हिन्दु सिविलिजेशन्स, पृष्ठ (44,50)

उपलब्ध मूर्तियों से पता चलता है कि शिल्प कला पर उनका पूर्ण अधिकार था। उन्होंने संगीत वाद्य नृत्य आदि से संबन्धित भाव भंगिमाओं से युक्त जिन कला कृतियों का निर्माण किया उससे उनकी संगीत की स्थिति निश्चय ही परिपक्व हुई और आने वाले युग के लोगों ने उनका लाभ उठाया।[1]

हड़प्पा के उत्खननों में नृत्य में मग्न पुरुष की मूर्ति खण्डित अवस्था में प्राप्त हुई। यह मूर्ति घड़े गए पत्थर से उकेरी गई है। यह पाषाण से निर्मित मूर्ति खण्डित अवस्था में प्राप्त हुई अत्यन्त परिष्कृत और कलात्मक है। नर्तक का दक्षिण पैर भूमि पर स्थित है और बांया पैर नृत्य क्रिया में ऊपर उठाया गया है। नृत्य कला के विशेषज्ञ इसको नटराज शिव का स्वरुप मानते है। मूर्ति खण्डित होने के कारण इसमें उकेरे गए अभिनय का तो पता नहीं चलता फिर भी उस समय नृत्य का प्रचार रहा होगा। इस प्रकार का संकेत इस आकृति में दिखाई देता है। ऐसी मूर्ति का निर्माण संगीत प्रिय सभ्यता में ही हो सकता है। ऐसी सम्भावना की जा सकती है। मोहनजोदड़ो में उपलब्ध एक कांस्य की मूर्ति इस निष्कर्ष को प्रमाणित करती है। इस मूर्ति के निर्माण में एक सुकोमल नारी के सुंदर अभिनय को उकेरा गया है। नर्तकी का शरीर अनावृत अवस्था में है। केश जूड़े से बंधे हुए हैं। दोनों हाथों में चुड़ियाँ अंकित हैं। बांया पैर पैरों के अभिनय में कुछ आगे बढ़ा है। दायां हाथ कटि पर रखा हुआ है और बांबा हाथ नीचे की ओर किया गया है।[2]

इन कलात्मक आकृतियों से यह प्रभावित होता है कि तत्कालीन जीवन में संगीत का पर्याप्त प्रचलन था तथा धार्मिक और लौकिक समारोहों पर गीत, वाद्य और नृत्य से लोगों का मनोरंजन किया जाता था। गीत के साथ ढोल, दुन्दुभि जैसे याधों की संगति की जाती थी। हडप्पा में उपलब्ध एक चित्र में एक पुरुष को व्याघ्र के सामने ढोल

---

[1] उमेश जोशी, भारतीय संगीत का इतिहास, पृ० (59)

[2] शरच्चन्द्र श्रीधर परांजपे, भारतीय संगीत का इतिहास, पृ० (15)

बजाते हुए अंकित किया गया है। अथर्ववेद में दुन्दुभि के मांगल्यजनक वाद्य होने के सम्बंध में मान्यता मुखरित हो चुकी थी। सिन्धु सभ्यता में दुन्दुभि वादन के संबन्ध में यह धारणा रही हो तो कोई आश्चर्य नहीं होना चाहिए। आज भी आदिवासी जातियों में व्याघ्रादि हिंसक पशुओं के प्रवेश पर गाँवों के चारों ओर ढोलक के द्वारा भयंकर गर्जना करने की प्रणाली विद्यमान है। सिन्धु घाटी की सभ्यता में उपलब्ध अन्य दो मुद्राओं पर दीर्घाकार ढोलक अंकित है जिसके दोनों मुँह चमड़े से मढ़े हुए है। एक अन्य स्थान पर ढोलक की आकृति का बाथ एक मृणमयी मूर्ति की ग्रीवा से लटकता हुआ दिखाया गया है।[1] एसे वाधों का प्रयोग सम्भवतः नृत्य की लय को सूचित करने के लिए किया जाता रहा हो।[2]

हांलाकि उपर्युक्त खोजों से संगीत के किसी वाद्य के बारे में जानकारी नहीं मिलती फिर भी प्रकृति के अनुकरण से इन्होने वायों का निर्माण किया है। ऐसी संभावना की जा सकती है। इस सभ्यता में वीणा जैसे तन्तु वाद्य का कोई अवशेष नहीं मिला फिर भी मैके लिखते हैं- तत्कालीन लिपि में वीणा के समान कुछ चिन्ह दिखाई देते है। इसी की समकालीन सुमेरी सभ्यता में वीणा जैसे वाद्यों के अवशेष प्राप्त हुए है। अतः ऐसी सम्भावना की जा सकती है। वीणा जैसे वाद्यों का प्रचलन सिन्धु सभ्यता में हो रहा हो। गोल्पिन कहते हैं कि उर आदि समकालीन सभ्यताओं में धनुषाकार बीणा तथा अन्य वंशी जैसे वाद्यों की ही उपलब्धता से पता चलता है कि पश्चिमी एशिया में इन बायों का प्रचलन प्राचीन काल में था। संगीत और धर्म का समन्वय और सामंजस्य न केवल वैदिक काल में दिखाई देता है बल्कि अंधकार युग और प्राग्वैदिक काल में भी इस बात के अनेक प्रमाण मिलते है। संगीत की उत्पति के विषय में हमारे प्राचीन ग्रन्थों में अनेक किंवदंतियां उपलब्ध है। इसके अतिरिक्त अन्य अनेक प्रमाणों में उपलब्ध लिंगादि आकृतियों

---

[1] मैके, इण्डियन कल्चर खण्ड (4) संख्या: 2, पृष्ठ (153)

[2] मैके, अर्ली इण्डस सिविलाइजेशक्स, पृष्ठ (136)

तथा अन्य मूर्तियों से यह स्पष्ट होता है कि उस समय की धार्मिक साथना में मूर्तिपूजा तथा वृक्षादि प्राकृतिक वस्तुओं की आराधना में कठोर तप, योग एवं सांगीतिक अखण्ड नाद के दर्शन होते है। मोहनजोदड़ों में प्राप्त एक ध्यानमग्न योगी की मूर्ति जो योगासन की मुद्रा में है पाई गई है जिसमें दोनो ओर विभिन्न वाद्य यंत्रों का समूह भी दिखाई देता है। पूर्व वैदिक युग में संगीत को धार्मिक स्वरूप प्राप्त था हालांकि लोगों की दृष्टि संगीत के आध्यात्म दर्शन पर नहीं पहुंच पाई थी। परन्तु संगीत के बाह्य तत्वों को ग्रहण करने का उन्होने सार्थक प्रयास किया था। अपने जीवन की रक्षा करने हेतु उनका अधिक समय लड़ाईयां और अन्न उत्पादन में बीत जाता था परन्तु फिर भी वह संगीत के लिए कुछ न कुछ समय निकाल लिया करते थे। संगीत को धार्मिक स्वरूप प्रदान करने का श्रेय इसी युग के लोगों को दिया जा सकता है। ये लोग संगीत को ईश्वरीय उपहार समझते थे। उन्होने संगीत में निहित चमत्कारी शक्ति का अनुभव किया। यद्यपि वे संगीत के क्षेत्र में कोई विशेष खोज नहीं कर पाए फिर भी अपने शिल्प कला में निपुण होने के कारण संगीत बाद्य नृत्य आदि की भाव भंगिमाओं से युक्त जिन कला कृतियों का निर्माण किया उससे उन की संगीत से संबन्धित परिपक्वता के दर्शन होते हैं।[1]

2.1 वैदिक युग की संस्कृति में संगीत का योगदान

संस्कृत में वेद शब्द का अर्थ **ज्ञान** है। जिसकी व्युत्पत्ति **विद्** धातु में **धन्** प्रत्यय लगाकर हुई है। **विद्** धातु के चार अर्थ होते है- ज्ञान, सत्ता, लाभ, विचारणा। **विज्ञाने सत्तायाम् विदुलाचे विचारणे। ऐ तभ्योहलश्च इति सूत्रेण करणाधिकरण कारकर्मोध न प्रत्यये कृते शब्द साध्यते। विदन्ति जानंति विद्यन्ते, भवन्ति, विदन्ति, विदन्ते, लभन्ते विचारयन्ति**

---

[1] उमेश जोशी, भारतीय संगीत का इतिहास, पृष्ठ (59)

सर्वे मनुष्याः सर्वासत्य विधापर्येषु या तथा विश्ह्यनपश्च भवन्ति ते वेदाः।[1]

तात्पर्य यह है कि वेद न केवल लौकिक अपितु आलौकिक ज्ञान के भी वाचक है। वेद भारतीय संस्कृति के प्रथम स्वतः प्रमाण भी है। वेद के लिए सबसे अधिक प्रचलित शब्द श्रुति है। जिसका संबन्ध श्रवण अर्थात् सुनने से है। वैदिक काल में यज्ञादि में जिन मंत्रों का व्यवहार होता था वे व्यवहार तथा श्रवण परम्परा से व्यापक हो जाते थे। प्राचीन काल में वेदों का गुरु शिष्य परम्परा से सुनकर ही अध्ययन किया जाता था। इसी कारण इसका नाम श्रुति पड़ा।[2]

पं० ओंकार ठाकुर के अनुसार संस्कृत वाङ्मय की सबसे बड़ी विशेषता है कि उसमे ज्ञान की सभी शाखाओं सभी विद्याओं, सभी कलाओं और शास्त्रों का विवेचन इस ढंग से किया गया कि उसमें कोई भी विषय भारतीय संस्कृति के मौलिक दृष्टिकोण से विखुड़ नहीं पाया है। हमारे प्राचीन विद्वानों ने सब विधाओं को एक ही केन्द्र की ओर उन्मुख किया है। एक ऐसा केन्द्र जिसकी परिधि में पूरे ज्ञान भण्डार का समावेश हुआ है। यह प्रश्न मानव मन के मूल उद्देश्यों के प्रति भारतीय दृष्टिकोण को समझने के लिए बाध्य करता है। यदि एक शब्द में कहना चाहें तो यही कह सकते हैं कि आत्मानुभूति ही वह केन्द्र है जिसकी ओर समस्त विद्याओं को उन्मुख कर रखा है। इस मौलिक उद्देश्य के प्रति दृढ़ आस्था को संस्कृत पाङ्गमय के दर्शन तथा व्याकरण अपने में समेटे हुए है। हमारे प्राचीन मनीषियों का जीवन के प्रति समग्र दृष्टिकोण था। खण्डित चेतना को उन्होने कहीं भी स्थान नहीं दिया। इसलिए जीवन के विभिन्न पहलुओं से संबन्धित ज्ञान शाखाओं को एक ही मूल के साथ सम्बन्द्र रखा जा सका है। जब सभी विधाओं की यही स्थिति है तब भला

---

[1] दयानन्द, ऋ० भा० सू० (सम्पादक युधिष्टर मीमांसक), पृ० (22)

[2] डॉ० बी० एन० सिंह तथा आशा सिंह, भारतीय दर्शन, पृष्ठ (23)

संगीत केवल मनोरंजन की विद्या कैसे रह सकती है? इसलिए उसे भी गंधर्ववेदकी संज्ञा दी गई।[1]

There was a great variety of songs among the primitive tribes. There was a songs for dance and feart for funeral and wild procession, for war and chare. There were love songs, songs of labour, song in praise of nature and the supernatural! The sheme of there songs were woven sound the trifle and simple event of daily life.[2]

वासुदेव शरण अग्रवाल लिखते है कि आर्यों के संगीत पर वैदिककालीन संगीत का प्रभाव पड़ा। उन्होंने पूर्ववर्ती युग के मौलिक सांगीतिक तत्वों को ज्यों का त्यों आत्मसात किया। आर्य जिस प्रकार संगीत कला के माध्यम से देवी देवताओं की पूजा किया करते थे। वही शैली उनके पूर्ववर्ती वैदिक काल में प्रचलित थी। आर्यों को अंधकार युग के मानव की अपेक्षा अधिक सहज सुंदर पृष्ठभूमि मिली। जिसका परिष्कार करके उन्होंने उसे नया रूप दिया। कालान्तर में भारत आगमन के साथ ही उनकी सभ्यता संस्कृति का प्रसार हुआ और संगीत में लोकसंगीत एवं देसी संगीत का प्रादुर्भाव हुआ। परन्तु संगीत का उद्देश्य भी ईश्वर प्राप्ति की स्तुति तथा धार्मिक प्रचार था। पण्डित विष्णुनारायण भातखण्डे जी ने संगीत का उद्गम स्थान तीन-चार हजार वर्ष पूर्व रचित वैदिक ग्रन्थ सामवेद को ही माना है। भारतीय परम्परा के अनुसार भी संगीत का संबन्ध वेदों से स्वीकार किया गया है। विश्व के बृहदकाल के रूप में चार युग भारतीय संस्कृति में मान्य है। सतयुग (वेदकालीन) त्रेता (रामायणकालीन) द्वापरयुग (महाभारतकालीन) कलियुग (सम्राट अकबर तथा हरिदास) के काल से वर्तमान काल तक वैदिकयुग में ऋग्वेदीय सभ्यता में आर्य संगीत समारोह समनो के रूप में मनाते थे। 'नृत्यमनो अमृता' कथन से इस बात की पुष्टि हो जाती है।

---

[1] ओंकारनाथ ठाकुर, संगीतांजली भाग-5, पृष्ठ (21)

[2] सुनीता शर्मा, भारतीय संगीत का इतिहास (आध्यात्मिक एवं दार्शनिक) पृष्ठ (31)

तत्कालीन देवजन विद्या का अर्थ भी संगीत से ही है। संगीत के मूल सामवेद का दूसरा नाम गंधर्ववेद है। यह ऐसा वेद है जिसमें उद्गाता देवताओं की मूल उपासनाओं के लिए यज्ञ मंत्रों का उच्चारण, विभिन्न वाद्यों की संगत करते हुए गेय के रूप में करता था। वास्तव में ऋग्वेद की ऋचाओं को ही 'सामन' सामवेद के स्वर से बद्ध किया गया है। साधारण भाषा में ऋचाएं पदो के समान और सामगानो के समान थी।[1]

भारतीय संगीत में वेद ही संगीत, धर्म और दर्शन तीनों की आधार भूमि है। सामवेद में उदात्त अनुदात्त एवं स्वरित तीनों प्रकार के स्वर ईश्वर आराधना के आधार स्रोत थे। इन गेय पदों के उपर एक दो तीन आदि सात तक के अंक अर्थात् क्रुष्ट, प्रथम, द्वितीय, अथवा (+) आदि चिन्ह के स्वरों के उतार चढ़ाव और आधुनिक स्वर लिपि पद्धति के प्रतीक थे। सामवेद संहिता में स्वरों का महत्वपूर्ण स्थान है। उच्चारण की दृष्टि से स्वर उदात्त, अनुदात्त एवं स्वरित तीन प्रकार के और संगीत की दृष्टि से स्वर सात प्रकार के है। इनके नाम पड़ा, ऋषभ, गंधार, मध्यम, पंचम, शैवत और निषाद है। संगीत का उद्गम प्रकृति के प्रत्येक जीव के समान स्वतः स्फूर्त माना गया है और उसके गीतितत्व का उद्गम सामवेद माना गया है।

संगीत का प्रमुख उद्देश्य ईश्वरोपासना था। वैदिक संस्कृति में धर्म दर्शन तथा संगीत का घनिष्ठ संबन्ध रहा। प्राचीन सभ्यता के सभी चरणों में धार्मिक संगीत की स्वर लहरी अवश्य विद्यमान रही है। ईसा के सहस्त्रों वर्षपूर्व सिन्धु सभ्यता की उर्वर घाटी में ध्वस्त हड़प्पा मोहनजोदड़ो के साथ की जो भी सामग्री उपलब्ध है उसमें संगीत के अन्तर्गत प्रचुर आध्यात्मिकता तथा गहन धार्मिकता का बोध होता है। ध्यानमग्न कलाकृतियां संगीत के माध्यम से ही ईश्वर स्तुति करती हुई दिखाई देती है। प्राचीन काल से ही भारत में भाषा को अधिकतर सुंदर ढंग से बोलने की प्रवृति आरम्भ हो गई थी। ऋग्वेद के मंत्र अपने भाषा सौष्ठव तथा गेय

---

[1] डॉ० वासदेवशरण अग्रवाल, हिन्दुसभ्यता, पृष्ठ (113)

तत्व के लिए प्रसिद्ध है। वैदिक ऋषि भाषा तथा संगीत के मर्मज्ञ थे। ऋग्वेद के सूत्र 10:71, 10:125, 1:164 आदि वास्तव में वाग्देवी की स्तुति में है। इसमें वाणी के बहुत ही उत्कृष्ट रुप की कल्पना की गई है। अनेक स्थानों पर वाणी को समस्त ब्रह्माडों के समक्ष माना है। ऋग्वेद में वाणी एवं ब्रह्मा की एकरूपता अनेक स्थानों पर दिखाई देती है।[1]

वैदिककालीन समाज में स्त्री और पुरुष दोनों का संगीत पर समान रुप से अधिकार था। एक पश्चिम विद्वान ने इस कथन की पुष्टि करते हुए कहा है कि- Music played a sacred role in Aryan India (1500-50 B.C) for sacrificial sites were recited and sung. It appear that women were among the singer in the earliest of these times, wives of Sama Vadic priest were interested with the sweet singing of difficult Sama chant afterward this task transferred to male Udgatsies or priest women continued as dances and - the singers in the religious sphere.[2]

भारतीय संगीत और संस्कृति के उच्च कोटि का दर्शन हमें वैदिक काल में प्रचुर मात्रा में उपलब्ध होता है। वैदिक काल में संगीत की सबसे बड़ी विशेषता यह थी कि संगीतज्ञ न तो व्यवसायिक दृष्टि से संगीत का प्रयोग करते थे और न ही इसकी शिक्षा व्यवसायिक रुप में देते थे। उन्होंने इस कला को धर्म और आध्यात्म से जोड़ दिया था। इस बात की पुष्टि में उमेश जोशी एक यूनानी विचारक की पुस्तक 'The oldest Music of the World' में लिखे शब्दों से इस बात को और अधिक सार्थक बनाते हुए स्पष्ट करते हैं 'वैदिक काल में संगीत अत्यन्त शुद्ध और पवित्र था कि इसके मुकाबले में विश्व के अन्य देशों के संगीत में वैसा उज्ज्वल रुप नहीं पाया जाता। भारतीय संगीत को इसी पवित्रता और उज्ज्वलता के सम्मुख जिसको सैंकड़ों वर्षों की एकान्त साथना के बाद भारतीयों ने उपलब्ध की होगीं। यूनानी संगीत की पवित्रता धूमिल पड़

---

[1] सुधिकांत भारद्वाज, वैदिक साहित्य का आलोचनात्मक इतिहास, पृष्ठ (8)

[2] Bonney wadey. (Music in India) The classic Tradition, Page (15)

जाती है। हमें इस तथ्य को स्वीकार करना पड़ेगा कि वैदिक काल में हम जो स्वर्गीय सौंदर्य, जो आत्मा को गुदगुदाने वाला प्रकाश जो नवीन विश्व में प्रवेश कराने वाली प्रेरणा, और जो मानव जीवन को निखारने वाली प्रेरणा दिव्य शक्ति पाते हैं। वह सांगीतिक साथना हम विश्व के अन्य संगीत में नहीं पाते।[1]

भगवान श्री कृष्ण स्वयं श्रीमद्भगवद्गीता में स्वीकार करते हैं कि **वेदानान् सामवेदोरिम** अर्थात् वेदों में, मैं सामवेद हूँ। सामवेद पूर्णतः सांगीतिक वेद है। इसमें स्वरों में और लयबद्ध ऋचाओं द्वारा ईश्वर की स्तुति की जाती थी। साम का गायक उद्गाता कहलाता था और वह छन्दोबद्ध ढंग से गायन करता था। सामगायन करने वाले विद्वान प्रायः ब्राह्मण होते थे जो एक उच्च कोटि के विद्वान और पूर्णतः सात्विक जीवन व्यतीत करते थे। सामगायन में नियम बद्धता उच्चारण की शुद्धता और स्वरों की रंजकता पर विशेष ध्यान दिया जाता था। सामगान प्रायः देवताओं की स्तुति में होता था। इस आध्यात्मिक संगीत में स्त्री और पुरुष दोनों का बराबर योगदान होता था। वैदिक काल में सामवेद ही संगीत का प्रतिनिधित्व करता था और वही वैदिक गायन का अलंकार और ईश्वर शक्ति का सर्वश्रेष्ठ माध्यम था। भक्ति के स्वयं स्फूर्त उद्‌गारों के साथ वाद्य और नृत्य का समावेश हो जाना स्वभाविक है। गीत वाद्य और नृत्य में तीनों ही भक्ति के उल्लास को अभिव्यक्त करने का प्रधान साधन है। आनंदातिरेक में मुख उद्‌गारों का निःसृत होना हाथ से तालियां बजाना तथा अंगोपात्रों से अभिनय करना स्वभाविक प्रक्रिया है। प्राचीन मानव के गीत वाद्य तथा नृत्य ऐसे ही धार्मिक प्रसंगो से उद्भूत हुए। आज भी आदिवासी जनजातियां धार्मिक पर्वो और त्योहारों पर लोकगीतों के साथ विविध वाद्यों तथा नृत्यों का प्रयोग करती पाई जाती है। यह परम्परा नयी नहीं अपितु प्राचीन है और सहस्त्राब्दियों से अविछिन्न चली आ रही है। सामवेद तो ऋग्वेद का ही रुपान्तर है।

---

[1] उमेश जोशी, भारतीय संगीत का इतिहास, पृष्ठ (72)

सामवेद गायन की दृष्टि से सर्वथा अभिन्न है। सामवेद के सभी मंत्र ऋग्वेद से लिए गए है। अन्तर केवल यह है कि ऋग्वेद के मंत्रों का पाठ जहां आधुनिक कविता गायन के समान है। सामवेद का गायन आलापों से युक्त शास्त्रीय गायन के समान होता है। सामवेद का संगीत भारत के इतिहास में प्रथम भक्तिगीत होने का अधिकारी है। यह वह संगीत है जिसमें भक्त ने अपनी आराध्य विषयक भावनाओं को स्वरों में बांधा है। इन गीतों का मूल आत्मीयता तथा आत्मा निवेदन में निहित है। लौकिक तथा आलौकिक समृद्धि पाने की इच्छा से जिन ऋचाओं का निर्माण हुआ है। उन्हीं को तत्कालीन संगीतज्ञों ने स्वर प्रदान किया। अतः इन्हीं ऋचाओं में संगीत आध्यात्म तथा दर्शन तीनों तत्व विद्यमान है। इनके रचयिताओं का विश्वास था कि साधारण पाठ की अपेक्षा गायन से देवताओं को अधिक सहजता से वशीभूत किया जा सकता है।[1]

2.1.1 वैदिक साहित्य की संस्कृति में संगीत का योगदान

वैदिक साहित्य में गीत वाद्य और नृत्य तीनों अंगों का उल्लेख उपलब्ध होता है। वैदिक युग से अभिप्राय उस सुदीर्घ कालखण्ड से है जिसमें चारों वेदों तथा उसके विविध अंगों का विस्तार हुआ। वेद वह बाङ्मय इकाई है जिसके अंतर्गत विनियोग भेद के कारण ऋक्, यजु, साम तथा अथर्व का पृथक संहिता के रुप में निर्माण हुआ। मीमांसाकार जैमिनि के अनुसार ऋक उन छन्दोबद्ध मंत्रों का नाम है जिसमें अर्थानुकूल छंदों की व्यवस्था है।[2]

"तेषां मृग यत्रार्थनवशेन पाद व्यवस्था"

जै० सू० 3/01/35

---

[1] संगीत पत्रिका 1970, सम्पादक लक्ष्मी नारायण गर्ग, पृ० (2,3)

[2] डॉ० शरच्चन्द्र श्रीधर परांजपे, भारतीय संगीत का इतिहास, पृ० (17,18)

इन ऋचाओं पर जो गान निबद्ध है उसके लिए साम संज्ञा है- **"गीतिषु सामाख्या"** (जै० सू० 2/01/36) ऋक् तथा साम के अतिरिक्त जितने मंत्र है वे **'यजुष'** के नाम से अभिहित होते है- **"शेषे यजुः शब्दः"** (जै० सू० 02/01/37) वेद का तात्पर्य मंत्र संहिता से नहीं वरन उसके अन्तर्गत ब्राह्मण आरण्यक तथा उपनिषद् वाङ्मय का भी समावेश है।

ऋग्वेद काल में गीत, वाद्य व नृत्य तीनों का पर्याप्त प्रचलन दृष्टिगोचर होता है। शावायन ब्राह्मण के अनुसार, **"त्रिविधं शिल्पं नृत्यं गीतं वादितमिति"।** एतरेय ब्राह्मण के अनुसार इन शिल्पों की गणना दैवी शिल्पों में है तथा इनकी सहायता से यजमान का व्यक्तित्व सुसंस्कृत हो जाता है।

ऋग्वेद में गीत के लिए, गीर, गातु, गाथा, गायत्र, गीति तथा साम शब्दों का प्रयोग पाया जाता है। ऋग्वेद की ऋचाएं स्वरबद्ध होने के कारण स्तोत्र कहलाती है। विनियोग भिन्नता के अनुसार इन ऋचाओं में मंत्रों में पठन वैशिष्ठय होने के कारण स्तोत्र कहा जाता है।[1]

गीत प्रबंधों का उल्लेख ऋग्वेद में गीति, गाथा, गायत्र तथा साम नाम से पाया जाता है। गाथा का गायन धार्मिक व लौकिक समारोहों पर किया जाता था। शतपथ ब्राह्मण में ऐसी गाथाओं का गायन ब्राह्मण तथा क्षत्रिय गायकों द्वारा किया जाने का उल्लेख है। इन गाथाओं के गायक गाचिन कहलाते थे। यज्ञ के अन्तर्गत सामगान के गौरवपूर्ण स्थान का संकेत मिलता है तथा निर्देश भी मिलता है कि सामगान उन्हीं विद्वानों को प्राप्त हो सकता है जो अध्यवसायी और जागरणशील हो-

"यो तं जागार ऋचः कामयन्ते यो जागार तनु सामानियन्ति।"

एक अन्य मन्त्र के अनुसार साम के गायन से समस्त नभमण्डल प्रतिध्वनित हो उठता था- **"गायत साम नभन्यं यथावे" (01/17/01)** ऋग्वेद काल में सामों के आविश्कर्ता आचार्यों

[1] डॉ० शरच्चन्द्र श्रीधर परांजपे, भारतीय संगीत का इतिहास, पृष्ठ (19)

में अंगिरस, भरद्वाज तथा विशिष्ट का उल्लेख हुआ है जिनमें से स्तोत्र गायन के लिए अंगिरसों का- **"देवाः अंगिरसां सामभिः स्तूयमानाः।"** सामो में वरिष्ठ बृहत्साम के अविश्कर्ता के रूप में भरद्वाज का उल्लेख- **भरद्वाजो वृक्ष्याचले अग्नेः** तथा रथान्तर साम के उद्भावक के रूप में वसिष्ठ का उल्लेख हुआ है- **"रथान्तरमाजभाशं वसिष्ठः"।**[1] ऋग्वेद काल में गायन के साथ साथ वाध का भी सहाचर्य रहा है। दुन्दुभि वाण, नाड़ी, वेणु, कर्करि, गर्गर, गोधा, पिंग तथा आघाटि आदि वाथों के अंतर्गत दुन्दुभि की धीर-गंभीर ध्वनि का उल्लेख ऋग्वेद में बारबार हुआ है। उद्दाहरण स्वरुप ऋगवेद में - **"जयतामिव दुन्दुभिः"** **(01/28/05)** कहकर विजेताओं द्वारा बजाई जाने वाली दुन्दुभि के समान ध्वनि उत्पन्न करने का निर्देश दिया गया है। वाण नामक तन्त्री वाद्य का उल्लेख- **वाणस्य चोदायापविम** के रूप में किया गया है। इस मंत्र में सोमरस से प्रार्थना की गई है कि पर्जन्यधारा के समान पात्र में तेलबारावत् गिरते हुए **वाण** की भान्ति गूँजा हुआ स्वर उत्पन्न करें। ऋग्वेद में मरुद्गणों को संगीत प्रिय बताया गया है- **"धमन्तो वाणं मरुतः सुदानवो मदे सोमनस्य रण्यानि चक्रिरे।"** के रूप में मरुतों के वाण बजाकर पराक्रम करने का उल्लेख है। इस प्रकार मरुतों को संगीत प्रिय बताया गया है। वाण सप्त तंत्री युक्त वाद्य था। इसका प्रमाण **"वाणस्य सप्तधातु रज्जिनः"** के रूप में प्राप्त होता है। शाकटायन ब्राह्मण के आधार पर स्पष्ट होता है कि उस समय प्रातः काल में मंगलवाद्य के रूप में वीणा का प्रयोग किया जाता था। एक आख्यायिका के अनुसार किसी समय असुरों ने कण्व मुनि को अंधेरी कोठरी में बंद कर दिया तथा उनके नेत्रों को भी बंद करके आदेश दिया कि बिना नेत्र खोले ही उषा आगमन की बात कहकर वे अपने ब्रह्मणत्व की प्रतिष्ठा प्रमाणित करे। कण्व ऋषि के ब्रह्मणत्व के कारण अश्विनी

---

[1] डॉ0 शरच्चन्द्र श्रीधर परांजपे, भारतीय संगीत का इतिहास, पृ० (21)

देवता ने अपने प्रातःकालीन वीणा वादन से उन्हें उषाकाल की सूचना दी। शाकटायन ब्राह्मण के एक श्लोक से यह बात स्पष्ट हो जाती है-

"ऋषये चाक्षुः ष्युष्टाया उषसः प्रकाशकं वीणा प्रत्पचतं कृतवन्तौ।
कन्याप चमुरिन्द्रियं प्रत्पचतं प्रत्पस्थापपतम्।।

मा० प्रा० (1/118/07)

शाकटायन ब्राह्मण के आधार पर यह स्पष्ट हो जाता है कि उस समय प्रातःकाल पर मंगल वाद्य के रूप में वीणा आदि वाद्यों का वादन किया जाता था।[1]

इसके अतिरिक्त अघाटि, जिसके पर्याय घाटलिका तथा काण्ड वीणा है। भुमि दुन्दुभि, नाड़ी नामक फूंक से बजाया जाने वाला सुषिरवाद्य आदि का उल्लेख भी ऋग्वेद में मिलता है। ऋग्वेद के ऐतरेय ब्राह्मण में देवी तथा मानुषी वीणा का सुंदर सामंजस्य उपस्थित करते हुए बताया गया है कि जिस प्रकार देवी वीणा अर्थात् शरीरी वीणा के शिर, उदर, जिल्ल, तन्त्रियाँ, स्वर, स्पर्श, शब्द व चर्म आदि अंग उपांग हैं। ठीक उसी प्रकार मानव निर्मित काष्ठवीणा है। काष्ठवीणा के शिर से अभिप्राय **'तुम्बा'** काष्ठ की खोह इसका उदर है जो ब्वनि में गूंज उत्पन्न करता है। वादन क्रिया उसकी जिस है। वीणा की अनेक तन्त्रियाँ उसकी उंगलियां है। बीणा से उद्भूत होने वाले स्वर उसकी वाणी है। जिस प्रकार कण्ठ की ध्वनि ध्वमुत्पादक स्थानों के आभ्यन्तर स्पर्श से होती है उसी प्रकार वीणा के स्वर स्थानों के स्पर्श से ध्वनि का निष्पादन होता है। शारीरी वीणा का निर्माण जैसे धमनियों से हुआ है। वैसे ही दारवी वीणा का निर्माण उसके तन्त्रियों से निबद्ध है।[2]

गीत वाध के साथ-साथ नृत्य कला का अस्तित्व भी ऋग्वेद में प्राप्त होता है। नृत्य कला का कार्यक्रम भी खुले में उन्मुक्त वातावरण में होता था जिसमें नारी वसनो से अलंकृत समन की ओर चल पड़ती है। जब वन

---

[1] डॉ० शरच्चन्द्र श्रीधर परांजपे, भारतीय संगीत का इतिहास, पृष्ठ (22-23)

[2] मधुवाला सक्सेना, राकेशवाला सक्सेना, संगीत मधुबन, पृ० (36)

प्रान्तर और हरियाली से ढक जाते है, तब युवा और युवतियां सह नृत्य करती हुई फैले मैदानों की ओर दौड़ चलते है। मृदंग धमक उठते है। तरुण तरुणियां एक दूसरे का हाथ पकड़ नाचने लगते है और तब तक नाचते रहते है जब तक उनके साथ भूमि और दिशाएं चक्कर नहीं काटने लगती और नाचते समुदाय को जब तक धूल के बादल घेर नहीं लेते।[1]

महाव्रतनामक सोमयाग में दासियों के समूह नृत्य का आयोजन किया जाता था जिसमें कम से कम तीन और अधिक से अधिक छः नर्तकियां होती थी। प्रत्येक नर्तकी मस्तक पर जल भरी गगरी धारण किए बांए से दाएं की ओर वर्तलाकार गति से नृत्य करती थी। नृत्य का पदक्षेप गीत के साथ हुआ करता था। ऐतरेय आरण्यक के इस श्लोक से इस कथन की पुष्टि हो जाती है-

" प्रेप्याः संशास्ति पूर्ण उदकुम्भास्तित्रौवमाः। इमं चिण्य कुंभ च त्रिः प्रदक्षिणं परिव्रजाय दक्षिणैः पाणिभिर्दक्षिणानूनाघ्नाना एहयेषा इदम्मधू इदम्मध्विति वदन्त्यः।"

ऐ० आ० (01/01)

विवाह के अवसर पर चार से लेकर आठ सुहागिनो को सुरा पिलाकर चतुर्वार नृत्य करने के लिए प्रेरित किया जाता था। सीमान्तोनयन विधि में पति वीणावादकों से सोमदेव के संबन्ध में वादनयुक्त गान करने को प्रेरित किया करता था। विवाह विधि में पत्नी के द्वारा गायन किया जाने का उल्लेख वैदिक वाङ्गमय में यत्र-तत्र पाया जाता है।[2] उपर्युक्त तथ्यों के आधार पर यह कहा जा सकता है कि वैदिक काल में संगीत ने हिन्दु संस्कारों में अपनी श्रेष्ठ भूमिका निभाई है। वह चाहे वर वधु के चयन से संबन्धित 'समन' में हो या सीमान्तोनयन संस्कार में या वैवाहिक विधि में हो। हमारी संस्कृति के संस्कार जो हमारे जीवन में होने वाले जीवन कार्यों से संबन्धित कर्मो के शुरूआती प्राण प्रतिष्ठा में अपना भरपूर योगदान

---

[1] उमेश जोशी, भारतीय संगीत का इतिहास, पृ० (68)

[2] डॉ0 शरच्चन्द्र श्रीधर परांजपे, भारतीय संगीत का इतिहास, पृ० (25)

देता था। वैदिक काल में संगीत हमारे जीवन का एक महत्वपूर्ण अंग बन चुका था। उसकी विभिन्न अवसरों पर अलग-अलग योगदान की भूमिका होती थी। 'यूं तो शास्त्रीय संगीत के दो रूप लोक तथा शास्त्रीय सदाही रहे हैं लेकिन संगीत का तात्पर्य उस संगीत से है जो सामाजिक अवसरो पर सबके मनोरंजन के लिए अपने आंतरिक भावों की अभिव्यक्ति के लिए जन मनोरंजन हेतु गाया बजाया जाए और यह अभिव्यक्ति सहज, सुगम व सरल रूप को ग्रहण करते हुए सौंदर्यमयी हो। जबकि शास्त्रीय संगीत में सांस्कृतिक व सामाजिक मूल्यों को ग्रहण करने के साथ-साथ मानव के नैतिक उत्थान को दृष्टिगत रखते हुए व संगीत वेताओं के गहन अध्ययन मनन व चिंतन से किए गए विश्लेषण के आधार पर संगीत के कलागत सौंदर्यात्मक तत्वों के दिशा निर्देश को आधार मानकर निर्मित किया गया।[1]

संगीत चाहे शास्त्रीय संगीत के रूप में रहा हो या लोक संगीत के रूप में रहा हो, उसमें सभी रूप में अपनी सार्थकता मानव जीवन के प्रत्येक कृत्य में निभाई। अथर्ववेद में उल्लिखित 'गाथा' नाराशंसी तथा रैभी आदि गीत प्रकार जन सामान्य द्वारा प्रयुक्त गीत ही थे। डॉ० परांजपे के अनुसार गाथा आदि गीतों का स्वरूप परम्परागत वीर काव्य की भांति था जिनका गायन व्यवसायी गायकों द्वारा लौकिक समारोहों पर किया जाता था। नाराशंसी गीत प्रकारों में राजाओं की प्रशंसा की जाती थी। विद्वानों का यह भी मत है कि गाथा गीत प्रकार परम्परागत लौकिक पुरुषों से संबन्धित होते थे तथा नाराशंसी गीत प्रकार समकालीन राजाओं की स्तुति से परिपूर्ण होते थे। इन गीत प्रकारों को गाने वाले व्यवसायी गायक वादक सूत व शैलूष आदि जातियों से संबन्ध रखते थे जो सम्भवतः उच्च जातियां नहीं मानी जाती थी परन्तु अपने कला कौशल के कारण समाज में वांछनीय थी। यजुर्वेद में उल्लिखित

---

[1] मधुबाला सक्सेना, राकेशबाला सक्सेना, संगीत मधुबन, पृ० (37)

"नृताय सूतः गीताय शैलूषम्" आदि उक्तियां इस बात को प्रमाणित करती है।[1]

उपर्युक्त कथन से यह बात सिद्ध होती है कि समाज में जिनको छोटी जाति समझते थे यदि संगीत में वे पारांगत है तो समाज उनको श्रेष्ठ आदर सम्मान देता था। संगीत का महत्व इस बात से सिद्ध हो जाता है कि जब एक नीच जाति को वह समाज में सम्मान और प्रतिष्ठा दिला सकता है तो जब यह हर उत्सव में गाया बजाया जाता होगा तो लोगों के मन निःसन्देह एक निष्काम प्रेम की भावना अवश्य पैदा करता होगा।

वैदिक काल में सामगान शास्त्रीय संगीत के उद्गम स्रोत की दृष्टि से अत्यंत महत्वपूर्ण है क्योंकि अपौरुषेय श्रेयस की प्राप्ति कराने वाला भौतिकता से परे ले जाने में सक्षम साधना के समस्त अंगों को स्वीकार करने वाला विशिष्ट उद्देश्य से परिपूर्ण एवं विशिष्ट नियमो से अनुशासित होने के कारण मर्यादाबद्ध जो संगीत है वह शास्त्रीय मार्ग या शिष्ठ संगीत है। यदि ऐसा कहा जाए तो सम्भवतः अनुचित न होगा। सामगान के इसी दृष्टिकोण के अन्तर्गत आलाप आदि नियमो से तथा शैलीगत विशेषताओं के कारण मर्यादाबद्ध, ऋक्, यजुष से उत्पन्न होने के कारण ब्रह्मोन्मुख साधना से परिपूरित, विशिष्ट ऋचाओं को ही गेयात्मकता प्रदान करने के कारण देवताओं की स्तुतियों से परिपूर्ण, शब्दों की अपेक्षा गेयात्मकता एवं प्रवाहात्मकता का अधिक महत्व होने के कारण भावात्मक सूक्ष्मता पर आधारित एवं शास्त्रोक्त परम्परा से आबद्ध होने के कारण शास्त्रीय परम्परा का ही द्योतक है।[2]

जिस प्रकार प्रत्येक काल खण्ड में लोक संगीत शास्त्रीय संगीत से प्रेरित रहा उसी प्रकार वैदिक काल में भी इन दोनों के एक दूसरे से प्रभावित होना स्वभाविक है। यही कारण है कि जहां एक ओर ऋचाओं के गायन में उच्चारण को अधिक महत्व दिया जाता था वहीं दूसरी ओर

---

[1] मधुबाला सक्सेना, राकेशबाला सक्सेना, संगीत मधुबन, पृ० (38)

[2] मधुबाला सक्सेना, राकेशबाला सक्सेना, संगीत मधुबन, पृ० (38)

हाऊ, हाई अथ इह ई आदि स्तोम अक्षरों का साम विकारों के रूप में प्रयोग भी मर्यादाबद्ध रूप में स्वीकार किया गया है। यद्यपि इन विकारोंको विशिष्ठ अर्थयुक्त रूप में ही प्रयोज्य माना गया है। देवताओं की स्तुति में रचित ऋग्वेद की ऋचाएं ही गेय के रूप में सामगान का आधार थी। जिन ऋचाओं को गेयात्मक रूप देकर संग्रहीत किया गया वही संग्रह साम संहिता कहलाया। ऋग्वेद के मंत्रों को ऋचा कहा गया है। जब ये मंत्र एक साथ गाए या पढ़े जाते हैं तो ऋचा कहलाते है। परन्तु जब यही मंत्र आलाप का आश्रय लेकर गेयात्मक रूप में गाए जाते हैं तो 'साम' बन जाते है। 'साम' की व्युत्पति है- **सा**+**अम** सा का अर्थ है आलाप। अर्थात् आलाप से युक्त ऋचा का गान ही साम बन जाता है। सामगान प्रमुखतः यज्ञ के किए अपेक्षित था।[1]

वेदों में सामवेद का अध्ययन संगीत के ऐतिहासिक दृष्टि से अत्यन्त महत्व रखता है और अपना एक विशेष स्थान भी रखता है। इसी ग्रन्थ में हमें वैदिक संगीत के स्तोत्रों का भली प्रकार दिग्दर्शन होता है। वेदों के सही ज्ञान का भण्डार इसमे निहित है। भगवान श्री कृष्ण ने भी श्री मद्भगवतगीता में कहा कि **'वेदानां सामवेदोऽस्मि'**[2] अर्थात् - वेदों में सामवेद हूँ। श्रीमद्भगवतगीता के अनुसार साम गीतों में बृहत्साम का मुख्य स्थान है तथा छन्दों में गायत्री परमात्मस्वरूप है। बृहत्साम तथा 'साम्नां गायत्री छंदसामहम्' गायत्र साम का स्थान सामवेद के सप्त प्रकृति गानों में आदिम माना गया है। सामवेद से सम्बद्ध छान्दयोग्य उपनिषद् के अनुसार सम्पूर्ण सामवेद का सार 'उद्गीथ' में निहित है। यही उद्गीथ सामगान का सर्वाधिक महत्वपूर्ण अंग है और इसी के सम्यक् गान के कारण गायक का नाम उद्गाता रहा। साम साहित्य में उद्गीथ का

---

[1] मधुबाला सक्सेना, राकेशबाला सक्सेना, संगीत मधुबन, पृ० (39)

[2] श्रीमद्भगवतगीता, अध्याय - 10, श्लोक (22)

संबन्ध उच्च स्वर से गाए जाने वाले 'ओंकार' अथवा प्रणव से बतलाया गया है।[1]

साम शब्द का मूल अर्थ गान अथवा गेय वस्तु रहा है तथापि अधिष्ठान के रूप में ऋचाओं से सम्बद्ध होने के कारण उनके लिए भी 'साम' शब्द का प्रयोग किया जाता रहा। वैदिक वाङ्मय के अनुसार सामगान ऋग्वेद की ऋचाओं के आश्रय से किया जाता रहा है। गान के लिए सदैव साहित्य की आवश्यकता रही। उस समय के संगीतकारों के सामने ऋग्वेद के छन्दोमय मन्त्र इस कार्य के लिए अत्यन्त उपयुक्त थे। ललित और छंदोमय काव्य जो देवताओं की आराधना के लिए सबसे सशक्त माध्यम थे, संगीत के लिए एकदम सार्थक और सही सिद्ध हुए। काव्य और संगीत के सुंदर मिश्रण से इन्हें ईश्वर आराधना के लिए प्रभावशाली माध्यम माना जाने लगा। इन्हीं गेय ऋचाओं को बाद में संग्रहीत कर उन्हें सामवेद का नाम दिया गया।[2]

वैदिक वाङ्ङ्गमय के अनुसार वैदिक स्तोत्रों को तीन प्रकार से गाया जाता था। नारदीय शिक्षा के अनुसार इन्हें आर्थिक, गायिक तथा सामिक की संज्ञा दी गई। ये क्रमशः एक, दो तथा तीन स्वरों के समूह से निर्मित होते थे। यज्ञ में प्रयुक्त ऋचाओं का गान एक ही स्वर के आश्रय से बताया गया है। ब्राह्मण वाक्य तथा गाथाओं का उच्चारण दो स्वरों के समूह से बताया गया है तथा सामगान में प्रमुखतः तीन स्वरों का प्रयोग होता था। इन्हीं स्वर अन्तरालों को सामिक कहा गया। पाणिनि काल में तीन स्वरों का उल्लेख पाया जाता है और साम के आर्थिक नामक संहिता ग्रन्थों में मुख्यतः जिन स्वरों का प्रयोग किया जाता था वे उदात्त, अनुदात्त और स्वरित के नाम से सम्बोधित किए जाते थे।[3] वैदिक काल में मंत्रों का गान इन्हीं स्वरों पर किया जाता था।

---

[1] डॉ0 शरच्चन्द्र श्रीधर परांजपे, भारतीय संगीत का इतिहास, पृ० (54)

[2] डॉ0 शरच्चन्द्र श्रीधर परांजपे, भारतीय संगीत का इतिहास, पृ० (55)

[3] भारतीय संगीत का इतिहास, 2. डॉ0 शरच्चन्द्र श्रीधर परांजपे, पृ० (72)

नारदीय शिक्षा के अनुसार इन सात स्वरों को उदात्त, अनुदात्त, स्वरित के अन्तर्गत सात स्वरों में विभाजित किया गया। उदात्त के अन्तर्गत निषाद और गान्धार, अनुदात्त के अंतर्गत ऋषभ और थैवत को, और स्वरित के अंतर्गत षडज, मध्यम और पंचम को किया गया। वैदिक सामगान में इन सात स्वरों को क्रमशः प्रथम, द्वितीय, तृतीय, चतुर्थ, मंद्र, क्रुष्ट तथा अतिस्वार्थ के नाम से संबोधित किया गया और वैदिक साहित्य में इन स्वरों के नाम क्रमशः इस प्रकार है- अभिहित, प्रलिष्ट, जात्य, क्षेप्रपादवृत, तैरवंजन तथा तेरविराम है। इस प्रकार वैदिक काल में सामगान तीन, चार, पांच या छः स्वरों में भी सम्पन्न किया जाता था। सात स्वरों का होना आवश्यक नहीं समझा जाता था। इसी आधार पर सामगान की अनेक शाखाएं बनी। ऐसी लगभग 1000 शाखाएं थी, जो अपनी-अपनी विशेषताओं से संपन्न थी परन्तु बाद में केवल तीन शाखाओं जैमिनी, राणायनीय और कौथुमी शाखाओं का ही उल्लेख उपलब्ध हुआ। विशेष प्रशिक्षण प्राप्त कर यह सामगायक पंचविध साम तथा अन्य यज्ञ कार्यों में मंत्रों का गान करते थे।[1]

2.1.2 वैदिक काल के सांस्कृतिक जीवन में संगीत का योगदान

वैदिक युग में जन सामान्य संगीत में विशेष रुचि रखते थे। वे संगीत को जीवन का मुख्य अंग मानते थे। महिलाएं रोटी बनाते समय गाना गुनगुनाती थी। बर्तन मांजते समय भी वह गाती थी। पुरुष भी पशुओं को चराते वक्त, खेती करते वक्त गाना गाते थे। उनके गाने उनके काम से संबन्धित होते थे।[2]

---

[1] मधुबाला सक्सेना, राकेशबाला सक्सेना, संगीत मधुबन, पृष्ठ (40-41)

[2] उमेश जोशी, भारतीय संगीत का इतिहास, पृ० (74)

उपर्युक्त कथन की वर्तमान संदर्भ में इस बात से पुष्टि हो जाती है कि आज भी हमारे लोक जीवन में जब खेतों में फसलें लगाई जाती है और उनकी जब कटाई की जाती है तो उन्हीं अवसरों के गीत हमारे भारतीय लोक संगीत में पाए जाते है। जैसे पंजाब की वैसाखी।

उन गानों में उनके व्यस्त जीवन का सुंदर ढंग से चित्रण होता था। उन गीतों से उन्हें काम करने की प्रभावशाली प्रेरणा मिलती थी। लोगों को काम करने में अधिक रुचि हो इसलिए आर्यों ने संगीत का प्रवेश जीवन संघर्ष में भी कर दिया था। ताकि जीवन का संघर्ष आर्यों को असहज न मालूम पड़े। उन्होने संगीत से पूरा लाभ उठाने का प्रयत्न किया। उन्होंने संगीत को न सिर्फ मनोरंजन तक ही सीमित नहीं रखा था बल्कि उन्होंने संगीत को जीवन के विकास पथ पर ले जाने का प्रमुख साधन स्वीकार किया। उनका ऐसा विश्वास था कि मानव जीवन की संपूर्ण संभावनाएं संगीत के गर्भ में सन्निहित है और इसी दृष्टिकोण को लेकर उन्होने संगीत का सृजन किया। **हेली कॉफ मैन** की पुस्तक **'द म्यूज़िक ऑफ आर्य'** में उल्लिखित भारतीय संगीत के बारे में उमेश जोशी लिखते हैं कि उन्होंने कहा कि "आर्यों के संगीत में हमें जीवन का व्यापक दृष्टिकोण प्राप्त होता है।" उन्होंने संगीत को जीवन के छोटे-छोटे घरों में आबद्ध नहीं किया था। संगीत की विराट आत्मा को उन्होंने सजीव रखा था। वैदिक युग में संगीत का जितना सुंदर रूप हमें प्राप्त होता है उतना हमें संगीत के किसी भी युग में प्राप्त नहीं हुआ। वैदिक युग का प्रत्येक मनुष्य संगीत की मर्यादा की रक्षा करता था। पुरुष और नारियों के जीवन पूर्ण संगीत में थे। इसलिए उनके चेहरे सदैव प्रसन्ता से गुलाब पुष्प के समान खिले रहते थे। उनका जीवन समृद्धि से परिपूर्ण था। ये लोग संगीत और जीवन को दो रूप नहीं समझते थे। जीवन का उपनाम ही संगीत मानते थेऔर संगीत का उपनाम जीवन मानते थे। इस

प्रकार इस युग में संगीत का जो विकास हुआ उससे मानव का विकास भी हुआ।[1]

ऋग्वेद के काल तक आर्यलोग खानाबदोश कबीलों की अवस्था को छोड़कर एक जगह बस गये थे तथा कृषि करने लगे थे। उनके सामाजिक संगठन का आधार परिवार था। प्रत्येक परिवार में संगीत का उत्कृष्ट स्थान था। परिवार में संगीत आयोजन परिवार की अधिष्ठातृ गृह लक्ष्मी ही करती थी। सुबह शाम प्रत्येक परिवार में ईश्वर उपासना होती थी। प्रातःकाल शुरु होने के पूर्व घर की सब नारियां, बुढ़े, बच्चे सब एक स्थान पर एकत्रित होकर अपने इष्टदेव की आराधना गा-बजा कर करते थे। उनका गाना बजाना स्वर, ताल और लय सहित होता था। ऋग्वेद काल का प्रत्येक घर संगीत का सुंदर केन्द्र बना हुआ था। संगीत ने प्रत्येक परिवार में शांति और मधुरता को प्रतिष्ठित कर दिया था। प्रत्येक सदस्य चाहे वो नारी हो या पुरुष सद्भाव से आपस में मिलकर रहते थे। वैसे तो संगीत का सार्वजनिक प्रदर्शन होता था किन्तु ऐसे सुंदर अवसर कम ही आते थे। पुरुषों का जीवन व्यस्त रहने के कारण ऐसा होता था परन्तु सुबह शाम वह घर में अपने संगीत के लिए समय अवश्य ही निकालते थे। वह इसलिए कि वह दोनों वक्त अपने देवताओं की प्रार्थना करते थे। उठने पर और सोने से पूर्व वह संगीत का अवश्य ही आनंद लेते थे। कभी-कभी सोमरस पीकर पुरुष और नारियां एक साथ सार्वजनिक रूप से नृत्य करते थे।[2]

संगीत को समझने की शक्ति सर्वसाधारण में पूर्ण रूप से पाई जाती थी। सामान्य लोग भी संगीत आयोजनों में विशेष रस लिया करते थे। वे भी शास्त्रीय संगीत को समझते थे लेकिन फिर भी संगीत की दो धाराएं हो चुकी थी। पहली थारा शास्त्रीय संगीत की, दूसरी धारा लोक संगीत की थी। लोक संगीत की पृष्ठभूमि भी उच्च कोटी की थी। उस समय के

---

[1] उमेश जोशी, भारतीय संगीत का इतिहास, पृ० (74-75)

[2] उमेश जोशी, भारतीय संगीत का इतिहास, पृ० (74-75)

लोक संगीत अधिकतर कलात्मक होते थे। उनमे ऐसी कलाएं गुम्फित रहती थी जो आर्यों को युद्ध में विजय श्री कराए। लोक संगीत की रचना प्रायः ब्राह्मण लोग ही करते थे। वे ही इस बात का निर्णय करते थे कि कौन सी रचना नृत्य में गुंथकर मानव जीवन को उच्च बना सकती है। संगीतज्ञ प्रायः सभी वर्गों में नहीं पाए जाते थे। प्रायः वे ब्राह्मण ही होते थे क्योंकि उन्हें कला साधना का अवसर अधिक मिलता था। उनका काम कला और साहित्य के द्वारा समाज के चरित्र को उच्चतम शिखर पर ले जाना था। इस युग की बागडोर मुख्य रूप से ब्राह्मणों के हाथों में थी। लेकिन इसका अर्थ यह बिलकुल नहीं था कि अन्य वर्गों में कोई संगीत प्रेमी नहीं था। संगीत प्रेमी तो आर्यों के संपूर्ण गिरोह में पाए जाते थे।[1] ब्राह्मण ही सर्वसाधारण को संगीत का ज्ञान देते थे। इस युग में हमें गायक, वादक एवं नर्तक तीनों प्रकार के कलाकार मिलते हैं। वास्तव में इस युग में तीनों प्रकार की विधाओं की उन्नति हुई। नृत्य भी अपनी उच्च पराकाष्ठा पर था। वीणा वाद्य का प्रयोग इस युग में होता था। बीणा का गायन और बादन दोंनों से मुख्य संबन्ध था। वाद्य इस युग में मुख्य रूप से लोक प्रिय हो रहा था। इस वाद्य को अधिकतर नारियां बहुत बजाया करती थी। महिलाएं कण्ठ संगीत में भी विशेष रुचि लिया करती थी। नृत्य से उन्हें विशेष लगाव था। संगीत के सार्वजनिक आयोजनों में नर्तकियां खुलकर भाग किया करती थी। उन्हें किसी भी किस्म की हिचक नहीं थी क्योंकि समाज में गायकों, वादकों और नर्तकियों का उच्च स्थान था। संगीतज्ञों को समाज में उच्च दृष्टि से देखा जाता था। उनका सामाजिक सम्मान किया जाता था। लोक संगीत में कलाकारों का भी समाज में मान सम्मान किया जाता था।[2]

---

[1] उमेश जोशी, भारतीय संगीत का इतिहास, पृ० (67)

[2] Mr. Alkrotarny, The Chapter of Indian Music. Ref. भारतीय संगीत का इतिहास, उमेश जोशी, पृष्ठ (67)

यदि हम उसे रिझाना चाहते हैं, उस तक पहुंचना चाहते है तो संगीत के माध्यम को पकड़ ले, यही सुंदर माध्यम आपको पृथ्वी से स्वर्ग के दिव्य प्रांगण में पहुंचा देगा। गिरिजाघरों में उपासना के समय जो घण्टानाद किया जाता है उसकी मूल प्रवृति में संगीत का मौलिक भाव प्रस्फुटित हो रहा है। जिसमें विशाल जन समूह एकत्रित हो जाता है। उन घण्टों के स्वरों में कितना पीयुष भरा संगीत होता है, इसको एक संगीतज्ञ ही समझ सकता है। लेकिन संगीत के द्वारा अपने प्रभु को स्मरण करने की मौलिक भावना हमें भारत के वैदिक युग से प्राप्त हुई। हमारा तो यह विश्वास है कि वैदिक युग से ही सम्पूर्ण विश्व में संगीतमय उपासना की मौलिक भावना फैली होगी।[1]

वैदिक युग में संगीत को पूर्ण रूपेण धर्म से जकड़ दिया गया था। कला और धर्म दोनों को मिला दिया गया ताकि कलाकार धर्म से पराङ्मुख हो जाएगा फिर वह कला के द्वारा विश्व को मानव जीवन का सुंदर संदेश प्रदान कर सकेगा। कला को विकास पूर्ण बनाने में धर्म का विशेष योग रहता है। कला तभी पतोन्मुख होती है जब वह धर्म के उज्ज्वल पथ से हट जाती है। इस विशाल दृष्टिकोण को आर्यों ने पूर्णरूप से समझ लिया था। उनका विश्वास था कि कलाकार तभी अपने जीवन को कलात्मक और सुंदर बना सकता है जब वह अपने चरित्र की नैतिकता को सुदृढ़ रखेगा और चरित्र की नैतिकता बिना धर्म के सुदृढ़ नहीं हो सकती। इसलिए आर्यों ने संगीत को धर्म की आड़ में लपेट लिया। उसी का यह परिणाम है कि आज तक भी भारतीय संगीत अपने उच्च गौरव की मर्यादा को अक्षण रख सका। संगीत और धर्म का सामंजस्य हो जाने से संगीत के अंदर गंगाजल के समान पवित्रता का समावेश हो गया। आज विश्व के किसी भी देश का संगीत इतना पवित्र नहीं है जितना की भारत का संगीत पवित्र है। उसकी नींव धर्म के पावन पृष्ठभूमि पर रखी

---

[1] Gorge Burls The Origion of Universal Devotion. Ref उमेश जोशी, भारतीय संगीत का इतिहास, पृ०(73)

हुई है, इसलिए उसमें इतनी शक्ति आ गई है कि वह समस्त गंदगी को आत्मसात कर सके।[1]

उपर्युक्त विवेचनों से स्पष्ट हो जाता है कि महिलाओं का कण्ठ वाद्य और नृत्य की हर विधा में भाग लेना और हर एक अवसरों पर पुरूष और स्त्री की संगीत के साथ अपने-अपने उल्लास को प्रकट करना, दिन के आरम्भ से लेकर रात्रि के होने तक संगीत द्वारा अपने कार्य में मग्न रहना इस बात का सूचक है कि संगीत के द्वारा उन्होंने अपने जीवन को एक व्यवस्थित और सुदृढ़ धार्मिक आधार प्रदान किया। उन्होंने इसे अपने जीवन साथी के रूप में स्वीकार किया। सूर्य के उदय होने से रात्रि के आगमन तक ऋतुओं के विभिन्न अवसरों पर, सुबह की बन्दना और देवी-देवताओं की पूजा और अपने जीवन के सभी संस्कारों की शुरूआत संगीत से की। यहां तक की जीवन की अंतिम यात्रा में भी सामगान के स्वरों से दाह संस्कार की क्रिया को अंतिम रूप दिया। ऋग्वेद के निम्नलिखित श्लोक से पता चलता है कि उपनिषद् काल में सामगान अपने आरम्भिक काल से आते आते अत्यन्त उन्नत हो चुका था और इसके मूलभूत तत्वों, गुण और अवगुणों के संबन्ध में विद्वानों में विन्तन की प्रक्रिया आरम्भ हो चुकी थी। प्रसंग आने पर इसके संबन्ध में शास्त्रार्थ हुआ करता था। सामगान न केवल यज्ञो के अबसर पर किया जाता था अपितु यह लोगों के दैनिक जीवन का अनिवार्य अंग बन चुका था। अंत्येष्टि के समय पर सामगान का उल्लेख प्रस्तुत श्लोक में किया गया है -

यं कुमार प्रावर्तयो रथं विप्रेन्यस्परितं सामानु।
प्रावर्तत सामितो नाष्याहितम्।।

ऋग्वेष 10/135/4

वैदिक आर्यों की धारणा थी कि अंत्येष्टि के समय किया गया सामगान मृत व्यक्ति को यम धाम तक सुलभता से पहुंचा सकता है।

---

[1] उमेशजोशी, भारतीय संगीत का इतिहास, पृ० (73)

अध्याय - 3

रामायण और महाभारत क़ालीन संस्कृति के उत्थान में संगीत का योगदान

जिस प्रकार प्राचीन आर्यों की धार्मिक प्रवृति और परम्पराएं वेदों में, ब्राह्मणों में, उपनिषदों में संग्रहीत हैं उसी प्रकार उनकी ऐतिहासिक गाथाएं, आख्यान और अनुश्रुति रामायण और महाभारत महाकाव्यों में संग्रहित है। रामायण महाकाव्य के रचयिता आदि कवि वाल्मीकि माने जाते है। आदिकवि वाल्मीकि का जीवन का आरम्भ एक डाकू के रुप में होता है। वह रत्नाकर डाकू के नाम से जाने जाते थे। लोगों को लूटघसीट कर जीवन यापन करना उनकी एक डाकू के रुप में दैनिक जीवन चर्या थी। संयोगवश एक दिन उस मार्ग से जहां डाकू रत्नाकर लूटने के उद्देश्य से बैठा था, नारद जी से उनका आमना-सामना हो गया। जैसे ही उसने स्वभाव वश उन पर आक्रमण का प्रयास किया, नारद जी ने उन से पूछा कि तुम ऐसा पापकर्म क्यों करते हो। डाकू रत्नाकर ने प्रत्युर में कहा परिवार के भरण-पोषण करने के लिए। इस पर नारद जी बोले कि आप अपने परिवार वालों से पूछो कि क्या वह तुम्हारे इस घृणित कर्म के फल के भागीदार होंगे? डाकू रत्नाकर नारद जी को पेड़ से बांध कर अपने परिवार वालों के पास गया। पूछने पर परिवार जनों ने उत्तर दिया कि पाप का फल तो तुम्हें ही भोगना होगा। परिवार का भरण-पोषण करना तो तुम्हारा ही उत्तरदायित्व है। डाकू रत्नाकर ऐसा उत्तर सुनकर अवाक रह गया। उदास चित से बह नारद जी के पास पुनः लौट आया और अपने

इस पाप के प्रायश्चित का उपाय पूछा। नारद जी ने उन्हें राम नाम जपने का परामर्श दिया परन्तु स्वभाव वश उसे वैसा न कह सका फिर उन्हें मरा मरा ही कहने के लिए कहा। मरा मरा जपते डाकू रत्नाकर अपनी तपस्या में इतने समाधिस्थ हो गए कि तप करते-करते उनके शरीर को दीमक लग गई। अपनी तपस्या के फलस्वरुप डाकू रत्नाकर आदिकवि वाल्मीकि के रुप में परिणत हो गए। एक दिन प्रातःकाल वाल्मीकि जब नदी के तट पर स्नान करने जा रहे थे तो एक युगल कामक्रीड़ा में संलग्न क्रौंच पक्षी को एक शिकारी ने अपने बाण से मार गिराया। इस पर विरह बेदना में क्रींची पक्षी करुण क्रन्दन करने लगी। उसके इस करुण रुदन ने वाल्मीकि के हृदय को द्रवीभूत कर दिया और उनके मुख से शापरुप में यह श्लोक उद्धाटित हो गया।

मा निषाद प्रतिष्ठां त्वमगमः शाश्वतीः समाः।
यत् क्रौंच मिथुनादेकमवधीः काममोहितम्।।

इसी समय ब्रह्मा ने प्रकट होकर ऋषि वाल्मीकि को दिव्य राम कथा लिखने का आदेश दिया। इस पर महर्षि वाल्मीकि ने करुण रस से परिपूर्ण रामायण महाकाव्य की रचना की।

वाल्मीकि द्वारा रचित महाकाव्य रामायण का भारतीय संस्कृति में प्रमुख स्थान है या यूं कहा जाए कि भारतीय संस्कृति का सर्वाङ्गीण वर्णन इस महाकाव्य में है तो कोई अतिश्योक्ति नहीं होगी। 'रामायण का भारतीय संस्कृति से घनिष्ठ संबन्ध है। इस महाकाव्य के माध्यम से भारतीय संस्कृति का उज्ज्वल रूप विकसित होते हुए दर्शाया गया है। रामायण की रचना केवल मात्र रामकथा के रुप में विख्यात नहीं है अपितु इसका वैयक्तिक, पारिवारिक, सामाजिक, धार्मिक, सांस्कृतिक एवं राष्ट्रीय दृष्टि से भी अधिक महत्व है। रामायण के अभाव में आज भारतीय संस्कृति की कल्पना करना भी कठिन है। रामायण महाकाव्य आज भारतीय संस्कृति का एक अभिन्न अंग बन चुका है। इस महाकाव्य के पात्र घटनाएं, आदर्श, व्यक्ति मूल्य, पारिवारिक मूल्य, सामाजिक मूल्य, राज्य व्यवस्था, अनुशासन, दर्शन, नैतिक विधान सभी को

भारतीय संस्कृति में महत्वपूर्ण स्थान प्राप्त है।[1] 'रामायण और महाभारत महाकाव्य हमारे विचार से जगत्तत्व के दो विपरीत चक्र है- विपरीत होते हुए भी समान तराजु के तुले हुए पलड़ों की भान्ति। ये दोनो चक्र क्रमशः आशा-निराशा, विकास-हास और उत्पत्ति-विनाश के है। जो दोनो विपरीत, किन्तु सम हैं। सम न होते तो सृष्टि चक्र न चलता। रामायण सृष्टि की आशा है, महाभारत निराशा। यदि काल के इन दोनो महान रुप को काल के ही एक लघु रुपक में प्रकट करेंगे तो कहेंगे रामायण आधी रात से लेकर दोपहर दिन तक का बारह घंटा है और महाभारत दोपहर दिन से लेकर आधी रात तक का बारह घंटा। दोनो की अवधी एक है, दोनो का उत्कर्ष एक। एक के नायक राम है तो दूसरे के कृष्ण। दोनो अवतार। दोनों ही बराबर।

सम प्रकाश-तमपाख दुहुँ, नाम व भेद कीन्ह।

रामायण सृष्टि का आशा चक्र होने के कारण आधी रात के अंधकार दैत्यों के उत्पात के साथ आरम्भ होता है। धीरे-धीरे आशा की ज्योति राम के अवतार रुप में जन्म लेने के बाद खुलती जाती है और रावण वध के साथ नवीन युग का अरुणोदय होता है। राम राज्य की स्थापना पूर्ण प्रकाश में होती है। आर्य सभ्यता का दिन चढ़ता आता है। सीता के सतीत्व परीक्षा के समय मध्याह का प्रखर ताप हो आया। सीता की अग्नि परीक्षा आर्य संस्कृति के उत्थान का शीर्ष विन्दू और पतन का प्रथम क्षण है। रामायण और महाभारत सृष्टि के दिवा रात्रि बन गए। एक के बाद दूसरा, एक दूसरे से मिश्रित चिरंतन सृष्टि चक्र है। क्या ही अद्भुत समन्वय है।[2] 'किसी व्यक्ति की संस्कृति वह मूल्य चेतना है जिसका निर्माण इसके संपूर्ण बोध के आलोक में होता है। सांस्कृतिक चेतना जितनी मूल्य चेतना है उतनी ही तथ्य चेतना भी है। वह चेतना यथार्थ तथा संभाव्य को अर्थवत रुप में ग्रहण करती है। मनुष्य लगातार जीवन

---

[1] डॉ० भ० ह० राजूरकर, रामकथा के पात्र, पृष्ठ (80,112)

[2] आचार्य नन्द दुलारे वाजपेयी, हिन्दी साहित्यः 20वीं शताब्दी, पृ० (42-43)

की नई संभावनाओं का चित्र बनाता रहता है। यह संभावित चित्र ही वह मूल्य है जिनके लिए वह जीवित रहता है। जिन आदर्शों और मूल्यों को लेकर मनुष्य जीवित रहता है उनकी गरिमा और सौंदर्य उस मनुष्य के सांस्कृतिक महत्व का माप प्रस्तुत करते है।[1] इस संदर्भ में यदि हम देखें तो पता चलता है कि रामायण में राम के चरित्र के आधार पर व्यक्ति की सांस्कृतिक चेतना आज भी जीवित है। हिन्दू संस्कृति के सभी पवित्र जीवन मूल्य रामायण में मिलते हैं। जीवन की संभावनाएं, आदर्श मूल्य, सौंदर्य चेतना सभी हिन्दू संस्कृति के आज के प्रतीक बन गए हैं।[2] रामायण भारतीय संस्कृति का प्राचीन आदर्श महाकाव्य हैं। भारतीय संस्कृति के ज्ञान विज्ञान का यह महत्वपूर्ण स्त्रोत है। रामायण महाकाव्य की रचना आदिकवि महर्षि वाल्मीकि के द्वारा उद्‌भूत हुई। यह पवित्र महाकाव्य तब से लेकर आज तक भारतीय संस्कृति के आयामों को और भारत में रहने वाले मन मस्तिष्क को उसके प्रत्येक क्षेत्र चाहे वो आर्थिक हों सामाजिक हों राजनैतिक हों या सांस्कृतिक हर दृष्टि से यहां के समाज को समृद्ध करता आया है। मानव जीवन के प्रत्येक पक्ष को सही रुप से प्रस्तुत करने का श्रेय यदि रामायण महाकाव्य को दिया जाए तो कोई अतिश्योक्ति न होगी। रामायण महाकाव्य का प्रत्येक पात्र अपने आप में मानव जीवन के लिए आदर्श है। संयम, त्याग, पतिव्रता नारी मां सीता, आज्ञाकारी पुत्र के आदर्श श्रीराम, भ्रातृ भाव का श्रेष्ठ उदाहरण भरत, लक्ष्मण, शत्रुघ्न, वचन के पालनकर्ता महाराज दशरथ, आज्ञाकारी सेवक हनुमान आदि सभी पात्र हमें आदर्श और चरित्र जीवन जीने के लिए श्रेष्ठ आधार प्रस्तुत करते है। इन्हीं आदर्श महापात्रों का जीवन तब से लेकर आज तक हमारे जीवन का आधार स्त्रोत और प्रेरणा स्त्रोत बने हुए है। यदि यूं कहा जाए कि भारतीय संस्कृति का जीवन्त स्त्रोत रामायण महाकाव्य है तो कोई अतिश्योक्ति न होगी। रामायण महाकाव्य के

---

[1] डॉ० देवराज, संस्कृति का दार्शनिक विवेचन, पृष्ठ (175)

[2] राम कथा के पात्र, डॉ० भ० ह० राजूरकर, पृष्ठ (114)

अध्ययन से ज्ञात होता है कि उस समय अस्त्र-शस्त्र, कला-साहित्य आदि अपनी चरमोन्नति पर था। प्रत्येक सामाजिक अवसरों मंगल कार्यों में संगीत की अपनी विशेष भूमिका होती थी। जन्म से लेकर मृत्यु तक के बीच आने वाले मनुष्य के संस्कारों में और संस्कारों को रखने की आधारशिला में सांस्कृतिक आयोजनों में संगीत की महत्वपूर्ण भूमिका होती थी। संगीत मनुष्य जीवन का अनिवार्य अंग समझा जाता था। रामायण काल में संगीत से संबन्धित प्रसंगों और उसका तत्कालीन संस्कृति में योगदान उसकी उन्नति के व्यापक दर्शन होते हैं। संगीत के दोनो पक्षों, भावपक्ष और कलापक्ष का हमें इस महाकाव्य में दर्शन होता है। गंधर्व और अप्सराओं का उल्लेख और उनमें गंधर्वों का विशेष रुप से गायन और बीणा बादन और अप्सराओं के नृत्य का सामाजिक, मांगलिक अवसरों पर विशेषरुप से परिलक्षित होता है। आलौकिक पुरुषों के जन्म विवाह, मृत्यु आदि में संगीत अपनी विशेषरुप से भूमिका निभाता रहा। श्रीराम के जन्मोत्सव, विवाह आदि प्रसगों पर संगीत के आयोजनों का उल्लेख रामायण महाकाव्य में दृष्टिगोचर होता है। संगीत मनोरंजन और व्यवसाय दोनो दृष्टियों से किया जाता था। 'तत्कालीन संस्कृति में ललित कलाएं मानव जीवन के सामाजिक, आर्थिक, राजनैतिक आदि सभी विधाओं में सहयोग देती थी, अर्थात् रामायणकालीन संस्कृति का वह अभिन्न अंग थी। भगवान श्रीराम को गंधर्वकला के अतिरिक्त अन्य कलाओं का भी ज्ञाता बतलाया गया है। सामगान और गंधर्वगान की उन्नति के संबन्ध में अनेक प्रमाण उपलब्ध होते है। सामगान यज्ञ तक सीमित वैदिक संगीत था तथा गान्धर्वगान उसके अतिरिक्त प्रसंगो पर गाया जाने वाला लौकिक संगीत था।[1] रामायण महाकाव्य एक ऐसा काव्य है जिसमें हमारे जीवन की उपयोगिता के महत्वपूर्ण सूत्रों कि झांकी मिलती है। जिससे हम अपने

[1] डॉ0 शरचन्द्र श्रीधर परांजपे, भारतीय संगीत का इतिहास, पृष्ठ (136-37)

जीवन को एक श्रेष्ठ और आदर्श दिशा दे सकते है। वाल्मीकि जी अपने इस काव्य की महिमा के बारे में लिखते हैं कि :-

पठिन्द्विजो बागषभत्वचीया तस्यातक्षत्रियो भूमिपति त्वमीयात।
वाणिग्जनः पुण्यफल त्वमीययंज्जनश्च शूद्रोऽप महत्वमीयात।।

बा०रा००का प्रथमसर्ग श्लोक 100

अर्थात्:- इस बाल रामायण काव्य पाठ को यदि ब्राह्मण पढ़े तो वह वेद शास्त्रों में पारांगत हो, क्षत्रिय पढ़े तो पृथ्वीपति हो, वैश्य पढ़े तो उसका व्यापार अच्छा चले, शूद्र पढ़े तो उसका महत्व अपनी जाति में श्रेष्ठ हो। भावार्थ यह है कि जिस भी घर में इस काव्य का पाठ होता है उसके सारे विघ्न नष्ट हो जाते है। राजा विजय श्री होता है। परिवार में हर तरह से समृद्धि आती है और आपसी प्रेम की भावना बढ़ती है। हांलाकि यह काव्य संगीत से संबन्धित नहीं है फिर भी इस ग्रन्थ में उस समय का जो इतिहास पाया जाता है उससे तत्कालीन समाज की सभ्यता का संगीत का और संस्कृति का अनुमान लगाया जा सकता हैं। उस समय वैदिक यज्ञ होते थे जैसे- राजसू यज्ञ, अश्वमेघ यज्ञ आदि इन यज्ञों में सामगान किया जाता था। महर्षि वाल्मीकि स्वयं संगीत के पारखी थे और अपने इस महाकाव्य को आमजनता तक पहुंचाने के लिए उन्होंने संगीत का सहारा लिया। उन्होंने लव-कुश नामक दो शिष्यों को यह महाकाव्य विधिवत् रुप से पढ़ाया।

'आदिकाव्य रामायण को पढ़ने से ज्ञात होता है कि जब महर्षि वाल्मीकि जी ने इसकी रचना की तो उस समय श्री राम चन्द्र जी अयोध्या के सिंहासन पर बैठ चुके थे। चौबिस हजार श्लोक और पांच सौ सर्ग और छः काण्डों सहित उन्होंने उत्तरकाण्ड की भी रचना कर दी थी। जब यह महाकाव्य बनकर पूरा हुआ तो उनके मन में विचार आया कि यह महाकाव्य किसे पढ़ाया जाए ताकि यह सार्थक हो सके। ऐसा वह सोच ही रहे थे कि लव-कुश नाम के दो मुनि वेषधारी शिष्य बालक उनके आश्रम में उपस्थित हुए और दोनो ने महर्षि को प्रणाम किया। उन दिनों दोनो उनके आश्रम में बास कर रहे थे। इन दोनो का कण्ठ बड़ा ही मधुर

था। उन्होंने वेदों में निष्ठा रखने वाले योग्य पात्र समझकर इन दोनों को इस काव्य का पाठ पढ़ाया। इसमें संगीत के सभी तत्वों का मिश्रण था। विलम्बित मध्य और द्रुत, सातों स्वरों में बंधा हुआ सभी नव रसों से युक्त ताल सहित और वीणा आदि वाद्यों से मिलकर गाने योग्य इस काव्य को लव-कुश ने गाया और बार-बार गाकर सस्वर पाठ को कण्ठस्थ कर लिया।[1] जब श्री राम ने अश्वमेध यज्ञ किया तो वह वहां महर्षि वाल्मीकि के साथ पधारे थे। महर्षि वाल्मीकि ने अपने इन दोनो शिष्यों से कहा कि एकाग्रमन से सब ओर घूमकर बड़े आनंद से इस काव्य का गान करो। ऋषियों ब्राह्मणों के पवित्र स्थानों पर, गलियों में, राजमार्गों पर और राजाओं के वास स्थानों पर भी इस काव्य का गान करना। श्री राम चन्द्र जी का जो गृह बना है उसके दरवाजे पर, जहां ब्राह्मण लोग कार्य कर रहे हैं वहां तथा ऋत्विजों के आगे इस काव्य का विशेष रुप से गान करना। पर्वत के शिखर पर अनेक तरह के फल हैं उन्हें खाकर गाओ। गाते-गाते थक जाओ तब गाओ इस प्रकार तुम लोभ से खा रहे हो यह समझ कर तुम्हारी कोई हंसी भी नहीं करेगा। धकने पर जब तुम लोग फल खाओगे तब तुम्हारे गले की मधुरता नष्ट भी नहीं होगी। धन के लिए थोड़ा भी लोभ न करो। आश्रम में रहने वाले और कंद मूल खाने वालों को धन से क्या काम। मधुर स्वर वाली ये वीणा है इनसे अपूर्व स्वर निकालो। इसके स्वरों को मिलाकर निश्चिंत होकर गाओ। राजा का अपमान न हो, क्योंकि धर्म की दृष्टि से राजा सब प्राणियों का पिता होता है। सावधान होकर वीणा के साथ मधुर गान करो।[2] जब लव कुश अयोध्या नगरी की गलियों में रामायण महाकाव्य का गान कर रहे थे तो उस समय श्री राम की दृष्टि उन पर पड़ी और वे उन्हें अपने घर ले गए। अपने भाइयों से

---

[1] वा०रा० के बा0का0 के चतुर्थ सर्ग का 1 से 28 श्लोकों का हिन्दी अनुवाद, अनुवादक साहित्याचार्य, स्व० चन्द्रशेखर शास्त्री, पृष्ठ (17-18)

[2] बा0रा0 के 30का0 के 93वें सर्ग श्लोक 5 से 15 तक का हिन्दी अनुवाद, अनुवादक साहित्याचार्य, पाण्डेय पं० रामनारायण शास्त्री, पृ०(803 अंक-76)

उनकी प्रशंसा की और उन्हें भी सुनने को कहा। इस अपूर्व महाकाव्य को पढ़कर श्री राम ने अपने भाइयों से कहा कि ये दोनो कुमार मुनि होकर भी राजलक्षणों से संपन्न है। संगीत में कुशल होने के साथ ही यह महान तपस्वी हैं। ये जिस चरित्र का- प्रबंधकाव्य का ज्ञान करते हैं, वह शब्द अलंकार उत्तम गुण एवं सुन्दर रीति आदि से युक्त होने के कारण अत्यंत प्रभावशाली है। मेरे लिए भी अभ्युदयकारक है। वाल्मीकि रामायण में उल्लेख है कि:-

'तौ चापि मधुरं व्यक्तं स्वञ्चितायतनिः स्वनम्।
तन्त्री लय वदत्यर्थ विश्रुतार्थमगायताम।।
ठूलादयत्सर्व गात्राणि मनांसि हृदयानि च।
श्रोताश्रय सुखमं गेयं तब् बधौं जन संसदि।।

वा०रा०चा०का० पूर्वार्द्ध सर्ग 4, श्लोक 32-33

अर्थात् - यह कहकर भगवान राम ने उन दोनो बालकों को गाने की आज्ञा दी। तब उन दोनो ने उस भलीभांति सीखे हुए काव्य को वीणा के साथ स्वर मिलाकर ऊँचे स्वर में स्पष्ट गाया और उस सभा में बैठे हुए लोगों के मन और हृदय उस महाकाव्य रामायण के गान को सुनकर अत्यन्त प्रसन्न हुए।[1]

प्रस्तुत श्लोक इस बात की ओर संकेत करता है कि रामायणकालीन संस्कृति में समाज में उच्चकोटि के संगीत भी विद्यमान थे। स्वयं राम अस्त्र-शस्त्र के साथ-साथ विभिन्न कलाओं के पारखी भी थे। रामायण में उल्लेख आता है कि स्वयं भगवान राम मनोरंजन के उपयोग में आने वाले संगीत वाद्यों एवं अन्य कलाशिल्पों के विशेषज्ञ थे।

'वैहारिकाणां शिल्पानां विज्ञातार्थ विभागवित्।।'

अर्थात्:- राम खेलों कि सामग्री और बाजे चित्रकारी आदि शिल्पकलाओं के विशेषज्ञ थे। रामायण में कला के संदर्भ में शिल्प शब्द का प्रयोग किया गया है। मनोरंजन तथा व्यवसाय दोनों ही दृष्टियों से संगीत को प्रयोग में लाया जाता था। तत्कालीन संस्कृति में ललित

---

[1] हिन्दी अनुवादक, द्वारका प्रसाद शर्मा, पृष्ठ (53)

कलाएं संस्कृति का अभिन्न अंग थी। रामायणकालीन संस्कृति में सामगान तथा गंधर्वगान का उल्लेख मिलता है। सामगान वैदिक यज्ञों तक सीमित था तथा गान्धर्वगान सामाजिक सांस्कृतिक संस्कारिक समारोहों पर गाया जाने वाला लौकिक संगीत था।[1]

'जगुः कलं च गन्धर्वा नृनतुश्चाप्सरोगणाः।
देव दुन्दुभयो नेवुः पुष्पवृष्टिश्च खात् पतत्।।
उत्सवश्च महानासीदयोध्यायां जनाकुलः।
रश्याश्च जन सम्बाधा नटनर्तक सकुलाः।।'

या०रा०बा०का० सर्ग 18, श्लोक 17-18

अर्थात्:- इनके जन्म के समय गंधों ने मधुर गान किया, अप्सराएं नाची, देवताओं ने बाजे बजाए और आकाश से पुष्पों की वर्षा हुई। इस प्रकार अयोध्या नगरी में बड़ी धूम-धाम से उत्सव हुआ और लोगों की बड़ी भीड़ एकत्र हुई। अयोध्या के घर-घर आनंद की बधाई बजने लगी। गली कूचों में जिधर देखो उधर ही भीड़ लगी हुई थी और गणिका नट-नटी आदि गा बजा रही थी।[2] राम के जन्मोत्सव पर सम्पूर्ण अयोध्या में एक अनूठा आनन्द दिखाई देता है। सभी अयोध्यावासी सामूहिक रुप से उल्लासित और आनन्दमग्न दिखाई पड़ते है। गंधर्वो द्वारा मधुर गीत, अप्सराओं के नृत्य नट और नर्तकों के कला कौशल से वहां एकत्रित व्यक्तियों को एक खुशी का एक अपूर्व वातावरण और आनंद मिलता है।

'देवदुन्दुभिः निर्घोषः पुष्पवर्षो महानभूत्।
एवं दत्वा तदा सीतां मन्त्रोदकपुरस्कृताम्।।'

बा०रा० बा०का० सर्ग 73 श्लोक 29

अर्थात्:- देवताओं ने नगाड़े और देव दुन्दुभियां बजाई और भारी पुष्पों की वर्षा की। भगवान के राज्याभिषेक के समय में भी पूरी अयोध्या नगरी आमोद-प्रमोद और विभिन्न प्रकार के आनंदोत्सवों में मग्न

---

[1] डॉ0 शरच्चन्द्र श्रीवर परांजपे, भारतीय संगीत का इतिहास, पृष्ठ (137)

[2] हिन्दी अनुवादक, द्वारका प्रसाद शर्मा, पृ0 (146)

दिखलाई पड़ती थी। घर-घर में जन सामान्य को उत्सव से प्रसन्नता का अनुभव होता था। नट और नर्तकों के साथ-साथ गीतों की मधुर वाणी मन और कानों को अत्यन्त प्रसन्न कर रही थी। रामचन्द्र जी के राज्याभिषेक के अवसर पर अयोध्या के लोगों की प्रसन्नता किन-किन माध्यमों से प्रकट होती है जिसमें संगीत का सबसे प्रमुखता से वर्णन वाल्मीकि जी ने निम्नलिखित श्लोक में किया है:-

'नटनर्तक संङ्घानां गायकानां च गायतम्।
मनः कर्ण सुखावाचः शुश्रुवुश्च ततस्ततः।।'

वा०रा०अ०का० छठा सर्ग, श्लोक 14

अर्थात्:- अयोध्या में जगह-जगह नट नर्तकों के मन को प्रसन्न करने वाला और कानो को प्रिय और मधुर लगने वाला गायन वादन होने लगा और अयोध्या के सभी नर-नारी उसे बड़े आनन्द से सुनने लगे।[1] श्री राम जी के विवाह के शुभ अवसर पर देवों ने भी देव दुन्दुभियां बजाकर अपनी प्रसन्नता प्रकट की।

दिव्यदुन्दुभिनिर्घोषैर्गीत वादित्रनिःस्वनैः।
ननृतुश्चापसरः संघा गन्धर्वाश्च जगुः कलम।।

वा०रा०बा०का० सर्ग 73, श्लोक 38

अर्थात्:- देवताओं ने देव नगाड़े बजाए, अप्सराओ ने नृत्य किया और गंधर्वी ने गीत गाए।[2] संगीत वाद्य नृत्य आदि मनुष्य के सदा से ही आनन्द और उल्लास प्रकट करने के साधन रहे है। कोई भी सामाजिक उत्सव हो या लोगों को एक स्थान पर इक्कठा करना हो और व्यक्तिगत या पारिवारिक जीवन में संगीत एवं वाद्य यन्त्रों का रामायणकालीन संस्कृति में प्रमुख स्थान रहा है। भरत को बुरे स्वप्नों से जो मानसिक पीड़ा उत्पन्न हुई उसे दूर करने के लिए भी उनके सामने गीत वाद्य नृत्य और हास्य नाटकों से उन्हें प्रसन्न करने का प्रयत्न किया गया:-

---

[1] हिन्दी अनुवादक, द्वारका प्रसाद शर्मा, पृष्ठ (61)

[2] हिन्दी अनुवादक, द्वारका प्रसाद शर्मा, पृष्ठ (496)

वादयन्ति तदा शान्ति लास्यन्त्यापि चापरे।
नाटकान्यपरे स्माहुर्हा स्यानि विविधानि च।।

वा०रा० उ० का० उत्तरार्द्ध सर्ग 71, श्लोक 4

अर्थात्:- भरत जी की उदासी को दूर करने हेतु कोई वीणा बजाने लगा, कोई ठुमक ठुमक कर नाचने लगे, कोई हंसी उत्पन्न करने वाले नाटयों को प्रस्तुत करने लगे।[1] अयोध्या नगरी सदैव ही संगीत एवं वाद्यों की ध्वनि से गुंजायमान रहती थी।

दुन्दुभिमृदङ्गगैश्च वीणाभिः पणवैस्था।
नादितां भृशमत्यर्थ पुथिव्यां तामनुत्तमाम्।।

बा०रा०बा०का० सर्ग 5, श्लोक 18

अर्थात्:- मृदंग, नगाड़े, वीणा, पणव आदि बाजों की ध्वनि से अयोध्या नगरी सदैव ही प्रतिध्वनित हुआ करती थी। पृथ्वी तल पर तो इसकी टक्कर की दूसरी नगरी नहीं थी।[2] उस समय देश के राजा तथा देश के नायक गण संगीत को संरक्षण देते थे और उसके परमपोषक थे। नारी और पुरुष दोनों संगीत का अनुकरण करते थे। नट नर्तक और देवदासियों को राजदरवार में तथा समाज में पूर्ण सम्मान मिलता था। वाल्मीकि रामायण के प्रस्तुत श्लोक में इस बात की पुष्टि हो जाती है:-

नाराजके जनपदे प्रभूत नट नर्तकाः।

वा०रा० अ०का० सर्ग 68, श्लोक 15

अर्थात्:- जब दशरथ का मृत्यु हुई तो उनके अमात्यो ने एक न्यायप्रिय व सबके हितों के रक्षक राजा के लिए जिन गुणों का उल्लेख किया था उनमे एक यह गुण भी था कि राजाविहीन राज्य में पोषण की कमी के कारण नृत्य, गीत, नाटक, उत्सव व समाज किसी की भी उन्नति नहीं हो सकती।[3] अपने ननिहाल से जब भरत वापिस आते हैं तो जैसे ही अयोध्या नगरी में प्रवेश करते हैं वैसे ही उन्हें आभास हो गया कि अयोध्या

---

[1] हिन्दी अनुवादक, द्वारका प्रसाद शर्मा, पृष्ठ (706)

[2] हिन्दी अनुवादक, द्वारका प्रसाद शर्मा, पृष्ठ (56)

[3] हिन्दी अनुवादक, द्वारका प्रसाद शर्मा, पृष्ठ (692)

नगरी में कोई दुर्घटना हो गई है, क्योंकि वहां किसी भी मंगल वाद्य की ध्वनि नहीं सुनाई दे रही थी।

मेरी मृदंग वीणानां कोण संघटितः पुनः।
किमद्य शब्दो विरतः सदा दीन पुरा।।

वा०रा० अ०का० उत्तरार्द्ध सर्ग 71, श्लोक 29-30

अर्थात्:- पहले मेरी, मृदंग और वीणा आदि बाजों को बजाए जाने का जो शब्द बार-बार प्रतिध्वनित होता था। आज क्या कारण है जो वह पहले जैसा प्रसन्न करने वाला मधुर शब्द बंद पड़ा है।[1] अयोध्या नगरी ही नहीं अपितु वानर राज सुग्रीव का राजभवन भी संगीत के मधुर स्वरों से गुंजायमान रहता था। जब लक्ष्मण बानरराज सुग्रीव के राजभवन में प्रवेश करते हैं तो उन्हें संगीत की मधुर ध्वनियां सुनाई देती हैः-

प्रविश्नैव सततं सुश्रव मधुरस्वरम्।
तन्त्रगीत समाकीर्ण समताल पदाक्षरम।।

बा०रा० कि०का० सर्ग 33, श्लोक 21

अर्थात्:- लक्ष्मण ने जैसे ही सुग्रीव के राजभवन में प्रवेश किया उनके कानों में संगीत की मीठी तान सुनाई पड़ी जो वहां निरन्तर गूंज रही थी। बीणा की तान पर कोई कोमल कण्ठ से गा रहा था। प्रत्येक पद और अक्षर का उच्चारण सम, ताल का प्रदर्शन करते हुए हो रहा था।[2] रामायण में विभिन्न वाद्य यन्त्रों वीणा, मृदंग, पणव, दुन्दुभि आदि का उल्लेख मिलता है। लंका में प्रवेश करके हनुमान जी जब राक्षसराज रावण के अन्तःपुर में प्रवेश करते हैं तो वहां नूपुर मृदंग तालियों की मधुर ध्वनियों तथा गंभीर घोष करने वाले वाद्य यन्त्रों की ध्वनियां सुनते है जो राक्षस जाति के संगीत प्रेम को प्रदर्शित करता है।

हनुमान जी देखते हैं कि कोई वीणा को छाती से लगाकर सोई हुई संदरी ऐसी जान पड़ती थी, मानो महानदी में पड़ी हुई कोई कमलिनि

---

[1] हिन्दी अनुवादक, द्वारका प्रसाद शर्मा, पृष्ठ (726-27)

[2] अनुवादक साहित्याचार्य, पाण्डेय पं० रामनारायण दत्त शास्त्री, गीताप्रेस गोरखपुर अंक 76 पृ० (736)

किसी नौका से सट गई है। दूसरी कजरारे नेत्रों की भांमिनि कांख में दबे हुए मड्डुक (लघु वाद्य) के साथ से रही थी, कोई सर्वाङ्गा सुंदरी पटह को अपने नीचे रखकर सो रही थी, कोई नृत्य कला से सुशोभित विपन्ची वीणा को अंक में भरकर, कोई मृदंग को अंगों से दबाकर, कोई पणव के साथ, कोई डिडिंम वाद्य को लेकर, कोई ओदुम्बर नामक वाद्य को अपनी भुजाओं के आलिंगन से दबाकर और इसी प्रकार कितनी ही सुंदरियां विचित्र वाद्यों का आलिंगन करके उन्हें अपने शरीर के अंगो से दबाकर सो गई थी।[1]

लंकापुरी में प्रवेश करते हुए हनुमान जी देखते हैं किः-

भेरी मृदङ्गाभिरूतं शङ्खघोष विनावितम्।
नित्यार्चितं पर्वसुतं पूजितं राक्षसैः सदा।।

बा०रा०सु०का० सर्ग 6, श्लोक 12

अर्थात्ः- वहां मेरी और मृदंग की ध्वनि सब ओर फैली हुई थी। वहां शंख की ध्वनि गूंज रही थी। उसकी नित्यपूजा एवं सजावट होती थी। पर्वो के दिन वहां होम किया जाता था। राक्षस लोग सदा ही उस राजभवन की पूजा करते थे।[2]

मनुष्य जाति हो या वानर जाति, राक्षस हो या ऋषि सभी के लिए संगीत उत्साह, उमंग, सामाजिक उत्सवों, सांस्कृतिक आधार की एक ऐसी पृष्ठभूमि थी जो उनके जीवन से मृत्यु तक का एक अविराम यात्रा का संगी था। महर्षि भारद्वाज के आश्रम में जब भरत जी का आगमन हुआ तो उनके आने की प्रसन्नता में वहां के जड़ से लेकर चेतन वस्तु ने अपने अपने माध्यमों से भरत का महर्षि भारद्वाज की आज्ञा से स्वागत किया।

वाल्मीकि रामायण में उल्लेख है किः-

---

[1] अनुवादक साहित्याचार्य, पाण्डेय पं० रामनारायण दत्त शास्त्री, बा०रा० के सु०का० के दशम सर्ग के 37 से लेकर 49 तक के श्लोकों का हिन्दी अनुवाद।

[2] अनुवादक साहित्याचार्य, पाण्डेय पं० रामनारायण दत्त शास्त्री, वा०रा० के सुंदर काण्ड का छठा सर्ग, श्लोक 12 का हिन्दी अनुवाद।

नारवस्तुम्बरुर्गोपः प्रभया सूर्यवर्चसः।
एते गन्धर्वराजानो भरतस्याग्रतो जगुः।।
अलम्बुषा मिश्रकेशी पुण्डरीकाय बामना।
उपानृत्पन्त भरतं भरद्वाजस्य शासनात्।।
बिल्वा मार्दर्गिका आसत्र शम्यग्राहा बिभीतकाः।
अश्वत्था नर्तकाश्वासन भरद्वाजस्य तेजसा।।

वा०रा०अ०का० सर्ग 91, श्लोक 46-47, 49

अर्थात्:- नारद, तुम्बरु और गोप अपनी कान्ति से सूर्य के समान प्रकाशित होते थे। ये तीनों गन्धर्वराज भरत के सामने गीत गाने लगे। अलम्बुषा, मिश्रकेशी, पुण्डरीका और वामना। ये चार अप्सराएं भरद्वाज मुनि की आज्ञा से भरत के समीप नृत्य करने लगी। भरद्वाज मुनि के तेज के बल से बेल के वृक्ष मृदंग बजाते, बेहड़े के वृक्ष शम्या नामक ताल देते और पीपल के वृक्ष वहां नृत्य करते थे।[1] युद्ध के आरम्भ मध्य तथा विजय प्राप्ति के बाद गीत वाद्य और नृत्य का प्रयोग होता था। मेरी और शंख सैनिकों के हृदय में बीर भाव और उत्साह का संचार करते थे। नागपाश से मुक्त हो जाने पर सैनिकों ने, मेरी मृदंग तथा शंख बजा कर अपने हर्ष को व्यक्त किया:-

ततो भेरीः समाजधुमृदंगाश्चाप्यवादयन्।
बच्नुः शंख्खान् सम्प्रदृष्टाः क्ष्वेल-त्यापि यथापुरम्।।

वा०रा० युद्ध का० सर्ग 51, श्लोक 62

अर्थात्:- वानरों ने मृदंग शंख आदि बजाकर शंखनाद किए और हर्षोल्लास में पहले की भांति वे गर्जने और ताल ठोंकने लगे।[2]

संगीत में सामगान को जन्म तथा मृत्यु प्रत्येक धार्मिक अनुष्ठानों जैसे यज्ञ आदि अवसरों पर गाया जाता था। बा० रा० में उल्लेख है कि दशरथ

---

[1] अनुवादक साहित्याचार्य, पाण्डेय पं० रामनारायण दत्त शास्त्री, वाल्मीकि रामायण गीताप्रेस गोरखपुर अंक 75, पृ०(409)

[2] अनुवादक साहित्याचार्य, पाण्डेय पं० रामनारायण दत्त शास्त्री, वाल्मीकि रामायण गीताप्रेस गोरखपुर अंक 76, पृ०(333)

की अन्त्येष्ठि के अवसर पर सामग विद्वानों ने सामगान का विधि के अनुसार गायन किया था:-

तदा हुताशनं हुत्वा जेपुस्तस्य तदृत्विजः।
जगुश्च ते यथा शास्त्रं तत्र सामानि सामगाः।।

क० सर्ग 75 स्लोक 18

अर्थातः- उस समय अग्नि में आहुति देकर उनके ऋत्विजों ने वेदोक्त मन्त्रों का जप किया। सामगान करने वाले विद्वान शास्त्रीय पद्धति के अनुसार सामश्रुतियों का गायन करने लगे।[1]

वाल्मीकि रामायण के उत्तरकाण्ड में उल्लेख है कि रावण शिव की आराधना सामगान से करता था:-

वृषभध्वजम् सामभिर्विविधैः स्तोत्रेः प्रणयम्म स दशाननः।

अर्थात्:- रावण ने भगवान वृषभध्वज को प्रणाम करके नाना प्रकार के स्तोत्रो तथा साम वेदोक्त मन्त्रों द्वारा उनकी स्तुति की।[2]

गन्धर्व गान का प्रदर्शन श्रोताओं की योग्यता के अनुकूल किया जाता था। सामान्य श्रोताओं के सम्मुख गान्धर्व कला की सूक्ष्मता का प्रदर्शन नहीं किया जाता था। संगीत का व्यवसाय करने वाले लोगों में गायक, सूत, मागध, बंदी तथा बारांगनाओं का समावेश था। सामान्य जनता का मनोरंजन यही लोग देसी संगीत के माध्यम से करते थे। तत्कालीन नगरों में इन लोक कलाकारों का प्रमुख स्थान था।[3]

रामायण कालीन शिक्षा में वेद और वेदाङ्गों का अन्तर्भाव था। इसके अन्तर्गत सामवेद के शिक्षा ग्रन्थों का विधि के अनुसार अध्यापन किया जाता था। सामगीतों के वर्ष तथा स्वरों का गान शिक्षा पद्धति के नियमों के अनुकूल किया जाता था।

---

[1] अनुवादक साहित्याचार्य पाण्डेय पं० रामनारायण शास्त्री बा०रा० अंक 75, पृष्ठ (382)

[2] अनुवादक साहित्याचार्य पाण्डेय पं० रामनारायण शास्त्री बा०रा० अंक 76, पृष्ठ (642)

[3] डॉ० शरच्चन्द्र श्री घर परांजपे, भारतीय संगीत का इतिहास, पृष्ठ (641)

यज्ञ कार्य के संपन्न होने पर साम गायक को वही सम्मान दिया जाता था जो वेद के पाठ करने वाले को दिया जाता था। ऋष्यश्रृंग आदि पुरोहित गण वैदिक मन्त्रों का शिक्षा के अनुकूल मधुर गान करते थे। संगीत का प्रभाव मानवों पर ही नहीं अपितु पशुओं पर भी था। वे भी बहेलियों के मधुर संगीत के जाल में फंसकर अपने जीवन को संकट में डाल देते थे। राजा प्रजा, नर-नारी, वानर, राक्षस सभी वर्गों में संगीत लोकप्रिय था। संगीत शास्त्र को गांधर्ववेद की संज्ञा दी गई थी जिसके अंतर्गत गीत वाद्य सम्मिलित थे।[1]

रामायण के समय में पूरे सामाजिक जीवन पर संगीत का प्रभाव दृष्टिगोचर होता है। नर और नारी के जीवन में संगीतरूपी सूर्य की किरणें उनके जीवन को एक नई आभा दे रही थी। संगीत दैवी साधना होने के कारण लोगों के नैतिक स्तर को और अच्छा बना रहा था। लोगों की चिन्तन शक्ति में सूक्ष्मता उत्पन्न हो गई थी। संगीत के कारण लोगों के रहन-सहन, स्वभाव, रुचि, आदि में एक परिष्कृत रूप प्रकट हो रहा था। वैदिक काल की तरह प्रत्येक घर में सुबह होते ही ईश्वर की संगीत से आराधना की जाती थी। घर का प्रत्येक सदस्य उसमें शामिल होता था। रामायणकालीन समाज में संगीत के कार्यक्रमों का आयेजन किया जाता था। रामायण में उल्लेख है कि जब रामचन्द्र जी का विवाह हुआ तो इस शुभ अवसर पर संगीत के कार्यक्रम आयोजित किए गए थे। वीणा मृदंग आदि वाद्यों को बजाया गया। वहां की प्रजा के अनेक नर-नारियों ने आनंद में झूमकर संगीतमय उत्सव का आयोजन किया। रामचन्द्र जी जब पुनः वनवास काटकर अयोध्या लौटे तो अयोध्या नगरी का प्रत्येक घर दीपमालाओं से जगमगा उठा था।

नगर में स्थान-स्थान पर गाने बजाने का उत्सव किया गया था। अयोध्या की नारियों ने मंगल गान करते हुए श्री रामचन्द्र जी का स्वागत किया। उस समय के संगीत की यह विशेषता थी कि वह पवित्र था और

---

[1] डॉ० शरच्चन्द्र श्री घर परांजपे, भारतीय संगीत का इतिहास, पृष्ठ (641)

उससे पवित्र और एक सुरम्य वातावरण निर्मित किया जाता था। संगीतज्ञों को वैदिक काल के समान आदर प्रदान किया जाता था। युद्ध में जब कोई जीतकर आता था तो दुन्दुभि बजाकर उसका स्वागत किया जाता था। किष्किन्धा काण्ड में एक प्रसंग आता है कि लक्ष्मण जब सुग्रीव के अन्तःपुर में प्रवेश करते है तो वहां उन्हें वीणा वादन तथा शुद्ध गायन सुनाई दिया। रावण भी संगीत का विद्वान था। उसके दरवार में संगीत के आयोजन हुआ करते थे। स्वरों पर उसकी बेजोड़ पकड़ थी। वाल्मीकि और तुलसीदास जी ने अपने काव्यों में इसकी पुष्टि की है। जनश्रुति के अनुसार रावण वेदों का विद्वान और टीकाकार था। सामवेद के स्तोत्रों से उसने भगवान शंकर की उपासना की थी। उत्तरकाण्ड के निम्नलिखित श्लोक से इस बात की पुष्टि वाल्मीकि जी ने अपने रामायण काव्य में इस प्रकार की हैः-

तुष्टाव वृषभध्वजम्।

सामभिर्विविधैः स्तोत्रैः प्रणम्य स दशाननः।।

वा0रा0 उ0का0 सर्ग 16 श्लोक 33-34

रामायणकाल में राजा का संगीत मर्मज्ञ होना भी प्रजा के लिए संगीत के अनुसरण का कारण भी था। संगीत के तीनो अंगों का यथा समय प्रसंगानुसार प्रयोग किया जाता था। संगीत में सूक्ष्मता और गहराई आ चुकी थी। अनेक व्यक्ति संगीत पर अपनी आजीविका चलाते थे। तत्कालीन समाज में संगीत का सांस्कृतिक आयोजन के रूप में प्रयोग किया जाता था। संगीत को समाज में एक उच्च और प्रतिष्ठित दर्जा दिया गया था। हर आम नगर राज्य आदि सभी में संगीत के स्वरों का उद्घोष समय-समय पर होता रहता था जो उस समय की संस्कृति का एक प्रतीक बन गया था। सुबह की मंगलबेला हो या रात्री के आगमन या प्रहरों की सूचना हो किसी का जन्म हो या परलोक गमन हो, युद्ध के उद्घोषों का शंखनाद हो या विजय के शुभ अवसर पर दुन्दुभि वादन सभी अवसरों पर संगीत उसे अधिक सार्थक बनानेमें अपना बहुमूल्य योगदान

देता रहा और तत्कालीन संस्कृति का अभिन्न अंग बन कर अपनी योगदान की भूमिका को सार्थक बनाता रहा।

3.2 महाभारतकालीन संस्कृति में संगीत का योगदान

महामुनि द्वारा रचित महाकाव्य महाभारत भारतीय बाङ्ङ्गमय में एक ऐसा काव्य है जो भारतीय संस्कृति का सर्वाङ्गीण चित्रण प्रस्तुत करता है। भारत की सांस्कृतिक स्थिति का जैसा विशद् वर्णन इस महाकाव्य में हुआ है वैसा किसी अन्य ग्रन्थों में नहीं हुआ है। महाभारत का बृहद् कलेवर प्राचीन आख्यानों तथा उपाख्यानों के समावेश से निर्मित होता चला आ रहा है। ये लौकिक उपाख्यान युग युग की सांस्कृतिक चेतना से संकलित वीर गीतों के रूप में जन जीवन के दृढमूल रहे है तथा उनका प्रसार मागध सूत चारण आदि लोक गायकों के द्वारा होता चला आ रहा है। तत्कालीन जीवन में इनका महत्वपूर्ण स्थान रहा है। वैदिक काल से लेकर जिन गाथाओं का गान यज्ञ तथा अन्य लोकोत्सवों पर किया जाता रहा वह इस देसी संगीत की प्रातिनिधिक रही। पुरुषार्थी राजाजन तथा वीर पुरुषों का चरित्रगान ही इन लोक गीतों का उद्देश्य रहा। शांतिकाल की भांति युद्धकाल में इनका संगीत चैतन्यमय तथा भावोद्दीपक रहता था। राज परिवार में मागध सूत चारण बंदीजनो का अनिवार्य स्थान इस दृष्टि से महत्वपूर्ण था। बीणा के साथ गाए जाने वाले इन्हीं लौकिक गीतों के आश्रय से ये कलाकार राजाओं को अपनी लक्ष्य सिद्धि के लिए प्रेरित करते थे।[1]

---

[1] डॉ० शरच्चन्द्र श्रीधर परांजपे, भारतीय संगीत का इतिहास, पृ० (154)

महाभारत महाकाव्य में कौरवों और पांडवों के युद्ध का वर्णन है। सम्पूर्ण ग्रन्य में एक लाख श्लोक है जो सभी संगीतमय है। प्रत्येक श्लोक को गाया जा सकता है। यही एक महाकाव्य की विशेषता है।[1]

महाभारत काल में साम तथा गांधर्व दोनों का विपुल प्रचार दृष्टिगत होता है। वैदिक संस्कृति का उत्कर्ष काल होने के कारण वैदिक संगीत की परम्परा अक्षुण बनी रही। स्बर पद स्तोम आदि अंगों का अध्ययन वैदिक शिक्षा के अभिन्न अंग के रूप में किया जाता था।[2]

'सामगान की परम्परा इस काल में विशुद्ध एवं विकसित रूप में थी। यज्ञ यागों में **होता**, **अध्वर्यु**, तथा **सामग** तीनों का स्वतन्त्र एवं महत्वपूर्ण उत्तरदायित्व था। **होता** का कार्य शंसन अर्थात् मंत्र पाठ करना था। **अध्वर्यु** का कार्य हवन करना था। तथा **सामगायक** का कार्य स्तुतिगान करना था। सामगान का उद्देश्य परमात्मा की आराधना माना जाता था। यज्ञ प्रसंगो पर सामगान के अतिरिक्त परम्परागत गाथा गीतों को गाने का प्रचार था। इन गाथाओं का गान गंधर्व तथा कचा गायक एवं पौराणिक जैसे व्यक्तियों द्वारा किया जाता था।

इस काल में वैदिक संगीत की पर्यावलोचना आरम्भ हो चुकी थी। सामगान का प्रयोग वैदिक आर्यों के दैनिक जीवन का अंग था। यज्ञयागादि कार्यों के अतिरिक्त जन्म तथा मृत्यु जैसे लौकिक प्रसंगों पर भी सामगान किया जाता था। ऋषियों के आश्रम में साम संहिता का पाठ तथा साम गीतों का गान निरन्तर प्रचलित रहता था।[3] सभापर्व में उल्लेख है कि -

धनंजयानामुषभः सुसामा सामगो ऽअभवत्।

महाभारत सभा पर्व अ0 5, श्लोक 170

---

[1] उमेश जोशी, भारतीय संस्कृति का ईतिहास, पृ० (94)

[2] डॉ0 शरच्चन्द्र श्रीवर परांजपे, भारतीय संगीत का इतिहास, पृ० (145)

[3] डॉ0 शरच्चन्द्र श्रीवर परांजपे, भारतीय संगीत का इतिहास, पृ० (157)

यज्ञ जैसे धार्मिक प्रसंगों के अतिरिक्त अन्त्य क्रिया के समय सामगान प्रयुक्त किए जाने का उल्लेख निम्न श्लोकों में पाया जाता है-

सामानि सामगास्तस्य गायन्ति यम सादने।

हविर्षानं तु तस्याहुः परेषां वाहिनिसुखम्।।

शान्तिपर्व, अ० 81, श्लोक 52

वैदिक संगीत के अतिरिक्त गांधर्व जैसे लौकिक गान के प्रचार के सम्बन्ध में अनेक प्रमाण मिलते है। संगीत के लिए गांधर्व की संज्ञा दी जाती थी।

स च गान्धर्वमखिलं गाहयामास मां नृप।

म० वनपर्व अध्याय 168 श्लोक 157

महाभारत के वनपर्व में उल्लेख है जहाँ युधिष्ठर भीम से कहते है-

गीतानां तल तालानां यथा सानां च निस्वनः।

श्रुयते बहुधा भीम सर्वभूत मनोहरः।।

महागंगामुवीक्षस्व पुण्यां देव नवीं शुभाम्।।

म० वनपर्व अध्याय 155 श्लोक 84,85,98.

अर्थात्:- हे भीम यहाँ समताल से गाते हुए गीतों तथा साममंत्रों के विविध स्वर सुनाई पड़ते है जो संम्पूर्ण भूतों के चित्र को आकर्षित करने वाले हैं। यह पवित्र और कल्याणमयी देवनदी गंगा है। इनका दर्शन करो।[1]

संगीत के दिव्य कलाकारों के रूप में किन्नरों तथा गंथों का उल्लेख महाभारत में हुआ है। गंधर्व तथा किन्नरों के निवास स्थान पर गीत तथा तुर्य वाद्यों का निनाद सदैव गुंजायमान रहता था। इन्द्र के दरवार में जब महोत्सव का आयोजन होता था तब अपसराएं नृत्य करती थी तथा गंधर्व वाद्य बजते थे।

---

[1] हिन्दी अनुवादक, डॉ० ५० श्रीपाद दामोदर सातवेलकर, पृ० (805)

स तदिव्यं पश्यन्दिव्यगीतनिनादितम्।
प्रविवेश महाबाहुः शक्रस्य दयितां पुरीम्।।
संस्तूयमानो गन्धर्वैरप्सरोभिश्च पाण्डवः।
पुष्प गन्धवहैः पुण्यैर्वायुभिश्चानुवीजितः।।

२० वनपर्व अ0 44 श्लोक 7

अर्थात्:- महाबाहु अर्जुन ने दिव्य गीतों से गुंजायमान उस दिव्य नन्दनवन को देखते हुए इन्द्र की प्रियपुरी में गन्धर्वों और अप्सराओं से स्तुति सुनते हुए और फूलों की सुगन्धि से भरे हुए मार्ग में प्रवेश किया।[1]

वहाँ उसने विश्वासु आदि की स्तुति करने वाले गंधर्वो और मुख्य ब्राह्मणों से ऋक्, यजु, सामवेद के मंत्रों से स्तुति सुनते हुए इन्द्र को बैठे देखा।[2]

विश्वासु प्रभृतिर्भिगन्धर्वैः स्तुति वन्दनैः।
स्तूपमानं द्विजाग्यैश्च ऋग्यजुः साम संस्तवै।।

म० वनपर्व अ0 44 श्लोक 18

एक साथ जब इन्द्र और अर्जुन एक ही आसन पर बैठे थे तो -

तत्र स्म गाथा गायन्ति साम्ना परमवल्गुना।
गन्धर्वास्तुम्बरुश्रेष्ठाः कुशला गीत सामसु।।

उस समय साम को गाने में कुशल तुम्बरु आदि श्रेष्ठ गन्धर्व अत्यन्त सुंदरता से साम द्वारा गीत गाने लगे।[3]

इन्द्रलोक में अर्जुन को इन्द्र शस्त्रों की विद्या सीखने के उपरान्त गायन एवं नृत्य सीखने का परामर्श देते हैं।

---

[1] महाभारत के वनपर्व की हिन्दी व्याख्या, अनुवादक डॉ श्रीपाद दामोदर सातवेलकर, पृष्ठ (243)

[2] महाभारत के वनपर्व की हिन्दी व्याख्या, अनुवादक डॉ श्रीपाद दामोदर सातवेलकर, पृष्ठ (244)

[3] महाभारत के वनपर्व की हिन्दी व्याख्या, अनुवादक डॉ श्रीपाद दामोदर सातवेलकर, पृष्ठ (245)

ततः शक्रोऽब्रवीत्पार्थ कृतास्त्रं काल आगते।
नृतं गीतं च कौतेय चित्र सेनादवाप्नुहि।
वादित्रं देवविहितं नृलोके यन्न विद्यते।
तवर्जयस्व कौन्तेय श्रेयो वै ते भविष्यति।।

म० वनपर्व अ० 45 श्लोक 6,7

अर्थात्:- समय आने पर शस्त्र सीखे हुए अर्जुन से इन्द्र ने कहा कि हे कुंती नन्दन ! अब तुम चित्रसेन गंधर्व से नाचना और गाना सीखो। और हे कुन्ती पुत्र देवों के द्वारा बजाए जाने वाले जो वाद्य मृत्यु लोक में नहीं है, उन्हें अच्छी प्रकार सीखो। इसमें तुम्हारा कल्याण होगा।[1] युधिष्टर की सभा में तुम्बरू की प्रेरणा पर गंधर्वो तथा किन्नरों का सशास्त्र गायन का उल्लेख है।[2]

गीतवादित्रकुशला साम्यताल विशारदाः।
प्रमाणेऽय लये स्थाने किन्नरा कृतनिश्रयाः।।
संचोदितास्तुम्बुरूणा गंधर्वसहितास्तदा।
गायन्ति दिव्यतानैस्ते यथा न्यायंमनस्विनः।
पाण्डुपुत्रानृषीश्चैव रमयन्त उपासते।।

म० वनपर्व अ0 4 श्लोक 38,39

अर्थात्:- गाने बजाने में कुशल और ताल के विशेषज्ञ तथा प्रमाण लय और स्थान की जानकारी के लिए विशेष परिश्रम किए हुए मनस्वी किन्नर तुम्बरू की आज्ञा से वहाँ अन्य गंधर्वो के साथ दिव्य तान छेड़ते हुए उचित रीति से गाते और पाण्डवों तथा महर्षियों का मनोरंजन करते हुए धर्म राज की उपासना करते थे।[3]

आदिपर्व के अर्जुन वनवास पर्व में जब तीर्थ यात्रा में थे तब अर्जुन ने द्वारिकापुरी में प्रवेश किया। उस समय भगवान श्रीकृष्ण ने उनका स्वागत किया और श्रीकृष्ण उन्हें रैवत पर्वत पर ले गये। रात्रि विश्राम के

---

[1] अनुवादक, डॉ० ५० श्रीपाद सातवेलकर, पृ0 (247)

[2] डॉ० परांजपे, भारतीय संस्कृति का इतिहास, पृ0 (158)

[3] अनुवादक, पं० राम नारायण शास्त्री पाण्डेय राम, पृ० (674)

बाद अर्जुन को प्रातःकाल मधुर वाद्यों को बजाकर जगाया गया। प्रस्तुत श्लोक इस बात की पुष्टि करता है।-

मधरेषैव गीतेन वीणा शब्देन चैव हम्।
प्रयोष्यमानो बुबुधे स्तुतिर्भिमङ्गलैस्तथा।।

म० वनपर्व अ० 217 श्लोक 14

अर्थात्:- प्रातःकाल मधुरगीत, वीणा की मीठी ध्वनि, स्तुति और मंगलपाठ के शब्दों द्वारा जगाए जाने पर उनकी नींद खुली।[1]

रैवतक पर्वत पर एक उत्सव मनाए जाने का उल्लेख है जिसमें कहा गया है -

वादित्राणि च तत्रान्ये वादकाः समवादयन्।
ननृतुर्नर्तकश्चैव जगुर्गेयानि गायनाः।।

म० वनपर्व अ0 218 श्लोक 4

अर्थात्:- वहाँ गाने बजाने में कुशल मनुष्य अनेक प्रकार के बाजे बजाते नाचने वाले नाचते और गायक गण गीत गाते थे।[2]

तथैवराजा वृष्णी नामुग्रसेनः प्रतापवान्।
अनुगीयमानो गन्धर्वैः स्त्री सश्त्रसहायवान्।।

म० वनपर्व अ0 218 श्लोक 8

अर्थात्:- 'वृष्णि बंश के प्रतापी राजा उग्रसेन भी वहाँ आमोद-प्रमोद कर रहे थे। उनके साथ बहुत से गंधर्व गा रहे थे और सहस्त्रों स्त्रियां उनकी सेवा कर रही थी।[3] युद्ध के लिए तैयार होने की सूचना में भी संगीत की गम्भीर ध्वनि वाले वाद्यों का प्रयोग किया जाता था।

तेषां श्रुत्वा सभापालो मेरी सां नाहिकेंततः।
समाजहने महाघोषां जाम्बूनद परिष्कृताम्।।

म० आदिपर्व अ० 219 श्लोक 8

---

[1] अनुवादक, पं० राम नारायण शास्त्री पाण्डेय राम, पृ० (620)

[2] अनुवादक, पं० राम नारायण शास्त्री पाण्डेय राम, पृ० (621)

[3] अनुवादक, पं० राम नारायण शास्त्री पाण्डेय राम, पृ० (206)

उनकी बातें सुनकर सभापाल ले सबको युद्ध के लिए तैयार होने की सूचना देने के उद्देश्य से सुवर्णखचित नगाड़ा बजाया जिसकी आवाज बहुत ऊँची और दूर तक फैलने वाली थी।

महाभारत के आदिपर्व में सामगायन से सम्बन्धित निम्नलिखित श्लोक में उल्लेख है जब कण्व मुनि के आश्रम में महाराजा दुष्यन्त प्रवेश करते है तो वहाँ देखते है कि -

यज्ञविद्याङ्ग विद्भिश्च यजुविद्भिश्च शोभितम्।
मधुरैः सामगीततैश्च ऋषिभिर्नियत व्रतैः।।
भारण्डसामगीताभिरथर्वशिरसोद्गतै।
यतात्मभिः सुनियतैः शुशुभे सतवाश्रमः।।

म० आदिपर्व अ0 70 श्लोक 38,39

अर्थात्:- यज्ञविद्या और उसके अंगो की जानकारी रखने वाले यजुर्वेदी बिद्वान भी आश्रम की शोभा बढ़ा रहे थे। नियमपूर्वक ब्रह्मचर्य का पालन करने वाले सामवेदी महर्षियों द्वारा वहां मधुर स्वर से सामवेद का गान किया जा रहा था। मन को संयम में रखकर नियमपूर्वक उत्तम व्रत का पालन करने वाले सामनदी अर्थवेदी भारुण्ड संज्ञक साममंत्रों के गीत गाते और अर्थबेद के मंत्रों का उच्चारण करते थे जिससे आश्रम की शोभा बढ़ती थी।[1]

महाभारत में गीत वाद्य और नृत्य तीनों का प्रयोग जन जीवन के अभिन्न अंग के रूप में होता रहा है। खाण्डवदाह के अवसर पर श्रीकृष्ण तथा अर्जुन ने जल विहार के साथ गीत नृत्य तथा वाद्य आदि का आयोजन किया था। द्रुपद की राजधानी में तूर्योंध की ध्वनि सदैव प्रचलित थी। पांचालराज की सभा में गीत तथा नृत्य का स्वर सदैव गूंजता रहता था। महापुरुषों के आगमन के उपलक्ष्य में संगीत का आयोजन किया जाता था और उनके गमन पर समुचित संगीत से विदाई समारोह आयोजित किया जाता था। ऐसे ही समय पर गीत के साथ पणव, वंश, कांस्य, ताल आदि का उल्लेख आता है।

---

[1] अनुवादक, पं० राम नारायण शास्त्री पाण्डेय राम, पृ० (206)

बन्दिप्रवादाः पणवादिकाश्च तथैव वाद्यानि च वंश शब्दाः।
सत्रंस्यं तालं मधुरं च गीतमादाय नार्सी नगरान्निरीयुः।।[1]

निम्न श्लोक में उल्लेख है कि देवराज इन्द्र की सभा में अर्जुन का गीत, वाद्य तथा नृत्य से स्वागत किया गया जिसमें तुम्बरु गंधर्वों आदि ने वीणादि वाद्यों के साथ गान किया तथा धृताची, मेनका, रम्भा, उर्वशी आदि अप्सराओं ने भावपूर्ण नृत्य किया था -

तत्र स्म गाथा गायन्ति साम्ना परमवल्गुना।
गंधर्वीस्तुम्बरुश्रेष्ठाः कुशला गीत सामसु।।
धृताची मेनका, रम्भा, उर्वर्शी चित्रलेखा, सह च मधुर स्वरा।।
एताश्चान्याश्च ननृतुस्तत्र तत्र बराङ्गनाः।
चित्त प्रमयने युक्ताः सिद्धानां पद्मलोचनाः।।
महाकटितटश्रोष्यः कम्पमानैः पयोधरैः।
कटाक्षहावमाधुर्यैश्चेतो बुद्धिमनोहराः।।

म० आरण्यपर्व, अध्याय 44, श्लोक 28, 29, 30, 31, 32

उस समय साम को गाने में कुशल तुम्बरु आदि श्रेष्ठ गंधर्व अत्यंत सुन्दरता से साम द्वारा गीत गाने लगे। धृताची मेनका, रम्भा, उर्वशी, चित्रलेखा और मीठे स्वरों वाली सहा तथा अन्य दूसरी अनेकों सुंदर अवयवों वाली, कमल के समान आँखों वाली सिद्धों के चितों को मिटाने में भी समर्थ, विशाल कमर और नितम्भों वाली, नाचते समय कांपते हुए बड़े-बड़े स्तनो वाली अपने कटाक्ष और हाव भाव की मधुरता से देखने वालों के चित, बुद्धि और मन को हरने वाली अप्सराएं नाचने लगी।[2]

'भेरी, शंख, मृदंग, दुन्दुभि आदि वाद्यों का निर्घोष उल्लास की अभिव्यक्ति में तथा उत्साह संचार हेतु किया जाता था। राज्याभिषेक जैसे मंगल अबसरों पर शंख, भेरी तथा पुष्कर वाद्यों का प्रयोग किया जाता था। पुष्कर वाद्य राजाज्ञा की सूचना देने के लिए किया जाता था।

---

[1] डॉ० शरच्चन्द्र श्रीधर परांजपे, भारतीय संगीत का इतिहास, पृ० (159)

[2] अनुवादक, पं० श्रीपद दामोदर सातवेलकर, पृष्ठ (246)

युद्ध के अवसर पर शंख, भेरी, पणव, पटह, मुरज जैसे वाद्यों का समावेश था।[1]

नट, नर्तक, गायक, सूत, मागध तथा कथावाचक आदि कलाकारों को राजा तथा प्रजा दोनो की ओर से प्रोत्साहन मिलता था।[2]

राजसभा में संगीतज्ञ गुणियों का गौरवपूर्ण स्थान था। गान तथा नृत्य में निपुण पुरुष एवं महिलाओं को राजकलाकारों के रूप में नियुक्त किया जाता था और इनका कार्य प्रसंग विशेष पर गीत तथा नृत्य के आयोजन प्रस्तुत करना था। संगीत कला के रसास्वादन की क्षमता तत्कालीन राजाओं में विद्यमान थी। राजस्त्रियां तथा अंतःपुर की महिलाओं के लिए संगीत शिक्षा का विशेष प्रबंध होता था।[3]

वृष्ठन्नलारूपधारी अर्जुन ने महाभारत के विराटपर्व में उल्लेख है कि पाण्डवों के 12 वर्ष के वनवास के दौरान एक वर्ष अज्ञातवास की अवधि में अर्जुन ने स्वयं को विराटराजा की सभा में बृहन्नलारूपधारी वेश में प्रस्तुत कर अंतःपुर की राजस्त्रियों और राजकन्याओं को संगीत विद्या सिखाने के लिए राज सेवा करने की इच्छा प्रकट की। प्रस्तुत श्लोक में यह बात स्पष्ट हो जाती है-

मायाभि नृत्याम्यच वादयामि मद्रोऽस्मि नृते कुशलोऽस्मि गीते त्वमुत्तरायाः परिदत्स्व मां स्वयं भवामि देव्या नरदेव नर्तकाः।

बृहन्नड़ां वै नरदेव विद्धि मां सुतं सुतां या पितृमातृ वर्जिताम्।।

महाभारत विराटपर्व, अध्याय 10, श्लोक 8,9

अर्जुन बोले हे नरदेव। मैं गाना, नाचना और बजाना जानता हूँ। मैं नाचने में भी निपुण और गाने में भी कुशल हूँ। इसलिए आप मुझे उत्तरा के घर में रहने की आज्ञा दीजिए। हे राजन! मैं राजपुत्री को नाचना गाना

---

[1] डॉ० शरच्चन्द्र श्रीधर परांजपे, भारतीय संस्कृति का इतिहास, पृ० (159)

[2] कृष्णाचार्य, हिस्ट्री ऑफ इण्डियन क्लासिकल संस्कृत लिटरेचर, पृ० (534)

[3] डॉ0 शरच्चन्द्र श्रीधर परांजपे, भारतीय संगीत का इतिहास, पृ0 (164)

सिखलाऊँगा। हे राजन ! तुम मुझे माता और पिता से हीन बृहन्नड़ा नाम का पुत्र या पुत्री समझो।[1]

महाभारत काल संगीत की दृष्टि से अत्यंत महत्वपूर्ण काल है। इस युग में श्रीकृष्ण संगीत के महान पण्डित माने गए है जो न केवल ज्ञान विज्ञान के शिरोमणि अपितु संगीत के भी सर्वश्रेष्ठ ज्ञाता सिद्ध हुए है। संगीत पर उनका सम्पूर्ण अधिकार था। सर्वविदित है कि उनके संगीत और नृत्य की क्रीड़ा स्थली ब्रजभूमि रही। कृष्ण की बंसी इतनी मोहक थी कि गोपियाँ जिस भी स्थिति में होती श्रीकृष्ण के सम्मुख इस तरह दौड़ी चली आती जिस तरह समस्त नदियाँ सागर की ओर उन्मुख होती है। रासलीला नृत्य का निर्माण इस काल में हो चुका था। गोपियाँ (कृष्ण को रिझाने) अपने नृत्य से श्रीकृष्ण को रिझाने का प्रयत्न करती थी। ग्वाले भी बंसी की तान सुनकर मस्त होकर नाचने लगते थे। गाएं घास चरना भूल जाती थी। इस काल के सामान्य लोग भी संगीत से उतना ही प्रेम करते थे जितना उच्चवर्गीय समाज के लोग। श्रीकृष्ण की बंसी ने लोगों के हृदय में जीवन के प्रति सरसता और मधुरता के रस को घोल दिया था। महिलाएं रामायण काल से भी अधिक नाचने गाने की अनुरागिनि हो चली थी। धार्मिक संगीत ने लोगों की बासनाओं को उपर नहीं उठने दिया था। यदि इस काल का वातावरण धार्मिक न होता तो संगीत इतना पवित्र न रहता। वास्तव में उस समय के धार्मिक संगीत ने मानव जीवन को इतना पवित्र और उज्ज्वल बना दिया था कि पुरुष और स्त्री संसर्ग से भी कलुषिता उत्पन्न नहीं होती थी।

रामायण काल की भांति नारियों को अपना वर चुनने में पूर्ण स्वतन्त्रता थी। वरवधू के चुनाव के आयोजन के लिए संगीतमय आयोजन होते थे। वही नारी सुंदर समझी जाती थी जो संगीत प्रतिभा से मुक्त होती थी। संगीत नारीत्व के निखार के लिए सुंदरतम साधन माना

---

[1] अनुवादक, पं० श्रीपद दामोदर सातवेलकर, पृ० (38)

गया। नारियों के अन्दर धार्मिक संगीत से उसकी मानसिक प्रवृतियों का आध्यात्मिक विकास किया जाता था।

संगीत ने नारियों के अंदर जहाँ कोमल भावनाओं को उदय किया वहीं दूसरी ओर उनको सबल भी बनाया। उन्हें आत्मज्ञान से परिपूर्ण बनाया और नारीत्व का वास्तविक लक्ष्य भी निर्धारित किया। इस युग की नारियों के जीवन शान्तिमय होते थे। संगीत ने उनके जीवन में शान्ति का पूर्णरूप से प्रवेश कर किया था। नारियां ब्रह्मा, विष्णु, महेश, गणेश आदि देवताओं के पूजन हेतु गाती बजाती थी और सारे मार्ग में सुंदर मधुर संगीत गाती जाती थी। मंदिर में पहुंचकर देवताओं के समक्ष गाली और नृत्य करती थी। कर्मकांड की जगह भक्ति और ज्ञान ने ले ली थी। भक्त लोग संगीत को योग के रूप में उसकी साधना करते थे। उससे जो भी पावन प्रकाश पाते या प्राप्त करते उससे समाज की कुरूपता मिटाने में प्रयोग में लाते थे। संगीत ने अपनी इसी विशेषता से समाज के नैतिक स्तर को गिरने नहीं दिया। महाभारत काल का गहराई से अध्ययन करने पर ज्ञात होता है कि इस काल में कला जीवन निर्माण का सम्बल समझी जाती थी।[1]

उपर्युक्त विवेचन के आधार पर यह कहा जा सकता है कि महाभारत कालीन संस्कृति में मानव जीवन अंत्यंत उज्ज्वल था। संगीत ने न केवल मानव जीवन के मूल्यों को और अधिक मूल्यवान बनाया अपितु लोगों के जीवन के विकास की धारा का महत्वपूर्ण स्त्रोत बना। कहा जा सकता है कि महाभारतकालीन संस्कृति में संगीत ने उस समय की संस्कृति के आरम्भ से अंत तक अपनी विभिन्न विद्याओं से लोगों को संस्कृति को बेहतर बनाने में अपना बहुमूल्य योगदान दिया।

---

[1] उमेश जोशी, भारतीय संगीत का इतिहास, पृष्ठ (94-100)

अध्याय - 4

बौद्धिक और जैन काल की संस्कृति के उत्थान में संगीत का योगदान

4.1 बौद्ध काल की संस्कृति में संगीत का योगदान

बौद्धकाल भगवान बुद्ध के जन्मकाल से आरम्भ माना जाता है। भगवान बुद्ध का जन्म गोरखपुर जिले के उत्तर में नेपाल की तराई क्षेत्र के लुम्बिनी में ई० पू० 563 वर्ष पूर्व हुआ। शाक्य लोग वहां राज्य करता थे और राज्य की राजधानी कपिलवस्तु थी। मानव इतिहास में भगवान बुद्ध को महानतम पुरुष माना जाता है। उनके बचपन का नाम सिद्धार्थ था। माता का नाम महामाया और पिता का नाम शुद्धोधन था। बचपन में ही एकान्त सेवी और गम्भीर प्रकृति के होने के कारण ये पिता की इस चिंता के कारण बने हुए थे कि उनके राजज्योतिषों ने उनके सन्यासी होने की घोषणा की थी। अपने पुत्र विछोह के दुःख के कारण उन्होने सिद्धार्थ को राजमहल में अनेक सुख सुविधाओं से उनका विरक्ति की ओर से ध्यान बंटाने का प्रयास किया। इसमें संगीत भी शामिल किया गया था। सिद्धार्थ संगीत के कार्यक्रम को एकाग्र भावों से सुनते थे और सदैव गूढ़ चिंतन में डूबे रहते थे। अपने इस गूढ़ चिंतन से और ज्ञान से जो ज्ञान ज्योति उन्होने प्रज्ज्वलित की उससे समस्त एशिया आज तक भी प्रभावित और प्रकाशित हो रहा है।

एकान्त प्रेमी होने के कारण इनके पिता शुद्धोधन ने इनका विवाह यशोधरा नामक सुंदरी से कर दिया और यशोधरा नामक सुंदरी से उनको एक पुत्र रत्न की प्राप्ति भी हुई। परन्तु विलासपूर्ण जीवन उन्हें अपने वैराग्य चिंतन से व्युत न कर सका और अपने जीवन में चार दृश्यों एक वृद्ध, मृतकरोगी और सन्यासी के जीवन ने इनके हृदय को पूर्णतः परिवर्तित कर दिया। फलस्वरूप जीवन के प्रति तीव्र वैराग्य उत्पन्न हो गया। उसी रात अपने पुत्र और अपनी पत्नी को सोता छोड़ राजपाठ छोड़ जीवन के सत्य की खोज में निकल पड़े। उस रात को इतिहास में बुद्ध का महाभिनिष्क्रमण कहते है।[1] में योगदान के लिए तत्संबन्धी अध्ययन बौद्धकालीन युग में संगीत का संस्कृति अत्यंत आवश्यक है-

संगीत के लिए उस समय गंधब्ब शब्द की संज्ञा प्राप्त थी और बौद्धकाल में तक्षशिला विद्यादान का प्रमुख केन्द्र था जिसमें वैदिक विद्यालय, अष्टदश विद्यालय, शिल्पविज्ञान विद्यालय आदि विभिन्न अध्ययन विभागों में पांच-पांच सौ विद्यार्थी शिक्षा पाते थे। वाराणसी उस समय दूसरा विद्यादान का केन्द था जिसमें संगीत का स्वतन्त्र विभाग था और विभाग के अधिष्ठाता देश के सुप्रसिद्ध विद्वान होते थे। संगीत को गंधर्ववेद की संज्ञा थी जिसके अन्तर्गत तीनो विधाओं गीत, बाद्य और नृत्य का समावेश था। इनके अंतर्गत गाथाएं गाई जाती थी और इनकी गणना शिल्प में की जाती थी।[2]

उस समय के सम्पन्न परिवारों में संगीत का पर्याप्त अध्ययन किया जाता थो प्रत्येक परिवार की महिलाएं और पुरुष संगीत में कुशल थे। वर को अपनी योग्यता को सिद्ध करने के लिए संगीत विद्या में निपुण होना आवश्यक माना गया था। बुद्ध के होने वाले ससुर ने विवाह से पूर्व

---

[1] उमेश जोशी, भारतीय संगीत का इतिहास, पृष्ठ (115-16)

[2] राधा कुमुद मुखोपाध्याय, द्रष्टव्य, एशियन्ट इंडिया एजुकेशन्सज, पृ० (490)

यह शर्त रखी कि अपनी कला सम्पन्न पुत्री के लिए उसे संगीत और अन्य कलाओं में निपुण व्यक्ति चाहिए।[1]

सिद्धार्थ को भी ऐसी ही वधु की अपेक्षा थी जो गणिका के समान कलाओं में निपुण हो। राजा शुद्धोधन ने अपने पुरोहित से कहा कि जो शास्त्र की रीति नीति जानती हो। गणिका के समान गुणी हो वह चाहे ब्राह्मण कुल की हो चाहे क्षत्रिय, वैश्य या शुद्र कुल की हो जिसमें ये गुण हो उसी कन्या के बारे में मुझे बताओ। निम्नलिखित श्लोक इस बात की पुष्टि करता है।

शास्त्रे विधिन कुशला गणिका यथैष,
ब्राह्मणी क्षत्रिया कन्यां वैश्यां सूद्रीं तथैव च।
यस्या एते गुणा संतितां में कन्या प्रवेदय।।

अर्थात्:- राजा शुद्धोधन कहते है कि मेरे कुमार को ऐसी कन्या चाहिए जो शास्त्र की रीति नीति जानती हो, गणिका के समान गुणी हो। वह चाहे ब्राह्मण कुल की हो चाहे क्षत्रिय, वैश्य या शूद्र कन्या हो। अपने राजा की आज्ञा पाकर राज पुरोहित दण्ड पाणि शाक्य के घर पहुँचे और कहा कि सिद्धार्थ कुमार को उक्त गुणों से युक्त कन्या चाहिए। इन सभी बातों को सुनकर दण्डपाणि शाक्य ने कहा कि मैं उस वर को अपनी पुत्री का कन्यादान करूंगा जो शिल्पज्ञ हो, संगीतज्ञ हो।[2]

बौद्धकाल में उल्लेख है कि उस समय राजाओं के अंतःपुर में महति वीणा, मृदंग, पणव, तूर्य, वेणू आदि वाद्यों का वादन किया जाता था। बुद्ध के जन्मोत्सवों पर अनेकों बाधों का वृंदवादन हुआ था। प्रस्तुत श्लोक इस बात की पुष्टि करता है-

---

[1] चकलादार, सोशल लाईफ इन एन्चंट इण्डिया, पृष्ठ (85)

[2] शांतिभिक्षु शास्त्री, ललित विस्तर, अध्याय शिल्पसंदर्शनपरिवर्त, पृ० (279, 282)

तुणपणवमृदंग वीण वेणु मुकुण्डाम्,
तूर्य शत सहस्रान योजयध्वं मनोज्ञाम्।
भूय कुरूत हर्ष देवकन्यान यूयम्,
श्रुत्वा मधुर घोषं देवतापि स्पृष्ठेयुः।।

अर्थात्:- तूण, पणव मृदंग, वीणात्र वेणु तथा मुकुन्द व अन्य मनोहर लाखों बाजों को बजा दो। तुम सब देव कन्यायों को और भी आनेदित कर दो ऐसा करो कि तुम्हारे बाजों के मधुर शब्दों को सुनकर देवता भी स्पृहा करने लगे।[1]

राजा शुद्धोधन के रनिवास की साठ सहस्त्र गणिकाएं गीत और वाद्य में निपुण ढोल और मंजीरों के साथ चलने वाला गाना बजाना करती हुई उन्हें घेरे थी।[2]

उपर्युक्त तथ्यों से विदित होता है कि तत्कालीन समाज में संगीत जन्म संस्कारों, वैवाहिक संस्कारों में अपनी सर्वश्रेष्ठ भूमिका निभा रहा था और उसके ज्ञान के अभाव में जन्म विवाह आदि संस्कार अधूरे माने जाते थे। संगीतज्ञ का सम्मान अपनी इन विधाओं के कारण सर्वोपरि होता था चाहे वह किसी भी कुल का क्यों न हो। संगीत अपनी पवित्रता के लिए और लोगों के चरित्र को सुदृढ़ बनाने का महत्वपूर्ण साधन था।

बौद्धकाल में नट, नर्तक, गायक, भेरी वादक, नाटककार आदि की नगरों में स्वतन्त्र उपनिवेश की व्यवस्था थी। नर्तकी और गणिकाओं का संगीतज्ञ के रूप में विशेष स्थान था। संगीत कला में निपुण होने के कारण गणिकाओं को राजसभा में विशेष सम्मान दिया जाता था। गणिकाओं का जनपद कल्याणी के रूप में राष्ट्रीय सम्मान प्राप्त था। इनके लिए पंचशील की दीक्षा आवश्यक मानी जाती थी। कौटिल्य के

---

[1] शान्तिभिक्षु शास्त्री, ललित विस्तर, अध्याय बुद्धजन्म परिवर्त, पृ० (176)

[2] शान्तिभिक्षु शास्त्री, ललित विस्तर, अध्याय बुद्धजन्म परिवर्त, पृ० (179)

अर्थशास्त्र में सर्वाङ्गपूर्ण शासन के लिए गणिका संस्था की राजनीतिक उपयोगिता को प्रतिपादित किया गया है।[1]

बौद्धकाल में संगीत तथा नाटकों को राजाओं द्वारा आश्रय प्रदान किया जाता था। राजसभा में गायक, वादक, नर्तक नियुक्त रहते थे। राज्य में सामाजिक प्रसंगों में कुशल गणिकाओं को गायन, वादन, नृत्य के लिए आमन्त्रित किया जाता था। तत्कालीन लोक उत्सवों पर गायन वादन और नृत्य की त्रिवेणी प्रवाहित हो उठती थी। ऐसे सामाजिक व सामूहिक उत्सव 'समज्जा' या समाज कहलाते थे। अशोक के शिलालेखों से प्रमाणित होता है कि ऐसे समारोह नियमित रूप से आयोजित किए जाते थे। जनता खुलकर उसमे भाग लेती थी।[2]

बौद्धकाल में संगीत के वैदिक और लौकिक दोनों पक्षों का प्रचलन था। सामवेद की शिक्षा वैदिक अध्ययन के अंतर्गत मानी जाती थी तथा गंधर्व का अंतर्भाव शिल्प में किया जाता था। शिल्पों की शिक्षा के किए कन्दराओं के गूढ़ कूटागारों में विद्यालयों का निर्माण किया जाता था। सम्पन्न परिवार के बालक बालिकाओं की संगीत विद्या पर विशेष ध्यान दिया जाता था और मर्मज्ञता सुसंस्कृत व्यक्ति का आवश्यक गुण माना जाता था। संगीत का प्रयोग श्रृंगारिक और परमार्थिक दोनो कार्यों के लिए किया जाता था। बौद्ध विहारों में संगीत आराधना के लिए देवदासियां नियुक्त की जाती थी।[3]

इस युग की बौद्ध भिक्षुक नारियों ने अपने जीवन को आध्यात्मिक संगीत से पवित्र कर बुद्ध धर्म को देश के अंदर प्रचार करने का संकल्प लिया। उन्होने संगीत के माध्यम से अपने इष्ट देवता को पहचाना। थेरी गाथा जो कि बौद्ध भिक्षुणियों के भाव प्रवण गीतों का संग्रह है। इस गाथा में संगीत की छाप अत्यधिक गहरी है। इन गीतों में आध्यात्मिक

---

[1] डॉ0 परांजपे, भा० सं० का इतिहास, पृ० (172)

[2] ट्राइब्ज ऑफ एन्शियंट इंडियन, रिफरेन्स भा०सं० का ई० पृ० (218)

[3] डायलाग्स ऑफ बुद्धा भाग-4 पृ० (3) रिफरेन्स भा० सं० का इतिहास।

पृष्ट पर संगीत को सुशोभित किया गया था। इन गाथाओं में एक विशेष मृदुलता और आत्म समर्पण है। काव्य की उत्कृष्टता को लेकर डा0 वितर्नीज ने कहा था कि ऋग्वेदीय ऋचाओं से लेकर कालिदास और अमरु के गीत काव्यों तक इस समस्त प्रसार में, अपने सौंदर्य और शक्ति में ये गीत किसी रचना से नीचे न पड़ेंगे। थेरी गाथा के संगीतमय काव्य में बौद्धभिक्षुणियों के जीवन के सुख दुःख, क्लेश आदि, जीवन के विभिन्न पहलुओं को बड़े ही सजीव ढंग से प्रस्तुत किया गया है। इनके पूर्व के जीवन और बौद्धभिक्षुणियाँ बनने के बादके जीवन के अंदर का अपनी गाथाओं में बड़े सुंदर ढंग से चित्रण किया है। इन गीतों में संगीत की उच्च कोटी की कलात्मकता की झलक मिलती है।[1]

इस काल में संगीत जन साधारण में इतना लोकप्रिय हो गया था कि एक आम नागरिक भी जब अपने लिए घर बनाता है तो इसमे एक कक्ष विभिन्न कलाओं की साधना के लिए के लिए बनाता था। इसकी पुष्टि उस समय के लिखे एक नाटक मृच्छकटिक से होती है। इसमे शवलिंक नामक चोर चारुदत के घर में चोरी करने के उद्देश्य से जाता है तो उसमें बड़े आश्चर्य के साथ देखा कि उस नागरिक के घर में कहीं मृदंग, कहीं पणव, कहीं वेणु और कहीं पुस्तकें पड़ी है। इससे स्पष्ट होता है कि आमजन भी संगीत में विशेष रुचि लेते थे और संगीत उनके सामाजिक और सांस्कृतिक जीवन का अभिन्न अंग था।

शुद्रक विरचित मृच्छकटिकम् का निम्न श्लोक इस बात की पुष्टि करता है-

[1] उमेश जोशी, भारतीय संगीत का इतिहास, पृ0 (118-19)

अये, कथं मृदङ्गं, अयं दुर्दरः अथं पणवः इयमपि वीणा।
एते वंशाः। अमी पुस्तक। कथं नाटयाचार्यस्य गहमिदम्।।
अथवा भवनप्रत्ययात्प्रविष्टो ऽस्मि। तत्किं परमार्थ वरिषो ऽयम्।
राजभयाच्चौरभयाङ्का भमिष्ठं द्रव्यं धारयति। तम्मापिनाम्
शर्विलकस्य भूमिष्ठं द्रव्यम्। भवतु। बीजं प्रक्षिपामि।
निक्षिप्तं। बीजं न क्वचित्स्फारी भवति। अये, परमार्थदरिद्रोऽयम्, भवतु गच्छामि।।[1]

अर्थात्:- अरे यह मृदंग है, यह वीणा है, ये बांसुरियां और ये किताबें। क्या यह किसी नाच गाना सिखाने वाले का घर है? मैं तो ऊँची हवेली देखकर आया था, यह तो किसी गरीब का घर है। मगर कहीं ऐसा तो नहीं कि इसने राजा के या चोरों के डर से अपना सारा धन ज़मीन में गाढ़ रखा हो। ज़मीन में गाढ़ा हुआ धन शर्विलक का ही तो है। अच्छा तो बीज बिखेरता हूँ। जहाँ कहीं धन गढ़ा होगा, बीज फूल जाएगा। यहाँ तो एक भी दाना नहीं फूला यह तो सचमुच निर्धन है। अच्छा चलता हूँ।[2]

बौद्धकाल में संगीत कला का विकास भावात्मक कलात्मक सौंदर्यात्मक चेतनात्मक रुपतामक रंगात्मक और कलात्मक रुप में हुआ। इसलिए यह युग संगीत की दृष्टि से समृद्धशाली माना गया। संगीत ने इस युग के मानव की सुप्तावस्था को नष्ट किया और उसे भव्य जागरण के पथ पर ला खड़ा कर दिया और गौतम बुद्ध के सिद्धान्त जो उस समय के सामाजिक जीवन और सांस्कृतिक जीवन की आधार शिला बने। संगीत ने उन विचारों को और संदेशों को आन्तरिक और बाह्य रुप से समृद्ध बनाकर तत्कालीन समाज की संस्कृति को सही मार्ग की और उन्मुख किया।[3]

बौद्ध काल में संगीत का निर्माण मानव मात्र की भलाई के लिए उपयोग में लाया गया। संगीत का उद्देश्य विलासितापूर्ण वातावरण

---

[1] शूद्रक, मृच्छकटिकम्, तृतीय अंक।

[2] मृच्छकटिकम् का हिन्दी अनुवाद, अनुवादक श्री निवास शास्त्री, पृ० (99)

[3] उमेश जोशी, भारतीय संगीत का इतिहास, पृ० (120-21)

उत्पन्न करना नहीं बल्कि संगीत का प्रदर्शन मानव जीवन में नव चेतना और आध्यात्मिक प्रकाश को उत्पन्न करना था। उस समय संगीत के वास्तविक अर्थ को जनता के समक्ष प्रस्तुत किया गया। वही संगीतज्ञ सफल माना जाता था जो अपने संगीत से मानव मस्तिष्क के विकारों को निकाल बाहर कर दें। उस युग में संगीत और साहित्य ने मानव को स्फूर्तिपूर्ण बनाने वाले एवं आत्मिक तत्वों को रोशनी देने वाले गीत-संगीत का सृजन किया। उन गीतों में गौतम बुद्ध के दर्शन का साहित्य रहता। गावों और नगरों की सुप्त जनता को जगाकर उन्हें जीवन के नए पथ की ओर अग्रसर होने के लिए प्रेरित किया। उस प्रकार संगीत उस समय की संस्कृति के पुनरुत्थान का एक प्रमुख साधन बन गया।

4. 2 जैन काल की संस्कृति में संगीत का योगदान

जैनकाल के आने तक भारतीय संस्कृति में वैदिक संस्कृति और धर्म का प्रभाव था। परन्तु जैनकाल तक आते-आते भारतीय संस्कृति का सामाजिक जीवन जात-पात, कर्मकाण्ड, पशुबलि और इसमें ब्राह्मणों के अत्याधिक हस्तक्षेप से बुरी तरह प्रभावित होने लगा था। यज्ञकर्म और धर्म आडम्बरों का रूप लेने लगे थे। फलस्वरूप जनता में इस कर्मकाण्ड वाद, जातिवाद ब्राह्मणवाद के प्रति रोष प्रकट होने लगा था। लोगों ने इसके विरुद्ध अपने विचारों को प्रकट करना आरम्भ कर दिया। उसी समय इस भारत भूमि पर दो महापुरुषों ने जन्म लिया। महावीर स्वामी और गौतम बुद्ध। इन दोनों महापुरुषों ने अपने जीवन को आदर्श रखकर कठिन तपस्या कर भारतीय सामाजिक और सांस्कृतिक जीवन को एक नई दिशा प्रदान की। महावीर स्वामी जैनधर्म के प्रवर्तक हुए और गौतम बुद्ध बौद्धधर्म के प्रवर्तक माने गए। इनके काल में संगीत ने भारत की

संस्कृति के पुनरुत्थान में जो भूमिका निभाई उनका क्रमानुसार इस अध्याय में प्रस्तुतिकरण है।

जैनकाल का आरम्भ ई० पू० 599 वर्ष माना जाता है। जैनधर्म के प्रवर्तक महावीर का जन्म ई० पू० 599 को बिहार राज्य के मजफ्फरपुर के बासढ़ नामक स्थान पर हुआ। इनके बचपन का नाम वर्धमान था। जन्म से यह राजवंश के घराने के राजपुत्र थे। युवा होने पर यशोदा नामक सुन्दरी से इनका विवाह हुआ। जिससे उन्हें कन्या रत्न की प्राप्ति हुई। 30 वर्ष की अवस्था में यह घर बार छोडकर जंगल में तपस्या करने चले गए। 12 वर्ष बाद ज्ञान प्राप्तकर इन्होने सुख-दुख, लोभ, मोह, क्रोध, काम आदि पर विजय प्राप्त की जिस कारण लोग उन्हें जिन कहने लगे, जिसका अर्थ था जीतने वाला। इनसे जो धर्म चला वह जैनधर्म कहलाया। विभिन्न जनपदों में घूमकर अपने धर्म का प्रचार किया। जिसके फलस्वरूप भारत के आध्यात्मिक, कलात्मक, सामाजिक और सांस्कृतिक जीवन को और चिंतन को एक नई दिशा मिली।[1]

जैनधर्म के अनुयायी ईश्वर द्वारा दी गई आध्यात्मिक शक्तियों को जागृत करने के लिए संगीत का प्रयोग करते थे, क्योंकि संगीत मानव चित्त को एकाग्र करने का सर्वश्रेष्ठ साधन था।

संगीत पर जो एक मात्र अधिकार ब्राह्मणों के हाथ में था अब वह सर्व साधारण के हाथों में पहुँच गया। शूद्र जाति का होने के कारण ब्राह्मण उन्हें संगीत नहीं सिखाते जिसके फलस्वरूप वह संगीत के पावन ज्ञान और संगीत द्वारा ईश्वर आराधना से वंचित हो जाते। महावीर ने सर्वप्रथम संगीत को आम जनता के सिखाने और सीखने के लिए आवाज बुलन्द की। उन्होने संगीत सौंदर्य का पुनीत द्वार मानव मात्र के लिए मुक्त कर दिया जिससे शूद्रों और पिछड़ी जाति के अंदर भी संगीत की कलात्मक चेतना का आभिर्भाव होने लगा। वे अब संगीत का जीवन को सुंदर और पवित्र बनाने के मनोरम लक्ष्य में प्रयोग करने का दार्शनिक

[1] उमेश जोशी, भारतीय संगीत का इतिहास, पृष्ठ (109-10)

आदर्श समझने लग गए थे। वे संगीत को ईश्वर का सर्वश्रेष्ठ उपहार समझकर अपने जीवन के चरम लक्ष्य को पाने लग गए थे।

फलस्वरूप उनका जीवन बुराईयों से अलग रहने लगा। उनके चरित्र में सुधार होने लगा। उन्हें ज्ञात हो गया कि संगीत की साधना बही कर सकता है जो स्वभाव से निर्मल हो, सत्यवादी हो, अहिंसक हो। संगीत ऐसे साधक के लिए उपयोगी है। संगीत का आध्यात्मिक धरातल उच्च होने के कारण सर्व साधारण में एक नबीन हलचल, स्फूर्ति, नवीन वातावरण और श्रेष्ठ कल्पनाओं का जन्म हुआ। जनपदों के युग में संगीत के श्रेणियों में जो बांध दिया था उसे अब इस युग में मुक्त कर दिया गया। संगीत के पृथक-पृथक वर्ग नहीं रहे जिस कारण संगीत के विकास के लिए संगठित प्रयास होने से सामाजिक एकता पैदा हो गई। संगीत उस समय के सांस्कृतिक जीवन को एक जुट करने का साधन बन गया।[1]

विभिन्न वाद्यों का प्रयोग उस समय समाज में होने वाले सामाजिक उत्सवों में किया जाता था। विभिन्न धार्मिक महोत्सवों, रण प्रयाणों, संगीत गोष्टियों आदि अवसरों पर विविध प्रकार के वाद्यों का प्रयोग किया जाता था जिसमें मृदंग, भेरी, वीणा, पटह, वल्लकी वीणा, तूर्य आदि वाद्य यंत्र विशेष रूप से उल्लेखनीय है। राज्य के महत्वपूर्ण अवसरों पर संगीत गोष्टियों में संगीतकला का प्रदर्शन किया जाता था। संगीत विशारद विशेष उत्सवों पर अपनी कला का प्रदर्शन करते थे। इसके अतिरिक्त दैनिक कार्यकलापों में भी संगीत का विशेष स्थान था। संगीत के अनेक वाद्यों में तुरही, पटह आदि वाद्य यंत्र विविध गतिविधियों की सूचना देने के महत्वपूर्ण साधन थे। मृदंग आदि से बंदीगण प्रातःकाल आगमन की सूचना देते थे। राजा के प्रस्थान की सूचना देने वाले मृदंग आदि वाद्य यंत्रों से नगरवासियों को सचेत किया जाता था। पटह आदि वाद्य यंत्रों से नगरवासियों को युद्ध प्रयाण की

[1] उमेश जोशी, भारतीय संगीत का इतिहास, पृष्ठ (111)

सूचना दी जाती थी। देवमंदिरों में पूजा के अवसर पर भी संगीत एवं नृत्य प्रयोग आराध्य देव को प्रसन्न करने की विशेष विधि थी।[1]

जैन युग में संगीत कला को राजाश्रय प्राप्त था। कुछ राजा लोग अच्छे संगीतकार भी थे। राजा उदयन की कथा आवश्यक चूर्णिका में वर्णन है कि वह एक कुशल संगीतकार थे जो अपनी पत्नी के नृत्य के साथ वीणवादन से संगती करते थे। संगीत के बिशेषज्ञ गुणी व्यक्तियों को राज्य सभा में नियुक्त किया जाता था। संगीत कुशल गणिकाओं को राज सभा में सम्मान दिया जाता था। भारतीय जनता का लौकिक व्यवहार सदैव धर्म से अनुप्राणित रहा। जैन काल में जैनधर्म के प्रचार करने के लिए चलित नामक गीतों का उपयोग किया गया। महावीर के जीवन दर्शन संबन्धी नाटकों का अभिनय किया जाता था जिसमें जैन मुनि भी अभिनय में भाग लेते थे।[2]

नाटकों में संवादों को जीवन्त बनाने के लिए संगीत का सहारा किया जाता था जिसमें यह पता चलता है कि तत्कालीन समाज के सांस्कृतिक जीवन को नाटक में प्रस्तुत करने के लिए संगीत एक सशक्त माध्यम था। इस युग में संगीत ने एक ऐसा मोड़ लिया जो सबके लिए उपयुक्त और मुक्त था। जिस पर चलकर जैनधर्म संपूर्ण भारत में फैला और समृद्ध हुआ। मानव ने इस काल में संगीत का एक ऐसा स्वर्णिम प्रकाश अपने जीवन में देखा जिसने कराहती हुई मानवता के अंधकार को दूर भगा दिया। भूले भटकों को पुनः सही मार्ग दिखाया। इस युग में समाज का प्रत्येक वर्ग चाहे वह किसी वर्ण जाति का क्यों न हो, संगीत ने उसके जीवन में आशा की किरण में प्रवेश किया था। जिसके फलस्वरुप में तत्कालीन सामाजिक जीवन की कर्मशैली से देश पुनः समृद्धि की ओर अग्रसर हुआ।[3]

---

[1] डॉ0 मोहन चन्द, जैन महाकाव्यों में भारतीय समाज, पृ० (138)

[2] डॉ0 परांजपे, भारतीय संगीत का इतिहास, पृ० (180-81)

[3] उमेश जोशी, भारतीय संगीत का इतिहास, पृष्ठ (113)

निष्कर्षतः कहा जा सकता है कि जैनकाल में संगीत ने मानव जीवन के प्रत्येक पहलू को संजीवता प्रदान की। लोगों को जाति-पाति, वर्ण व्यवस्था, कर्मकाण्ड, यज्ञ के और धर्म के झूठे आडंबरों से मुक्त करवाया। उन्हें जीवन का श्रेष्ठ मार्ग दिखाकर सामाजिक जीवन में एक सूत्रता पैदा की। लोग अपने विलासिता पूर्ण जीवन से ऊपर उठकर संयमित जीवन जीने लगे। संगीत का प्रयोग जनसाधारण में उच्च आदर्श की स्थापना के लिए होने लगा। महावीर के उपदेशों की पृष्ठभूमि को संगीत ने अपना बल प्रदान किया जिससे मानव कर्मशील और सुन्दर आचरण करने लगा। संगीत ने भौतिक ऐश्वर्य के थोथे ज्ञान को हटाकर मानव को ईश्वरीय शक्ति की ओर अग्रसर किया और मानव जीवन के मूल्यों को सही अर्थों में समझने के लिए अपना बहुमूल्य योगदान दिया।

अध्याय - 5

मध्यकालीन संस्कृति के उत्थान में संगीत का योगदान

धर्म प्रधान देश होने के कारण भारतीय संस्कृति का प्रत्येक कार्य चाहे वह दार्शनिक चिंतन हो या चिंतन से प्रेरित कोई कर्म विशेष, वह धर्म के सही अर्थों के अनुशासन से बंधा रहा। सामाजिक, आर्थिक और राजनैतिक दृष्टि से वह मानव धर्म की सेवा की ओर उन्मुख रहा। आध्यात्मवादी संस्कृति होने के कारण अन्य संस्कृतियों की तुलना में इसकी सांस्कृतिक एकता समन्वय की भावना सहनशीलता अन्य संस्कृतियों से श्रेष्ठ मानी गई है। विदेशी आक्रमणों के कारण भारतीय समाज और संस्कृति को अत्याधिक हानि हुई। विदेशी शासकों ने अपनी संस्कृति को बलपूर्वक भारतीयों पर थोपने का प्रयास किया जिससे उनमें अपसी वैमनस्य की भावना पनपने लगी। हमारा भारतीय समाज रुढ़ियों अंधविश्वासों, सड़े - गले अस्वस्थ रीति-रिवाजों में जकड़ता जा रहा था। हर तरफ धर्म जाति नस्ल वर्ण के नाम पर घृणा ओर द्वेष की खाई बढ़ती जा रही थी। तभी भारत में एकता, मानवता, बंधुत्व, प्रेम, सौहार्द का आहान करते हुए भक्ति आंदोलन का सूत्रपात हुआ। भक्ति आंदोलन के भक्त संतों ने संगीत संकीर्तन को प्रभु भक्ति का प्रचार - प्रसार का माध्यम बनाया और प्रत्येक जन को भक्ति आंदोलन से जोड़ने का प्रयास किया।[1]

---

[1] नमिता बैनर्जी, मध्यकालीन संगीतज्ञ और उनका तत्कालीन समाज पर प्रभाव, पृ०

मध्यकाल में भक्ति की दो धाराएं समान रूप से प्रस्फुटित हुई। एक भारतीय संस्कृति की भक्ति धारा और दूसरी मुस्लिम संस्कृति की सूफी धारा। भक्ति की इन दोनों धाराओं ने संगीत का आश्रय लेकर अपने-अपने तरीके से लोगों को आपसी प्रेम और समन्वय की भावना से ईश्वर की ओर मोड़ने का प्रयास किया। इसका प्रभाव यह हुआ कि दोनों संस्कृतियों में संगीत की प्रमुखता होने के कारण भारतीय जनमानस ओर मुस्लिम समुदायों में आपस में प्रेम ओर सहिष्णुता की भावनाएं पनपने लगी। फलस्वरूप दोनों संस्कृतियों का सुन्दर समन्वय होने लगा और भारतीय संस्कृति को एक नई दिशा और चेतना मिलने लगी और पुनः उसमें एक नई जागृति का अनुभव होने लगा। उसमें नए अध्यायों का सूत्रपात आरम्भ हो गया।

विक्रमी सम्वत की 15वीं से 17वीं शताब्दी तक का काल सगुण और निर्गुण नाम की दो भक्ति धाराओं के अंतर्गत प्रवाहित था। पहली ज्ञानमार्गी संतो की धारा दूसरी सूफी मार्गी संतों की धारा। ज्ञानमार्गी भक्ति के प्रतिनिधि कबीर और सूफी मार्गी भक्ति के प्रतिनिधि मलिक मुहम्मद जायसी थे। सगुण भक्ति की दो उपशाखाएं राम भक्ति शाखा और कृष्ण भक्ति शाखा थी। राम भक्ति शाखा के प्रतिनिधि तुलसीदास और कृष्ण भक्ति शाखा के प्रतिनिधि सूरदास थे। निर्गुण भक्ति धारा के प्रतिनिधियों में कबीर ने और सूफियों ने अपने धर्म के प्रचार हेतु भारतीय राग-रागनियों का प्रचुर मात्रा में प्रयोग किया था। उसी प्रकार सगुण भक्तों के समस्त पद ईश्वर लीला के गुणगान से ओत-प्रोत होने के साथ-साथ लय ताल और राग-रागिनियों से संबन्धित थे। सूरदास से पूर्व भजन शैली के गायकों में अमीर खुसरो एवं गोपाल नायक का नाम बड़े आदर से लिया जाता है। दोनो भक्त भक्ति संगीत की सगुण और निर्गुण भक्ति धारा के प्रतिनिधि माने जाते है।[1]

---

[1] द्रष्टव्य, भक्ति संगीत, अंक 1970

उपरोक्त कथन यह स्पष्ट करता है कि मध्यकालीन संस्कृति में जो एक धर्मान्धता, रुढ़िवादिता आ गई थी उसे दूर करने के लिए भक्तों, संतों, और सूफी फकीरों ने संगीत का आश्रय लिया और भारतीय जनमानस के अंदर पुनः स्वाभिमान का भाव उत्पन्न कर उसे अपनी संस्कृति की ओर लौटने के लिए प्रेरित किया। मध्यकाल में भारत में मुगलों का और मुस्लमानों का राज़ था। मुस्लमान जब भारत आए तो उनके साथ सूफी संत भी भारत आए। इन सभी का अरब, इरान, बगदाह एवं फारस आदि देशों में बहुत महत्व था। अपने इष्ट को पाने लिए और अपने को पवित्र साधना में लीन होने के लिए यह संगीत को एक आसान और सुगम साधन मानते थे।

सूफी लोग परमेश्वर की प्राप्ति को ही अपना एक मात्र साधन मानते थे और इस प्रकार धन, वैभव तथा गृह परिवार आदि के प्रति उदासीनता का भाव रखते हुए केवल उसी के ध्यान एवं चिंतन में लगे रहना अपना धर्म समझते थे। ईश्वर के साथ मिलन और उनके प्रति सच्चे प्रेम को ही वे अपने जीवन का सर्वोच्च आदर्श मानते थे।[1]

सूफीवाद का जन्म इस्लाम के बाद हुआ जो आध्यात्म पर आधारित मानव एकता का संदेश देते हुए धर्मो के स्वस्थ समन्वय पर बल देता है। सूफी शब्द की व्युत्पत्ति सूफ या ऊन से मानी जाती है। ये लोग उन का लबादा पहनते थे।[2]

भारत में सूफी विचारधारा का विधिवत प्रचार 1186 ई० में शेख मोइनुदीन चिश्ती द्वारा हुआ। वे मुहम्मद गौरी की सेना के साथ दिल्ली आए थे। इनका एक मात्र उद्देश्य संगीत के माध्यम से इस्लाम धर्म का प्रचार करना था। जौनपुर के शर्की सुल्तानों ने भी संगीत को धर्म में

---

[1] परशुराम चतुर्वेदी, सूफी काव्य संग्रह, पृ० (16)

[2] द्रष्टव्य नमिता बैनर्जी, मध्यकालीन संगीतज्ञ और उनका तत्कालीन समाज पर प्रभाव।

विशेष महत्व दिया। इनमे हुसैन शर्की संगीत का विशेष प्रेमी था। उसने तो विभिन्न प्रकार के रागों का भी आविष्कार किया।[1]

सूफियों के दो लक्ष्य थे। एक अपनी आध्यात्मिक उन्नति करना और दूसरा इस्लाम एवं मानवता की सेवा करना। अपने लक्ष्य की प्राप्ति के लिए वे स्वेच्छा से भौतिक जीवन परित्याग कर निर्धनता, शाकाहारी आहार, शांति एवं अहिंसा में विश्वास रखते थे। ईश्वर के प्रति अपना प्रेम वे संगीत और भक्ति परक कविता द्वारा प्रकट करते थे। उनका विश्वास था कि ईश्वर प्रकाशमय, करूणामय और सर्वव्यापक है। सूफी संतों ने अपने भक्ति परक सिद्धान्तों को जन-जन तक पहुंचाने के लिए संगीत को माध्यम बनाया।[2]

सूफी संतो ने संगीत पद्धतियों को अपनाकर शासकीय एवं सामाजिक जन जीवन को अपनी ओर आकृष्ट करने में अभूतपूर्व सफलता प्राप्त की। कालान्तर में जब हिन्दु-मुस्लिम संस्कृति का आपस में सम्मिश्रण समन्वय सूफी आंदोलन एवं भक्ति आंदोलन के माध्यम से होने लगा। सभी वैष्णवों का भक्ति मार्ग, नाथ एवं सिंहों का योग मार्ग और सूफियों का प्रेम मार्ग दूध शक्कर के समान आपस में घुल मिल गए क्योंकि दोनों का लक्ष्य धर्म प्रचार और मानव कल्याण करना था।[3]

मुस्लमान जब भारत आए तो इरानी संगीत पद्धति पूरी तरह विकसित थी। फिर भी मुस्लिम बादशाह भारतीय संगीत से प्रभावित हुए बिना न रह सके, क्योंकि भारतीय संगीत केवल दरवार में सिमट जाने वाला संगीत ही नहीं था अपितु वह जनमानस को ईश्वर से जोडने वाली आध्यात्मिक शक्ति था। मध्ययुगीन भारतीय संगीत में अरबी, फारसी शैलियों का संयोग हमारी परम्परा को जब मिला तो उसमें आकर्षण का समावेश हुआ और उसकी भारी व कठिन परम्परा को हल्के फुल्के और

---

[1] एस.ए.रहमान - मीरात-ऐ-आफ्ताब-नुमा, पृ० (53)

[2] डॉ ताराचन्द, ईन्फ्लुएंस ऑफ इस्लाम आन ईण्डियन कल्चर, पृ० (83)

[3] डॉ0 माजिदा असद रसखान, काव्य तथा भक्तिभावना, पृ० (223)

सरल कण्ठ का योग मिला। इस नई धारा ने प्राचीन भारतीय राग को तरल कर दिया और शास्त्रीय लौकिक परम्परा की गंगा यमुना में सरस्वतीं की एक तीसरी धारा मिला दी।[1]

मुगल बादशाह अकबर भारतीय संगीत से इतना प्रभावित था कि उसने अपने दरवार में देश के महान संगीतज्ञों को संरक्षण देने का आह्वान किया और भारत भूमि को अपनी मातृभूमि मानकर यहां की कलात्मक सांस्कृतिक विरासत की रक्षा और विकास का संकल्प लिया। ग्वालियर रीवाँ, गुजरात, बंगाल, काश्मीर जौनपुर आदि दरबारों में पल्लवित संगीत को खूब सराहा और दरबारों में श्रेष्ठ संगीतज्ञों तानसेन, बैजूबावरा आदि को अपने दरबार में विशेष स्थान दिया। सम्राट अकबर संगीतज्ञों के संगीत से इतना प्रभावित हुआ कि उसे यह विश्वास हो गया कि संगीत केवल मनोरंजन का साथ नही नहीं अपितु आत्मोत्थान और आत्मानंद का साधन भी है। उसने अपने देश में चारों तरफ फैले संगीतज्ञों को अपने दरबार में सादर आमन्त्रित कर के विशिष्ठ स्थान दिया। संगीत एवं संगीतज्ञों को पूर्ण सम्मान मिलने लगा। दरबारी एवं भक्त संगीतज्ञों ने अपने मधुर शास्त्रीय एवं व्यवहारिक संगीत से ऐसा चमत्कारिक प्रभाव डाला कि समाज में समरसता एकरूपता आपसी समन्वय को बल मिलने लगा। स्वयं सम्राट को अपनी राजनैतिक और आर्थिक नीतियों में परिवर्तन करना पड़ा। सामाजिक नियमों में परिवर्तन आए। दरबार समाज से जुड़ने लगा। सभी को नागरिक अधिकार मिलने लगे। अनावश्यक प्रतिबंधों को तोड़कर फेंक दिया गया। जज़िया कर समाप्त कर दिया गया। गो हत्या पर निषेध लगा दिया गया। सभी को धार्मिक स्वतन्त्रता प्रदान की गई। सामाजिक धार्मिक त्योहार समारोह धूम-धाम से दरबार में समाज से जुड़कर सम्पन्न होने लगे। यह सब क्रान्तिकारी परिवर्तन दरबारी एवं भक्त संगीतज्ञों की ही देन थी, जिन्होने अपने

[1] आचार्य बृहस्पति व सुलोचना बृहस्पति खुसरो तान व अन्य कलाकार, पृष्ठ (11)

भावमय संगीत को माध्यम से भेदबुद्धि को समाप्त करते हुए प्रेम सोहार्द्र को महत्व दिया।[1]

मुस्लिम संस्कृति से मिलकर भारतीय संगीत का सौंदर्य समृद्धशाली होकर उसमे एक ऐसी मंत्रमुग्धता आ गई जिससे भारतीय संगीत और अधिक आकर्षक हो गया। मुस्लिम संस्कृति के संगीत के लावण्य से भारतीय संगीत जनमानस के अत्यंत निकट आ गया और लोकप्रिय होने लगा।[2]

उपरोक्त कथन से पता चलता है कि हमारे भारतीय समाज का और संस्कृति का अटूट संबन्ध रहा है और भारत में पहले से ही संगीत धर्म और समाज से जुड़ा हुआ था। इसलिए संगीत का और संगीतज्ञों का प्रभाव भी समाज और संस्कृति पर पड़ना स्वाभाविक था। मध्यकाल के संगीत ने हमारी भारतीय संस्कृति को एक नई दिशा और उदार चिंतन प्रदान किया। देश काल और जाति के बंधन को तोड़कर संगीत ने अलगाववाद और सांप्रदायिकता जैसे संकीर्ण विचारों को उखाड़ फेंका था। इसीकारण दोनों संस्कृतियां आपस में घुलमिल गई। परिणामतः तत्कालीन समाज इस संगीत के कारण भावनात्मक एकता से जुड़ने लगा।

सम्राट अकबर के शासनकाल में संगीत के कला प्रवाह में धर्म तथा जाति के बोध बह गए। भिन्न-भिन्न धर्मो के अनुयायी और भिन्न-भिन्न क्षेत्रों के हिन्दू, इरानी, तुर्क, कश्मीरि स्त्री-पुरुष संगीतकार भारतीय धर्म संस्कृति और समाज से जुड़ गए। इससे स्पष्ट होता है कि संगीत स्वयं एक संस्कृति है जिसके सामाजिक समन्वय के तत्व अन्य कलाओं से बहुत अधिक है। इस युग में ऐसे उदाहरणों की कमी नहीं है जिससे यह स्पष्ट हो जाता है कि धर्म तथा जाति का विरोध भूलकर विजातीय गुरू

---

[1] नमिता बैनर्जी मध्यकालीन संगीतज्ञ और उनका तत्कालीन समाज पर प्रभाव, पृष्ठ (125-126)

[2] वण्डारे प्रमदा- द न्यू आउट लुक ऑफ इण्डियन कल्चर, पृ० (20)

अथवा उस्ताद से संगीत प्रेमियों ने संगीत की शिक्षा ली। अकबर ने स्वयं लाल कलावंत से, तानसेन और बैजुवावरा ने स्वामी हरिदास से संगीत की शिक्षा ली। इतना ही नहीं परस्पर विवाह भी हुए। वास्तव में संगीत ही समाज को संस्कृति को जातीय संकीर्णता से ऊपर ले जाने वाला तत्व है।[1]

दरवारी एवं भक्त संगीतज्ञों ने भक्ति संगीत के द्वारा सामाजिक और नैतिक चरित्र को ऊँचा उठाने का प्रयास किया। इस्लामी रहस्यवादी चिंतक सूफी संतों ने संगीत को आधार मानकर ईश्वरीय ज्ञान एवं धर्म निरपेक्षता का उपदेश जनता के बीच देना प्रारम्भ किया। अब लोग भारतीय संस्कृति की विधाओं की साधना करने लगे। जिसके फलस्वरूप मध्यकालीन अनैतिकता, बलातता की आँधी थमने लगी। भारतीय जनमानस दिशा भ्रम से मुक्ति पा अपने गन्तव्य की ओर उन्मुख होने लगे। धर्मनिष्ठ सूफी संत अपने त्यागमय जीवन एवं संगीतमय धर्मोपदेश से भारतीय संगीत और साहित्य अपनी उच्चतम स्थिति को प्राप्त होने लगा। समाज सुधार एवं स्वच्छ सामाजिक पर्यावरण हेतु अनेक संप्रदायों का उदय हुआ। ये संगीतज्ञ ईश्वर की लीलाओं से परिपूर्ण गेय पदों को ध्रुपदशैली के प्रचलित तालों में निबद्ध कर सामयिक रागों में गाकर अपने अराध्य को प्रसन्न करते थे। तदर्थ शिष्यों को भी इसी उद्देश्य से प्रशिक्षित किया जाता था। ये भक्तजन कृष्ण जन्म की बधाई, रास होली, वसंत, वर्षा, मल्हार, हिन्डोला आदि के अवसर पर ऋतु प्रधान रागों का गायन वादन करके विशेष आनन्द की अनुभूति करते थे। अतः भक्त संगीत द्वारा गाए जाने वाले भक्ति संगीत को बालक जन्म उत्सव आदि त्योहारों में गाया जाने लगा।[2]

---

[1] डॉ० नज़्मा प्रवीण द न्यू आऊट लुक ऑफ इडियन कल्चर, पृ० (20)

[2] पं0 भातखण्डे-A short Historical Survey of the Music of the Upper India. Page (129

मध्यकाल में संगीतज्ञों ने अपने युग परिवर्तन की शक्ति को अभिव्यक्त किया। मांगलिक शुभ अवसरों पर समाज में संगीतज्ञों को सर्वश्रेष्ठ सम्माननीय स्थान मिला। जन्म, नामकरण, यज्ञोपवीत विवाह आदि अवसरों पर संगीत को विशिष्ट स्थान मिलने लगा। व्यक्ति से ही समाज की रचना होती है। वही सामाजिक जीवन के लिए आदर्श बन जाती है। भक्त संगीतज्ञ युग-युग से हमारी संस्कृति के संरक्षक बने। अतः स्मरणीय संगीतज्ञों ने निष्काम और निस्वार्थ भाव से साहित्य और संगीत द्वारा अशान्त मानव समाज को मंगलमय बनाया। संगीत हमारे समाज में मनोरंजन की कला के रूप में ही नहीं रहा अपितु मानव के सर्वाङ्गीण विकास, सुसभ्य समाज के स्वस्थ सुखी और संपन्न जीवन के परिचायक के रूप में एक महत्वपूर्ण अध्ययनीय विषय बन गया। जीवन के पाखण्ड स्तर से ऊपर, चिंता उद्विग्नता से परे **'स्वान्तः सुखाय' 'मनोरंजनार्य चिन्तवृत्ति निरोधाय च'**। क्योंकि जब तक चित्त वृति का निरोध नहीं होता आत्मिक आनंद की अनुभूति नहीं हो सकती। उपासना के साथ-साथ यहाँ काव्य पक्ष और संगीत को उदात्त रूप से भाव पक्ष का उन्मुक्त विकास मिला। इस प्रकार भारत में काव्य संगीत के विकास की गाथा उपासना और दरबार दोनों के ही सहारे फूली फली।

मध्यकाल में भजन कीर्तन पद्धति को मुखर बनाने के लिए आचार्य बल्लभ के द्वितीय पुत्र गुंसाई विठ्ठल नाथ जी ने चार महान भक्त कवियों सूरदास, कुम्भनदास, परमानंददास, कृष्णदास को अपने पुनीत मार्ग में दीक्षितकर कृष्णलीला गायन को प्रेरित किया। इस प्रकार इन भक्त कवियों ने भक्ति संगीत की पावन धारा से सम्पूर्ण देश और समाज को भक्ति रस में डुबोकर जीवन के वास्तविक सौंदर्य को उद्घाटित किया। तत्कालीन समाज में इन भक्त कवियों का प्रभाव पड़ने का यह भी एक

सबसे बड़ा कारण था कि यह भक्त कवि होने के साथ-साथ उच्च कोटी के गायक भी थे।[1]

अकबर भारत के सांस्कृतिक मूल्यों एवं परम्पराओं से बहुत प्रभावित था। अकबर ने इस्लाम धर्म एवं भारतीय धर्म चिंतन में समन्व्यात्मक दृष्टिकोण को अपनाने की पहल की और कला को धर्म से जोड़कर एक आध्यात्मिक शक्ति के रूप में स्वीकार किया। सम्राट की विचार शक्ति स्पष्ट, विश्लेषणातमक एवं शोध पर्यन्त थी। अकबर एक चतुर, सफल कूटनीतिज्ञ, उच्चकोटि का प्रशासक एवं योद्धा था। वहीं उसने अपने व्यक्तिगत जीवन में और राजनैतिक गतिविधियों में सरसता मधुरता लाने के उद्देश्य से, आत्मिक सुख शांति आनंद के लिए ललित कलाओं में संगीत को आध्यात्मिक प्रेरणा के रूप में महत्व दिया। उसने संगीत के माध्यम से हिन्दु-मुस्लिम एकता का धर्म जाति के नाम पर वैमन्स्य विभेद को भी दूर करने का प्रयास किया। दरबार में और दरबार से बाहर सभी संगीतज्ञों को सम्मान, संरक्षण एवं स्वतन्त्रता प्रदान की। अकबर जन्म से ही उदार विशाल और राष्ट्रीय चिंतक था।[2]

अकबर ने सर्वप्रथम सुलह की नीति अपनाते हुए, सदभावना, समानता, स्वतन्त्रता, समन्व्यात्मकता के सिद्धान्तों पर अपने साम्राज्य की नींव रखी। इस तरह वह भारत की बहुसंख्यक हिन्दु जनता को अपने पक्ष में रखने में सफल हो गया।[3]

भारतीय संगीत के उत्कर्ष की दृष्टि से सम्राट अकबर का काल स्वर्णयुग था। संगीत के शिल्पक एवं आत्मिक तथा कलात्मक ज्ञान की अभिवृद्धि अपने पराकाष्ठा पर थी।[4] अकबर के लिए संगीत केवल

---

[1] दासो वैष्णव की वार्ता नमिता बैनर्जी, मध्यकालीन संगीतज्ञ और उनका तत्कालीन समाज पर प्रभाव, पृष्ठ (129)

[2] R.P. Tripathi Rise and faul of Mughal Empire। Page (344)

[3] प्रो० भार्गव राजस्थान का इतिहास, पृष्ठ (156)

[4] Arvo Gaurge The science of Indian Music. Page (40)

मनोविनोद का एक मात्र उपकरण ही नहीं था अपितु आत्म विकास का एक शक्तिशाली संबल था। वह धार्मिक संगीत को बहुत पसंद करता था। वह धर्म का प्रचार भक्त संतों की तरह संगीत के द्वारा अधिक श्रेयस्कर समझता था।[1] इस युग में भारतीय संगीत का महत्व और उसकी उपयोगिता देश के कोने-कोने में व्याप्त हो गई थी। संगीत का स्तर निरन्तर ऊँचा उठता रहा, संगीत की पवित्रता और उज्ज्वलता और आध्यात्मिकता बनी रही। जहां राजधानी पर संगीत का अधिकार था वहाँ देश की अन्य रियासतों में संगीत को अन्य कलाओं से श्रेष्ठ स्थान प्राप्त था। काबुल, गजनी, कन्धार से लेकर आसाम तथा कश्मीर से मध्य भारत की सीमाओं तक भारतीय ध्रुवपद शैली की गूँज रही। ख्याल और अन्य गायकियां प्रचलित थी। एक ओर तानसेन शास्त्रीय और सम्मोहक गायकी का इतिहास रच रहे थे तो दूसरी ओर भक्ति आंदोलन के प्रणेता भक्त संतों के भक्ति संगीत के शब्द, लय, ताल, स्वर चारों ओर गूंज रहे थे। ये सभी भक्त कवि अपने आराध्य को रिझाने के लिए भक्ति संगीत का सहारा ले रहे थे।[2]

आईने अकबरी में अबुल फजल लिखता है "सम्राट संगीत की ओर अधिक ध्यान देता था। जो व्यक्ति इस मोहक कला को सीखता उसे वह सहायता प्रदान करता।"[3] उसने हिन्दु गायन पद्धति का ज्ञान लाल कुलवन्त से सीखा था। लाल कुलवन्त ने उसे हिन्दी भाषा से सम्बन्धित प्रत्येक स्वर और लय सिखाई थी। वह भी कुशल संगीतज्ञ था और नक्कारा बजाता था।[4] आईने अकबरी में अबुल फ़ज़ल 36 श्रेष्ठ संगीतज्ञों के नाम देता है। अकबर ने उन्हें सात समूहों में बाँट दिया था। प्रत्येक समूह सप्ताह में किसी नियत दिन विशेष में बादशाह को संगीत

---

[1] उमेश जोशी, भारतीय संगीत का इतिहास, पृ० (73-74)

[2] भगवत शरण शर्मा, भारतीय संगीत का इतिहास, पृ० (73-74)

[3] अबुल फजल, आईने अकबरी भाग-1, द्वितीय संस्करण, पृ० (681)

[4] तुज़के जहांगीरि, अनुवाद- श्रीमती रोजर्स बैवरिज।

सुनाता था। उसने उस युग के श्रेष्ठतम गायक तानसेन को अपना दरबारी संगीतज्ञ नियुक्त करने के लिए उसके आश्रयदाता रीबां नरेश रामचन्द्र से युद्ध करने के लिए भी तैयार हो गया। परन्तु बाद में तानसेन के कारण युद्ध टल गया। अंततः तानसेन अकबर के दरवार में लाए गये और दरवार में उच्चस्थ स्थान उनको प्राप्त हुआ। अकबर तानसेन के गायन से बहुत प्रभावित था। तानसेन ने अकबर के संरक्षण में अनेक रागों और बंविशों की रचना की।

तानसेन की गायकी से प्रभावित होकर सम्राट ने उसे **बपष्ठाभरण वाणी विलास** की उपाधि से सुशोभित किया जो तानसेन की योग्यता के साथ-साथ अकबर के हृदय में स्थित विशुद्ध सांगीतिक प्रेम का प्रमाण था। तानसेन की मृत्यु पर अकबर ने कहा था कि पिछले एक हजार वर्ष में ऐसा गायक नहीं हुआ।

अतः संगीत के प्रति अकबर की इस रुचि और उसकी संरक्षता के कारण गायन और वावन बोनों की उन्नति हुई। उसके बरबार में हिन्दु और मुस्लिम संगीत पद्धतियों का खुले रूप में मिश्रण हुआ और अंत में बोनों संगीत शैलियां आपस में इतनी घुल मिल गई कि उनको अलग-अलग पहचानना मुश्किल हो गया।[1]

मध्यकाल में उत्तर भारत में भक्ति आंदोलन ने जोर पकड़ा। इस आंदोलन में भजन कीर्तन को माध्यम बनाया गया। भक्ति आंबीलन को जन-जन में लोक प्रिय बनाने के लिए भक्तों के नाम संकीर्तन का प्रयास किया और इस प्रकार संगीत का महत्त्व विन प्रतिदिन बढ़ता गया। मुगल काल में स्पष्ट विशा निर्देश बेने वाला सशक्त आंदोलन बन गया। बाबर, हूमांयु, अकबर जैसे महान सम्राटों पर भक्ति संगीत का बहुत प्रभाव पड़ा। वे अपने आप को संगीत के असीम आवन से अलग नहीं रख सके। इसी प्रकार भक्ति आंबोलन के साथ-साथ इस्लाम धर्म के वक्ष स्थल से

---

[1] नमिता बैनर्जी, मध्यकालीन संगीतज्ञ एवं उनका तत्कालीन समाज पर प्रभाव, पृष्ठ (09)

निकला हुआ सूफी आंबोलन मुस्लिम एवं मुगल बादशाहों के संरक्षण में भारत में बहुत प्रभावी आंदोलन सिद्ध हुआ। संगीत को इस्लाम धर्म से जोड़ने के लिए सूफी संतों ने अपने तक प्रस्तुत करके गायन वादन और नृत्य तीनों को लोक प्रिय बनाया। सुल्तानों ने मुगल बादशाहों ने संगीत को राजाश्रय प्रदान किया और संगीतज्ञों को प्रोत्साहन दिया। मुगल काल में संगीत अपनी लोकप्रियता की चरम सीमा तक पहुँच गया था।[1]

साहित्य या कला कोई देवी विधान अथवा प्रतिमा का विस्फोट न होकर अनेक प्रकार के संघर्षों एवं अंतर्विरोधों से भरे पूरे तथा उनके माध्यम से विकसित होने बाले सामाजिक जीवन का मूर्त रूप है। ये विशुद्धतः मानवीय उपलब्धियां है जिन्हें सामाजिक जीवन के साथ अपने दीर्घकालीन साहचर्य और विकास के क्रम में मनुष्य अर्जित एवं विकसित करता है। सामाजिक परिस्थितियों से प्रभावित मनुष्य की चेतना जितना सूक्ष्म और चिंतन युक्त होती गई उसकी कला में उतना ही निखार आता गया। वस्तुतः उल्लसित होकर नाचना या एकाएक गा उठना तो बर्बर उल्लास का ही परिणाम हो सकता है और संगीत का आरम्भ भी उसी आधार से हुआ, परन्तु चिंतन का सम्यक् स्पर्श मिलने से एक पद्धति का उदय होने लगा और धीरे-धीरे गीत, नृत्य और वाद्य के संयोग ने उस पद्धति को कला का रूप दे दिया। कला सजग प्रयास और गुनी हुई साधना का पद्धति रूप है। वह अनायास उद्भूत नहीं होती। कला की अभिव्यक्ति अपने लिए नहीं दूसरों के लिए होती है।[2]

संगीत एक आदिकालीन कला है। सृष्टि के साथ ही इसका जन्म माना गया। प्राण वायु और अग्नि के संयोग से उत्पन्न ध्वनि को नाद कहा गया और इस नाद को ब्रह्म की संज्ञा दी गई। नाद ही संगीत का मूलाधार माना गया। नाद की महिमा में कहा गया है कि-

---

[1] डॉ0 नमिता बैनर्जी, मध्यकालीन संगीतज्ञ और उनका समाज पर प्रभाव, पृ० (2)

[2] डॉ0 प्रेमलता शर्मा, संगीत में रस तत्व, पृष्ठ (29)

नास्तिनादात्परो भंगः न देवः स्वात्मनः परः।
नानुसंधे परापूजा न हि तृप्तेः परम सुखम्।।

मुरुदेशी, श्लोक, 16-17

अर्थात्:- नाद से बड़ा कोई मंत्र नहीं है। आत्मा से बढ़कर कोई देवता नहीं है। इसके अनुसंधान से बढ़कर कोई पूजा नहीं और तृप्ति से बढ़कर कोई सुख नहीं। नाद ने ही भाष को जन्म दिया और भाषा ने भावाभिव्यक्ति को प्रोत्साहित किया। भावाभिव्यक्ति ने समाज का निर्माण किया तथा समाज ने संस्कृति को सम्पन्न बनाया।[1]

मध्यकालीन युग विशेषकर अकबर के समय का युग, भारतीय संस्कृति और समाज के उज्ज्वल स्वरूप की दृष्टि से, भावात्मक एकता, सुख शांति सुयोग्य राज प्रबन्ध एवं ललित कलाओं के विकास के लिए स्वर्ण युग था। वह स्वयं इस्लाम धर्म एवं संस्कृति का सच्चा संरक्षक सच्चा मुस्लमान बादशाह था। लेकिन संतों एवं सूफी विचारधारा और उनकी सत्संगति ने हिन्दु महाराजाओं एवं रानियों के सह संपर्क ने एवं तद्युगीन प्रवाहित हिन्दु मुस्लिम एकता की धारा ने उसे राष्ट्रीय एकता का सामाजिक समानता का एवं मानवतावाद का मार्ग दिखाया। सम्राट अकबर ने एक हिन्दु राणा के राजप्रसाद में जन्म लिया था और बाल्यावस्था में एक ऐसे वातावरणमें उसका पालन पोषण हुआ जिसने अकबर के धार्मिक विचारों को स्वतन्त्र बनाने में सहायता दी। अकबर की राजपूत मैत्री संबन्धी वैवाहिक नीति अंतर्गत राजपूत स्त्रियों से विवाह, उन्हें अपने हरम में पूर्णसम्मान, स्वतन्त्रता का जीवन प्रदान करना, उनके धर्म एवं संस्कृति, सामाजिक रीति रिवाज समारोहों की पूण मान्यता देना स्वयं उसमें सम्मिलित होकर हिन्दु मुस्लिम संस्कृति की एकता को

[1] डी० नमिता बनर्जी, मध्यकालीन संगीतज्ञ और उनका तत्कालीन समाज पर प्रभाव, पृष्ठ (132)

बढ़ावा देना उसकी धार्मिक सहनशीलता, सामाजिक उदारता और विशालता का परिचायक थी।[1]

मध्यकाल में भक्ति आंदोलन अपनी चरम सीमा पर था। उस समय भक्ति संगीत तत्कालीन समाज और संस्कृति पर अपना स्थाई प्रभाव डाल रहा था। उस युग में संगीत मात्र मनोरंजन का ही साधन नहीं था अपितु आत्मोत्थान का साधन भी था। आत्मिक क्षुधा को शांत करने वाला साधन भी था जो आत्मविभोर करके ईश्वरी सद्गुणों सदविचारों की ओर उन्मुख करता था। सम्पूर्ण उत्तर भारत में भक्त सूरदास, स्वामी हरिदास, मीरा, तुलसीदास अष्टछाप के सभी संतों के नाम कभी भी विस्मृत नहीं किए जा सकते। जिन्होंने अपनी विलक्षण काव्य और संगीत प्रतिमा के द्वारा संपूर्ण जनमानस की अन्तरात्मा को झकझोर डाला। चारों तरफ भक्ति का उन्माद छा गया था। आनंद प्रेम का संगीत गूंजने लगा था। साम्प्रदायिकता का चिह मात्र भी दिखाई नहीं देता था। दरबारी संगीतज्ञों ने और संत संगीतज्ञों ने संगीत के माध्यम से बिना किसी भेद भाव के सभी धर्मो, संप्रदायों, जातियों के बीच भावनात्मक एकता उत्पन्न कर दी जिससे परस्पर प्रेम सौहार्द का वातावरण उत्पन्न होने लगा।[2]

जहां तक संगीत का संबन्ध है इसे इस्लाम स्वीकार नहीं करता। आरम्भिक तुर्की सुल्तानों ने संगीत को दरबार में एवं समाज में कोई विशेष महत्व नहीं दिया। लेकिन धीरे-धीरे तुर्की सुल्तानों ने अनुभव किया कि भारत के धर्म समाज एवं संस्कृति में संगीत का एक अपना विशिष्ट स्थान है। प्रत्येक सामाजिक धार्मिक संस्कार संगीत के द्वारा ही संपन्न होते है। देव मंदिरों में वृन्दगान भजन कीर्तन की परम्पराएं बहुत प्राचीन है। भक्ति आंदोलन में भी संगीत को कलियुग का श्रेष्ठ संबल

---

[1] डॉ0 हरिराम गुप्ता, हिस्ट्री ऑफ ईण्डिया, पृ० (150)

[2] डॉ० नमिता बैनर्जी, मध्यकालीन संगीतज्ञ और उनका तात्कालीन समाज पर प्रभाव, पृष्ठ (133-134)

माना, आंदोलन को जन-जन से जोड़ने का साधन कहा। अतः इस्लाम धर्म में सूफी चिंतन पर भक्ति संगीत का सर्वप्रथम गहरा प्रभाव पड़ा और उन्होंने भी भारत में इस्लामिक रहस्यवाद को लोकप्रिय बनाने के लिए संगीत को प्रचार के लिए माध्यम बनाया। धीरे-धीरे इस्लाम धर्म के समर्थकों ने साज-संगीत और ध्रुपद की हिन्दु शेली को अपना लिया। अमीर खुसरो ने कव्वाली का आविष्कार कर उसे जनसाधारण में लोक प्रिय बनाया।[1]

मध्यकालीन संगीतज्ञों की सूझ-बूझ और चिंतन शक्ति समाज एवं जीवन के नजदीक जुड़ी हुई थी। उन्होंने समाज की बदलती रुचियों और परिस्थियों के साथ अपनी कला को उसी ओर मोड़ने का प्रयास किया जैसे उस युग में भक्ति संगीत की प्रधानता थी तो भक्ति संगीत को ही अपनाया गया। तभी उस युग के संगीतज्ञ जन-जन को प्रभावित कर सके। भारतीय जीवन के प्राण संत महापुरुषों ने काव्य एवं संगीत के माध्यम से भक्ति उपासना ज्ञान धर्म आदि की शिक्षा देकर मृत प्रायः भारतीय समाज को जीवनदान दिया। गोस्वामी तुलसीदास का **रामचरितमानस** जिसमें राम का मर्यादावाद एवं आदर्शवाद चित्रित करके समाज के प्रत्येक नागरीय एवं ग्रामीणों को प्रभावित करता है। मानस का काव्यगान जन मानस को आलौकिक आनंद प्रदान करके भगवद् उपासना की प्रेरणा देते हैं। सूर और मीरा के पद समाज पर अपनी अमिट छाप डालते हैं। सूरदास ने ही सर्वप्रथम संगीत का संबन्ध जीवन से जोड़ा। मीरा के संगीत ने सैंकड़ों भारतीय नारियों को पदभ्रष्ट होने से बचा लिया। नारियों के अंदर नारीत्व की उच्च गौरव नाटिका जागृत हुई। 2

---

1 हायर हिस्ट्री ऑफ इण्डिया, प्रो० गुरुचरण सिंह, प्राण, खोसला, पृ० (288)

2 डॉ0 नमिता बैनर्जी, मध्यकालीन संगीतज्ञ और उनका तत्कालीन समाज पर प्रभाव, पृ० (128,130)

अतः मध्यकालीन संगीत ने समाज और संस्कृति को गौरवान्वित कर भारतीय संस्कृति को एक नई दिशा दी। धर्म और संस्कृति की गरिमा को पुनः प्रतिष्ठा दिलवाई। संतों के संगीतमय काव्य से भारतीय जनमानस में अपनी संस्कृति के प्रति गौरव की भावना उत्पन्न हुई। संगीत तत्कालीन समाज और संस्कृति के पुनरुत्थान का एक सशक्त माध्यम बना जिससे पूरे भारत वर्ष में समानता, एकता, आपसी भाईचारे की भावना को बल मिला।

अध्याय - 6

आधुनिक कालीन संस्कृति के उत्थान में संगीत का योगदान

आधुनिक काल की संस्कृति में संगीत का योगदान

यवनों के शासनकाल का अंतिम चरण यवन संस्कृति के संक्रमण का काल था। इस समय अंग्रेजी शासकों ने यवनों के शासन कार्य पर अपना प्रभुत्व जमा लिया और मुस्लिम सता के शिथिल होने और अंग्रेजों के पूर्णता आधिपत्य जमाने के बीच जो सामाजिक व्यवस्था में अस्थिरता आई उसके फलस्वरूप संगीत सहित अन्य कलाओं के साथ-साथ भारतीय संस्कृति के सामाजिक मूल्यों में भी शिथिलता आनी प्रारम्भ हो गई। संगीत एक भोग विलास की वस्तु बनकर रह गया।[1]

अंग्रेज भारतीय संगीत को अच्छी दृष्टि से नहीं देखते थे। साथ ही अंग्रेजी सभ्यता का प्रभाव यहां की रियासतों पर भी पड़ा जिसके फलस्वरूप राजा लोग भी संगीत के प्रति उदासीनता का भाव रखने लगे। इस प्रकार रियासतों में जो संगीत को आश्रय मिलता था उसमें बाधा आने लगी। फिर भी खास-खास रियासतों में विभिन्न घरानों के संगीतज्ञ साधना में लीन रहे।[2]

---

[1] अशोक कुमार, संगीत और संवाद, पृ० (275)

[2] बसन्त, संगीत विशारद, पृ० (28)

इन साधनारत संगीतज्ञों के सतत प्रयत्नों के फलस्वरूप ही कालान्तर में घरानों का उद्भव हुआ। लेकिन समाज में निकृष्ट समझे जाने वाले व्यसायी स्त्री-पुरुषों के हाथों में चले जाने से संगीत जिस रूप में सामान्य व्यक्तियों द्वारा प्रयुक्त किया जाने लगा उसे समाज के सभ्य वर्ग में निषिद्ध माना जाने लगा। दूसरी ओर घरानेदार संगीतज्ञों के माध्यम से संगीत के क्रियात्मक स्वरूप का तो संरक्षण हुआ परन्तु शास्त्रबद्ध रूप में उसका सैधान्तिक विकास उपेक्षा का शिकार रहा। कालान्तर में कुछ अंग्रेजी विद्वानों जैसे विलियम जॉन्स, कैप्टन विलाड, कैप्टन डे, सर क्लेमेन्टस आदि ने संगीत कला के कलात्मक तत्वों से एवं व्यक्तिगत विकास में संगीत की संवेदनात्मक शक्तियों से पूर्ण परिचित होने के कारण भारतीय संगीतकारों की कला का अध्ययन करके उसके सैद्धान्तिक मनोवैज्ञानिक और वैज्ञानिक पक्षों को उभारने में जो योगदान दिया उससे भारतीय शिक्षित समाज में संगीत के प्रति आदर का भाव जागृत होने लगा।[1]

19वीं शताब्दी तक भारतीय संगीत राजदरवारों की सीमा में बंद रहा था। स्वतन्त्रता के बाद हमारे देश में नए युग का सूत्रपात हुआ। देश के प्रत्येक क्षेत्र में एक क्रान्तिकारी परिवर्तन आया। प्रजातन्त्र की स्थापना हुई। जिससे देश की राजनैतिक, सामाजिक और आर्थिक स्थिति में भी परिवर्तन आए। इन परिवर्तित परिस्थितियों के अनुरुप मानवीय भावनाओं का जों आधुनिकिकरण हुआ उसके परिणामस्वरूप भारतीय संगीत ने भी एक नई करवट ली। आधुनिक काल की सामाजिक स्थिति का अध्ययन करने पर ज्ञात होता है कि वह युग सामाजिक संक्रमण का काल था। उस समय जीवन के अनेक क्षेत्रों में परिवर्तन हुए और राजनैतिक आज़ादी के साथ-साथ हमारे नेताओं, समाज सुधारकों और जननायकों ने सामाजिक अंधविश्वास और सामाजिक कुरीतियों के विरुद्ध आवाज उठाई थी जिससे पर्दा प्रथा जैसी कुरीतियों, मंत्र-तंत्र,

---

[1] अशोक कुमार, संगीत और संवाद, पृष्ठ (275)

जादु-टोने जैसे अंधविश्वासों की जड़ों को उखाड़ फेंकने के लिए कमर कस ली। क्योंकि उनका मानना था कि सामाजिक चेतना के अभाव में स्वतन्त्रता प्राप्ति का लक्ष्य पूरा नहीं हो सकता।[1]

संगीत कला का उपयोग भी इसी आंदोलन को सफल बनाने के लिए प्रयोग किया गया। संगीत जन आकर्षण एवं प्रचार प्रसार के लिए सबसे सरल और सहज साधन माना गया। भगवान का मनुष्य जाति के लिए संगीत सबसे बड़ा वरदान है। वह जन्म से मृत्यु पर्यन्त तक सुख-दुख को संगीत के स्वरलहरियों में प्रवाहित कर लेता है। अतः देश भक्ति के गीतों से जन चेतना एवं स्वतन्त्रता आंदोलन का आधारभूत स्तम्भ संगीत बना। तिलक जी ने शिवाजी एवं गणेश उत्सव जैसे धार्मिक उत्सवों के माध्यम से जनमानस में अपनी संस्कृति एवं सभ्यता के प्रति आदर व सम्मान की भावना जागृत करने का बीड़ा उठाया। इन महोत्सवों के प्रति लोगों को आकृष्ट करने का माध्यम संगीत जलसों को बनाया गया।[2]

संगीतज्ञों की सूझबूझ और चिन्तन शक्ति सदैब ही समाज एवं जीवन से जुड़ी रही। उन्होंने समाज की बदलते रुचियों और परिस्थितियों के साथ अपनी कला को मोड़ने का प्रयास किया। जिस युग में भक्ति संगीत की प्रधानता थी तो समाज ने भक्ति संगीत को ही अपनाया। जब राष्ट्रीय अखंडता का भय समाज में व्याप्त हुआ तब राष्ट्रीय एकता व राष्ट्रीय प्रेम से ओतप्रोत संगीत द्वारा समाज में जागृति पैदा की। श्रृंगारिता एवं प्रेम से परिपूर्ण गीतों के माध्यम से समाज में आपसी प्रेम का वातावरण पैदा किया[3] तभी तो संगीतज्ञ जन-जन को प्रभावित कर सके तथा हर युग के सांस्कृतिक सामाजिक व कलात्मक स्तर को उपर उठाने मे सफल हुए। सामुहिक संगीत सदैव मानव को भावनात्मक स्तर पर प्रभावित करता रहा। समय-समय पर समाज के नैतिक चरित्र को

---

[1] सत्यवती शर्मा, संगीत का समाज शास्त्र, पृष्ठ (68)

[2] सत्यवती शर्मा, संगीत का समाजशास्त्र, पृ० (69)

[3] डॉ0 शशि कालिया, भारत में समूहगान परम्परा व स्वरूप, पृ० (30)

ऊँचा उठाने में प्रयास रत रहे। संगीतज्ञों ने अपनी युग परिवर्तन की शक्ति को अभिव्यक्त किया। मांगलिक शुभ अवसरों पर समाज में संगीत को सम्माननीय स्थान मिला। जन्म नामकरण, यज्ञोपवीत, विवाह आदि मांगलिक अवसरों पर संगीत को विशिष्ठ स्थान मिलने लगा। संगीत की उपादेयता जो व्यक्ति के जीवन में दिखाई देती है वही सामाजिक जीवन के लिए आदर्श बन जाती है।[1] किसी भी संदेश की संवाद क्षमता उसके प्रचार व प्रसार में निहित होती है और संगीत में उसके लालित्य व माधुर्य के कारण एक ऐसा आकर्षण विद्यमान है जो स्वतः सहृदय व्यक्तियों को एक स्थान पर एकत्रित हो जाने के लिए विवश कर देता है। मंदिरों, गुरुद्वारों तथा गिरिजाघरों में संगीतात्मक उपदेश राष्ट्रीय सम्मेलनों में देश भक्ति से परिपूर्ण गीतों के कार्यक्रम या फिर सर्वधर्म सम्भाव की दृष्टि से रचे गये गीतों के रूप में संगीत का कलात्मक स्वरूप उन भावनाओं को जन सामान्य के बीच स्वभाविक रूप से प्रसारित कर देता है जो मानवीय मूल्यों के प्रति मनुष्य को बारम्बार सचेत करता है और इसी कारण हर वर्ग, धर्म और जाति के लोगों को बिना किसी भेदभाव या द्वेष के एकत्रित हो जाने का माध्यम संगीत और उसकी संवाद क्षमता बन जाती है। इस प्रकार सांगितिक, सांप्रदायिक एकता को भारतीय पृष्ठभूमि में जो महत्व प्राप्त है उसी के फलस्वरूप आज एक ही मंच पर एक ही कार्यक्रम में हिन्दू-मुस्लिम, सिक्ख-ईसाई आदि धर्मों से संबंध गायकों, सारंगी वादकों का आपसी समन्वय दिखाई देता है। इतना ही नहीं गुरु-शिष्य परम्परा में हिन्दु गुरुओं के मुस्लमान शिष्यों की परम्परा में जातिवाद का कोई विशेष स्थान नहीं रहा।[2]

संगीत द्वारा जनता के मन को भावनात्मक एकता की ओर ले जाने का ढंग मनोवैज्ञानिक दृष्टि से अत्यन्त सक्षम है। वदेमातरम् तथा जन-गण-मन आदि गीत राष्ट्रीय स्तर पर मनोवैज्ञानिक प्रभाव डालते है तथा

---

[1] डॉ० शशि कालिया, भारत में समूहगान परम्परा व स्वरूप, पृ० (31)

[2] संगीत पत्रिका अगस्त 1995, पृष्ठ (04)

इससे राष्ट्रीय एकता को बल मिलता है। स्वतन्त्रता संग्राम से संबद्ध गीतों का उल्लेख किए बिना संगीत की संवादात्मक शक्ति का प्रसंग पूरा नहीं हो सकता। संगीत के दो पक्ष रहे है- अभिजात्य संगीत और लोक संगीत। अभिजात्य संगीत प्रायः एक वर्ग विशेष में लोक प्रिय होता है। लेकिन लोक संगीत का क्षेत्र बहुत विस्तृत होता है। अभिजात्य संगीत की राष्ट्रीय आंदोलन में भूमिका गुरुदेव रविन्द्र नाथ ठाकुर और विष्णु दिगम्बर पुलस्कर आदि की रचनाओं से स्पष्ट है। इसी के साथ-साथ राष्ट्रीय आंदोलन के दौरान लोक संगीत की भूमिका भी सशक्त और सराहनीय रही। हर क्षेत्र के संगीत में देश भक्ति और राष्ट्रीय प्रेम से भरे विभिन्न लोक गीतों का निर्माण हुआ। बंगाल हो या बिहार, पंजाब हो या उत्तर प्रदेश, महाराष्ट्र हो या केरल। सभी प्रदेशों के लोक संगीत ने राष्ट्रीय प्रेम को हृदयों से हृदयों तक पहुंचा दिया और स्वतन्त्रता आंदोलन में अपनी सशक्त भूमिका निभाई। विभिन्न प्रदेशों के लोक संगीत पर दृष्टिपात करने से यह बात स्पष्ट हो जाती है। जैसे -

उपर उड़ेले हवाई नीचे जर्मन की लड़ाई।
संईयां गई लवाड़े देस की लड़ाई में।।

इस प्रकार के गीत स्त्रियों, वृद्धों, युवा और बच्चों में समान रूप से लोक प्रिय थे।[1]

हिन्दी के कवि श्रीधर ने सन् 1917 में जय-जय प्यारा भारत देश यह गीत लिखा। यह गीत बहुत दिनों तक भारत स्काउट संघ का प्रयाण गीत रहा। देश की बाल व किशोर पीढ़ी को इस गीत से राष्ट्र प्रेम के लिए अद्भुत प्रेरणा मिलती रही। श्री मनोरंजन प्रसाद सिन्हा ने असहयोग आंदोलन के दिनों में फिरंगिया शीर्षक से एक गीत लिखा था। जिसमें भारत की अंग्रेजों द्वारा की गई दुर्दशा का चित्रण हुआ है। गीत के अंश कुछ इस प्रकार है-

---

[1] कृष्ण मोहन सिन्हा, बिहार का संगीत, पृ० (51)

सुंदर सुबर की रहे राया।
आज उहै भईल मसान रे फिरंगिया।।
अन्न धन जन बल बुद्धि सब नाश भईल।
कोनो के ना रहन निशान रे फिरंगिया।।

गीतों की इस प्रभावी भूमिका को देखते हुए विश्व के सभी राष्ट्रीय आंदोलनों में जन साधारण की भावनाओं को उभारने में गीतों की विशेष भूमिका रही है। भारत के राष्ट्रीय आंदोलन में भी गीतों ने अपनी महत्वपूर्ण भूमिका निभाई। अनेक क्रान्तिकारी गीत लिखे गये। जिन्हें जन समुदाय बड़े उत्साह के साथ एक स्वर में सभाओं में गाता और किसी भी बड़े से बड़े खतरों से टकरा जाता। इन गीतों को गाते हुए अनेक क्रान्तिकारी राष्ट्र के नाम पर उसकी आजादी के लिए शहीद हो गए। इस संदर्भ में अशफाक उल्ला खान द्वारा लिखी गई ग़ज़ल की पंक्तियां कुछ इस प्रकार है -

उरूजे कामयाबी पर कभी हिन्दुस्तां होगा।
रिहा सैयाद के हाथों से अपना कारवां होगा।।
शहीदों की चिताओं पर लगेंगे हर वर्ष मेले।
वतन पे मिटने वालों का यही बाकी निशां होगा।।

ये गीत क्रान्तिकारियों में इनता जोश भर देते थे कि वे हंसते-हंसते गीत गाते हुए फांसी के फंदे पर झूल जाते। इन गीतों द्वारा प्रचारित भावों से अंग्रेजी सरकार बहुत आतंकित रहती थी। इसलिए इनके प्रकाशन और गायन पर प्रतिबंध लगा दिया। जिससे आजादी के दीवानों की आवाज़ को दबाया जा सके।[1]

उपर्युक्त कथन से इस बात की पुष्टि होती है कि संगीत ने न केवल सांस्कृतिक बल्कि सामाजिक और राष्ट्रीय स्तर पर भी अपनी विभिन्न विधाओं के माध्यम से देश की अस्मिता को बचाने में देश के गौरव को पुनः स्थापित करने में अपना महत्वपूर्ण योगदान दिया। गीतों के माध्यम से तत्कालीन पीढ़ी को स्वतन्त्रता के आंदोलन में कूदने को प्रेरित किया

---

[1] योगेश शर्मा, गीतों ने भी आतंकित किया था अंग्रेजों को, संगीत पत्रिका, अंक अगस्त 1993. पृष्ठ (26)

और उनके हृदय में देश के प्रति राष्ट्र भक्ति के भाव को जागृत किया और देश के राष्ट्रीय बल को सुदृढ़ता प्रदान की।

सरकार द्वारा जब्त किए गए सर्वाधिक लोक प्रिय गीतों में उल्लेखनीय गीत था **वंदेमातरम्**। सुप्रसिद्ध बंगला लेखक बंकिमचन्द्र चटर्जी ने इस गीत की रचना सन् 1875 में की थी और बाद में अपनी पुस्तक आनंदमठ में सम्मिलित किया। आनंदमठ राष्ट्रीयता की गीता के नाम से जाना जाता था। स्वतन्त्रता आंदोलन में वंदेमातरम् गीत की भूमिका अत्यन्त सराहनीय रही। उन दिनों अनेक भारतीय एक दूसरे से मिलने पर **वदेमातरम्** कहते थे। इस सुप्रसिद्ध गीत को देश के कोने-कोने में बड़े उत्साह के साथ गाया गया। क्रान्किारी बंदेमातरम् गाते हुए मृत्यु का आलिंगन कर जाते थे। इस गीत की लोकप्रियता और भारतीय जनता पर इसके प्रभाव को अनुभव करने के बाद कठोर प्रतिबंध लगा किया गया। इसके बावजूद भी क्रान्तिकारियों की प्रत्येक सभा वंदेमातरम् से शुरु और वंदेमातरम् से ही समाप्त होती थी। दिन प्रतिदिन इसकी लोकप्रियता बढ़ती गई। स्वतन्त्रता प्राप्ति के बाद इसे राष्ट्रीय गीत के रुप में मान्यता प्रदान की गई। वंदेमातरम् पर अनेक कवियों ने अपने उद्गार कुछ इस तरह व्यक्त किए -

छीन सकती है नहीं सरकार वदेमातरम्।
हम गरीबों के गले का हार वंदेमातरम्।।
मौत के मुंह में खड़ा वह कह रहा जल्लाद से।
घोंप वे सीने में यह तलवार वंदेमातरम्।।[1]

इसी तरह राम प्रसाद विस्मिल का यह गीत -

सर फरोशी की तमन्ना अब हमारे दिल में है।
देखना है जोर कितना बाजु-ए कातिल में है।।

और शहीद भक्त सिंह का यह गीत -

---

[1] अशोक कुमार, संगीत और संवाद, पृ० (202)

सूख न जाए कहीं पौधा आजादी का।
खून से अपने हम इसीलिए तर रखते हैं।
खुश रहो अहले वतन हम तो सफर करते है।।

और इसीतरह भक्त सिंह, सुखदेव और राजगुरु को जब मृत्यु दंड दिया गया तो गली-गली में यह गीत फूट पड़ा-

शहीदों के खून का असर देख लेना। मिटाएंगे जालिम का घर देख लेना।
किसी के इशारे के हम मुंतजिर है। बहा देंगे खून की नहर देख लेना।।

इस प्रकार असंख्य गीत लिखे गए और उस समय के प्रसिद्ध संगीतकारों ने उसकी मर्मस्पर्शी धुने तैयार की। ये धुने ऐसी मस्ती और जोश से परिपूर्ण थी कि इन शब्दों से मिलकर किसी तोप या गोले के समान बन जाती थी और जंगल की आग की तरह देखते ही देखते फैल जाती थी। उस समय देश भक्ति की फिल्मों में भी इसी प्रकार के गीत लिए जाते थे तथा वाद्य भी उसी प्रकार के प्रयोग किए जाते थे। आजादी की प्राप्ति के बाद भी संगीतकारों ने इन गीतों को प्रभावी बनाकर राष्ट्र में एकता, अखंडत्ता, सांप्रदायिक एकता और सद्भाव बनाए रखने के लिए इन गीतों का प्रखर प्रसार जारी रखा।[1] सांस्कृतिक और राष्ट्रीय चेतना के बिना एकता सबल नही बन पाती और दोनों प्रकार की चेतना सुदृढ़ करने में संगीत का सर्वाधिक योगदान रहता है। संगीत के स्वर भाषा भेद से भी उठकर जनमानस को उद्वेलित करते रहते है। इसलिए संगीत प्राचीन काल से ही राष्ट्रीय चेतना को अभिव्यक्त करने का एक ऐसा माध्यम है जो सांस्कृतिक और राष्ट्रीय चेतना को अंतराष्ट्रीय क्षेत्र तक विश्व चेतना और विश्व सांस्कृतिक चेतना को साकार कर सकता है। संगीत समाज के लिए एक ऐसा पौष्टिक तत्व है जो राष्ट्रीय चेतना को बल प्रदान कर उसे तेजस्वी बनाता है। समूहगान की परम्परा में संगीत राष्ट्रीय चेतना की दृष्टि से अति महत्वपूर्ण स्थान रखता है। सामूहिक रुप से गाए गये राष्ट्र गीत राष्ट्रीय चेतना को जागृत करने के साथ-साथ राष्ट्र के प्रति अभिमान की

---

[1] योगेश चन्द्र शर्मा, गीतों ने भी आतंकित किया था अंग्रेजों को, संगीत पत्रिका, अंक-1993, पृष्ठ (29)

भावना को दृढ़ करते है। साथ ही समाज में प्रचलित अंधविश्वासों का विरोध कर भारतीयों में राष्ट्रीय चेतना की अलख भी जगातें है। भारत जैसे देश जहां अनेक जातियां अनेक सांस्कृतिक परिवेश के लोग रहते हैं। यहां राष्ट्रीय एकता अति आवश्यक तत्व है और राष्ट्रीय चेतना की गहराई की संभावना जितनी संगीत में छिपी रहती है उतनी अन्य कलाओं में नहीं। संगीत का मूल उद्देश्य राष्ट्रीय चेतना में समान प्रवाह लाना है। जब-जब देश पर युद्ध के बादल मंडराए तब-तब सामूहिक गीतों ने राष्ट्रीय चेतना को जगाकर राष्ट्रीय एकता को जगाने में महत्वपूर्ण योगदान दिया। समूहगान भारतीय संस्कृति के ऐसे सूत्र हैं जो एकता और सहयोग की भावना से ओत-प्रोत है। भाषा, प्रान्त तथा वेषभूषा से कहीं दूर समूहगान राष्ट्रीय एकता के प्रतीक है। संगीत की यह विधा जनमानस में अनायास ही राष्ट्रीय चेतना के अंकुर प्रस्फुटित करती है।[1]

राष्ट्रीय एकता को समर्पित व जागृति प्रदान करने वाला जन-गण-मन बह राष्ट्रीय गान है जिसकी प्रतिथनियां कश्मीर से कन्याकुमारी तक गूंजती रहती है। कवि रविन्द्र नाथ टैगोर ने सन् 1911 में पांच पद वाले इस गीत की रचना की थी। भारतीय राष्ट्रीय कांग्रेस के कलकता अधिवेशन में इसी वर्ष यह प्रथम बार सार्वजनिक रूप से गाया गया था। धीरे-धीरे इसकी लोकप्रियता बढ़ती गई और 24 जनवरी 1950 को इस गीत का प्रथम पद राष्ट्रीय गान हेतु स्वीकार किया गया। आज यह राष्ट्रीयगान पूरे भारत को एक सूत्र में बांधने का प्रयास कर रहा है।[2]

राष्ट्रीय व सामाजिक भावनाओं से परे संगीत के विशुद्ध स्वरूप पर यदि एक दृष्टि डाली जाए तो अनेक रागों में, तालों में व गेय विधाओं के स्वरूपों में निहित संगीतात्मकता कहीं न कहीं उन भावनाओं की ओर संकेत करती हैं जो हृदयों की समान अनुभूतियों की अभिव्यक्ति में

---

[1] डॉ० शशि कालिया, भारत में समूहगान परम्परा व स्वरूप, पृष्ठ (32-34)

[2] योगेज बन्द्र शर्मा, गीतों ने भी आतंकित किया था ओजों को संगीत पत्रिका, अंक 1993, पृष्ठ (29)

सहायक बनती है। विभिन्न घरानों का प्रश्न हो या उत्तर व दक्षिण में प्रचलित हिन्दुस्तानी व कर्नाटक संगीत का रागों में निहित स्वरों के प्रभाव के अनुरूप विभिन्न प्रहरों व ऋतुओं आदि में समान रूप में गेय स्वीकार किया गया है। सैद्धान्तिक कट्टरवादिता के संदर्भ में व समय सिद्धान्त के बारे में मत भेद होते हुए भी निःसृत स्वरावलियां अथवा धुन करुणा, द्रवित्व, भय, शौर्य और उत्साह आदि भावनाओं को समान रूप से सभी व्यक्तियों के लिए एक समान है। उदाहरण स्वरूप राष्ट्रीय संकट आने पर रेडियो व दूरदर्शन आदि द्वारा देश प्रेम के गीतों व कविताओं आदि का प्रसारित किया जाना होली या वसंत आदि के आस-पास उन उत्सवों से संबधित गीतों का प्रसारित किया जाना अथवा विशिष्ट प्राकृतिक आपदाओं या किन्ही विशाल दुर्घटनाओं के हो जाने पर समाज को आशावादी बनाए रखने के लिए उपदेशात्मक या भक्ति परक गीतों का प्रसारण संगीत की संवादात्मक शक्ति को दर्शाता है।[1]

संक्षेप में कहा जा सकता है कि संगीत राष्ट्रीय एकता स्थापित करने का एक सशक्त माध्यम है। पूर्वाग्रह युक्त व्यक्ति भले ही उपर से अपने को प्रान्त आदि की सीमाओं में बांधे रखे किन्तु संगीत उनकी सीमाओं को तोड़ता है। शास्त्रीय संगीत और विभिन्न प्रदेशों का लोक संगीत भले ही अलग-अलग क्षेत्रों से संबन्धित हो परन्तु उसकी रोचकता और प्रभाव सभी पर समान रूप से पड़ता है। आकाशवाणी तथा दूरदर्शन पर संगीत के जो कार्यक्रम प्रसारित होते हैं उनका सभी लोग आनंद लेते है। खान-पान, वेष-भूषा भूमिखंड की भिन्नता के बावजूद भी मनुष्य संगीत के माध्यम से एक दूसरे के निकट आता जा रहा है।[2]

कलाकार किसी एक देश की धरोहर नहीं अपितु संपूर्ण विश्व की पूंजी होते है तथा **वसुधैव कुटुम्बकम्** वाली उक्ति चरितार्थ करते है।

---

[1] अशोक कुमार, संगीत और संवाद, पृ० (206)

[2] श्रीमती पंकज माला शर्मा, राष्ट्रीय एकता के प्रति जागरूकता में संगीत की भूमिका, संगीत पत्रिका, अंक दिसम्बर 1994, पृ० (08)

एक देश के कलाकारों का दूसरे देशों में अपनी कला का प्रदर्शन करने से एक देश की संस्कृति को दूसरे देश के लोगों तक पहुंचाना आपसी समझ-बूझ में वृद्धि करता है। सांस्कृतिक आदान-प्रदान से देशों की संस्कृति का विकास होता है और विश्व संस्कृति का निर्माण होता है।[1]

पश्चिमी विचारधारा के आधार पर संगीत वैयाकरण उस केनवस के समान है जिस पर एक चित्रकार चित्र बनाता है। उन्हीं संगीत सिद्धान्तों की व्यवस्था ही विशिष्ट माध्यम को परिष्कृत एवं प्रतिभाशाली बनाती है।[2]

पश्चिमी विद्वानों के द्वारा संगीत की उपयोगिता सामाजिक उत्थान की दृष्टि से स्वीकृत किया जाना संगीत के आगामी आचार- प्रसार का आधार बना और अंग्रेजी प्रशासन के आश्रय से संगीत को भी शिक्षा के सामान्य अंग के रूप में स्वीकार किए जाने से शिक्षा संस्थानों की व्यवस्था से जुड़कर विकसित होने का अवसर प्राप्त हुआ। इस सामंजस्य के उद्देश्य के अंतर्गत संगीत में निहित उन समस्त शक्तियों का प्रयोजन बनाने के प्रयास निहित थे। जो सामान्य शिक्षा के मूल उद्देश्यों से भी संबंध रखते थे।[3]

आधुनिक काल में हिन्दुस्तानी संगीत को पुनर्जीवित करने का श्रेय पं० विष्णु दिगम्बर पुलस्कर तथा विष्णु नारायण भातखण्डे को जाता है। जिन्होंने अपना सम्पूर्ण जीवन संगीत के उद्धार में लगाया तथा अपने अधक प्रयासों से इस दिव्य विद्या को जन सामान्य तक पहुंचाया। इन्हीं के प्रयत्नों के फलस्वरूप जगह-जगह पर प्रशिक्षण केन्द्र खुले और हिन्दुस्तानी शास्त्रीय संगीत का बाकायदा शिक्षण पहली बार हुआ। पं० भातखण्डे ने देश के कोने-कोने में पहुंचकर अस्त-व्यस्त संगीत निधि को समेटकर इसे लिपिबद्ध किया और इसे ठोस पद्धति का रूप दिया। यही

---

[1] अशोक कुमार, संगीत और संवाद, पृ० (208)

[2] Gilbert R. Fircher, How Music Communicates, Page (131)

[3] अशोक कुमार, संगीत और संवाद, पृ० (276)

नहीं अपितु साठ दुर्लभ ग्रंथों का सृजन भी किया। जिन्हें हिन्दुस्तानी संगीत का आधुनिक शास्त्र भी कहा जाता है। अखिल भारतीय संगीत सम्मेलनों का आयोजन किया जिसमें संगीत पुनः जन समाज में श्रेष्ठ स्थान ग्रहण करने लगा। निःसंदेह स्वतन्त्र भारत के संगीत इन दोनों विष्णुओं का यथेष्ठ प्रभाव हैं। जिन्होने वास्तव में उतर भारतीय शास्त्रीय संगीत को स्वतन्त्रता दिलवाई।[1]

इन्हीं प्रयासों के चलते 20वीं शताब्दी तक ऐसा समूह तैयार हो गया जो संगीत को जनता की धरोहर बना देना चाहता था। ऐसे लोगों में सर सुरेन्द्र मोहन टैगोर, पं० राम कृष्ण बुआ, राजा भैया पूंछवाले, अमीर खाँ सरोदिए, उदय शंकर, उस्ताद अल्लाउदीन खाँ व अन्य अनेक नाम उल्लेखनीय है। विष्णु द्वय ने संगीत शिक्षण को संस्थागत शिक्षण का रूप प्रदान कर नई दिशा दी। अब तक संगीत पेशेवर कलाकार व उनके शिष्यों तक सीमित था। जनसाधारण की पहुंच वहां तक नहीं थी। किन्तु विभिन्न संगीत विद्यालयों की स्थापना द्वारा संगीत का संस्थागत और सामुहिक शिक्षण आरम्भ हुआ। फलस्वरूप शिक्षण की मौलिक पद्धति में परिवर्तन आया। श्री पुलस्कर व श्री भातखण्डे द्वारा विद्यार्थियों हेतु स्वरलिपि पद्धति के माध्यम से अनेक पुस्तकें रची गई। ये पुस्तकें संगीत विद्यार्थियों तथा बाद में शैक्षिक संस्थाओं के विषय के पाठ्यक्रम के संचालन में अत्यन्त सहायक सिद्ध हुई। स्वतन्त्रता के पश्चात सांस्कृतिक विकास के प्रति एक जागरूकता उत्पन्न हुई। जैसे-जैसे जनसाधारण में सांस्कृतिक चेतना गहरी होती चली गई वैसे-वैसे भारतीय सरकार ने अपना यह प्रत्यक्ष दायित्व अनुभव किया कि विद्यालय स्तर पर भारतीय कला व संस्कृति के विकास किए जांए।[2] जिसके फलस्वरूप सरकार एवं शिक्षाविदों के प्रयास से संगीत विषय को माध्यमिक विद्यालयों के पाठ्यक्रम में महत्व प्राप्त हुआ। धीरे-धीरे संगीत उच्चतर माध्यमिक व

---

[1] डॉ० शुचिस्मिता, आकाशवाणी एवं हिन्दुस्तानी शास्त्रीय संगीत, पृ० (8)

[2] डॉ० शुचिस्मिता, आकाशवाणी एवं हिन्दुस्तानी शास्त्रीय संगीत, पृ० (13 व 15)

स्नात्तकोतरीय कक्षाओं में भी पढ़ाया जाने लगा। 20वीं शताब्दी के उत्तरार्थ में स्वतन्त्रता के पश्चात् सरकार ने ललित कलाओं के विकास हेतु सराहनीय प्रयास किए। विभिन्न विश्वविद्यालय **विश्वविद्यालय अनुदान आयोग** की सहायता से संगीत सम्मेलन, सेमीनार व संगोष्ठी आदि का आयोजन करते रहते है। अनेक विषयों पर संगीत में शोध भी हो रहे है। बच्चों में संगीत की शिक्षा के महत्व की ओर संकेत करते हुए कहा गया है-

Music Education includes activities and learning which develops the social aspects of life, sound work, habbits and good citizenship, in still whole some ideals of conduct and improve the health and home life of children.[1]

प्राथमिक, माध्यमिक तथा उच्चतर माध्यमिक स्तर पर शिक्षण संस्थाओं में संगीत को एक स्वतन्त्र विषय के रूप में प्रयोग किया जाना सर्वसिद्ध है। संगीत ज्ञान का भण्डार है। जिसमें न केवल संगीत के बारे में ज्ञान प्राप्त होता है बल्कि साहित्य, भाषा, दर्शन, मनोविज्ञान आदि के बारे में सांगीतिक रचनाओं के माध्यम से ज्ञान प्राप्त होता है। संगीत से न केवल तकनीकि जानकारी जैसे स्केल, ध्वनि, शैली, लय, ताल व वाद्यों आदि के बारे में ज्ञान प्राप्त होता है। बल्कि राग, रस, मनोविज्ञान तथा इतिहास में भी रुचि उत्पन्न होती है। संगीत कला भी है और विज्ञान भी। इससे अन्य कलाओं को भी आधार मिलता है। यह कला कुछ निश्चित सत्यों पर आधारित है। इसका अध्ययन एवं अभ्यास मनुष्य को बौद्धिक विकास में सहायता प्रदान करता है।[2]

संगीत शिक्षण के माध्यम से बालक की बुद्धि मे तीक्ष्णता इतने स्वभाविक व - सहज रूप में आ जाती है कि व्यक्ति को इसका आभास तक नहीं हो पाता। क्योंकि संगीत मनुष्य के स्वभाव में घुला मिला है। संगीत शब्द में स्वरों के उतार-चढ़ाव, विभिन्न ध्वनियों में भिन्नता की

---

[1] Gowri Kuppu Swami & M.Hariharan, Teaching of music, Page (10)

[2] P. Sambmurti, Teaching of music, Page (03)

स्थूल या सुक्ष्म पहचान करते हुए बालक में निरीक्षण शक्ति, चिन्तन शक्ति व एकाग्रता आदि का विकास होता है। संगीत के द्वारा शिक्षा देने से औसत बुद्धि के बालक को भी संगीत के साथ-साथ अन्य विषयों की शिक्षा भी आसानी से दी जा सकती है। इस प्रकार जो विषय वह साधारणतया नहीं सीख पाते संगीत के माध्यम से आसानी से सीख लेते है। आजकल छोटी कक्षाओं में भी अधिकतर विषय संगीत के माध्यम से सिखाए जाते है। संगीत की इस शिक्षण शक्ति का प्रयोग इन शिक्षण संस्थाओं में लगातार किया जा रहा है। संगीत देश की सांस्कृतिक रुचि एवं परम्पराओं का मापदण्ड होता है। जिसका विकास कुछ स्वतः बुद्धिमान कलाकारों व गुणीजनों द्वारा होता रहता है। कक्षा में संगीत की विविध शैलियों विविध स्वर श्रृंगारों को सुनने व पहचानने से बालक की परख और सुक्ष्मबुद्धि विकसित होती है।[1]

संगीत शिक्षा के महत्व को दशति हुए विद्वान कुछ इस प्रकार प्रकाश डालते है - संगीत एक विस्तृत एवं असंख्य विद्यार्थियों में सहयोग एवं अनुशासन स्थापना का माध्यम है। संगीत उनमें वैज्ञानिक एवं अंतराष्ट्रीय वंशानुवंशों के संबंधों का बर्धन करता है। संगीत शिक्षण से राष्ट्रीय गौरव की वृद्धि प्रवृति में पवित्रता तथा समस्त मानव देश के लिए मानव नागरिक बनने का एक दिशा सूचक है।[2] भौतिक दृष्टि से कोई भी राष्ट्र समृद्ध तथा धनवान क्यों न हो लेकिन जब तक कोई भी राष्ट्र अपने जीबन के प्रत्येक क्षेत्र में संगीत को उच्चतम स्थान नहीं देता उस राष्ट्र में व्यक्ति के जीवन का स्तर कभी उन्नत नहीं हो सकता।[3]

संगीत शिक्षा न केवल व्यक्तिगत रूप से वरन् सामुहिक रुप से भी महत्वपूर्ण है। समूह गान, समूह नृत्य तथा वाद्य वृन्द आदि के माध्यम से उत्पन्न आनंद परस्पर सहयोग भी भावना जागृत करता है तथा सामाजिक

---

[1] अशोक कुमार, संगीत व संवाद, पृ० (280)

[2] वाणी बरीराम, ग्लीम्सीज ऑफ इन्डियन म्यूज़िक, पृ0 (112)

[3] प्रो० पी. साम्बमूर्ति, द टीचिंग ऑफ म्यूज़िक, पृ० (01)

संपर्क के महत्व को भी दर्शाता है। वर्तमान समय में वृन्दगान या समूहगान सामाजिक चेतना का एक सशक्त माध्यम बनते जा रहे है। जहां यह लोगों को रंजकता प्रदान करते हैं वहीं जनमानस में किसी विशेष संदेश के प्रचार एवं प्रसार का दायित्व भी निभातें है। समाज में जनकल्याण तथा देश भक्ति आदि महत्वपूर्ण विषयों व राष्ट्रीय विकास के कार्यक्रमों तथा समाज के उच्च आदशों के लिए समूहगान तथा वृन्दगान का महत्वपूर्ण योगदान रहा है। इस दृष्टि से **'सारे जहां से अच्छा हिन्दुस्तां हमारा' 'हम होंगे कामयाब एक दिन' 'हिन्द देश के निवासी सभी जन एक है'** आदि वृन्द रचनाएं हमें सांस्कृतिक, सामाजिक और भौगोलिक दृष्टि से एक होने के लिए प्रेरित करती है।[1]

स्वतन्त्रता प्राप्ति के बाद भारत में संगीत का प्रचार-प्रसार तीव्र गति से होना आरम्भ हुआ। इस कला की उन्नति और प्रचार-प्रसार में सरकार की भूमिका महत्वपूर्ण रही है। संगीत कला के विभिन्न रूपों को शास्त्रीय एवं लोक स्तर पर विकसित कर बालकों एवं युवाओं में आत्माभिव्यक्ति, संवेदनशीलता और सृजनात्मक गुणों को भरने के लिए भारत सरकार के संस्कृति विभाग की भूमिका उल्लेखनीय है। भविष्य में देश की सांस्कृतिक निधि को अक्षुण्ण बनाए रखने तथा उसकी उन्नति का मार्ग प्रशस्त करने में संस्कृति विभाग ने संगीत को उन्नत करने का प्रयास किया ताकि सांस्कृतिक परम्पराओं के विकास में निरन्तरता बनी रह सके।[2]

पृथक राष्ट्र बनने के बाद भारत अनेक केन्द्रीय तथा राज्यों के शासन में विभक्त हुआ जिससे प्रत्येक क्षेत्र को अपनी कलाओं को प्रोत्साहन देने के स्वतन्त्र अवसर प्राप्त हुए। प्रत्येक राज्य की सांस्कृतिक धरोहर में सुधार लाने के प्रयत्न आरम्भ हुए। आकाशवाणी, दूरदर्शन, विद्यालय, महाविद्यालय और विश्व विद्यालयों के माध्यम से भारतीय संगीत एवं

---

[1] सत्यवती शर्मा, संगीत शिक्षा का समाज शास्त्र, पृ0 (113)

[2] अशोक कुमार, संगीत और संवाद, पृ० (284)

नाटक एकादमी और अन्य कई सांस्कृतिक केन्द्रों के माध्यम से भारतीय संस्कृति का एक नया रूप सामने आना आरम्भ हुआ। इसमें भारतीय शास्त्रीय संगीत के गायन, वादन और नृत्य की भूमिका अहं रही। फिल्म जगत हो या थिएटर, लोक संगीत हो या फिल्मी संगीत, शास्त्रीय नृत्य हो या लोक नृत्य इन सभी के माध्यम से संगीत सांस्कृतिक प्रतिनिधि के रूप में न केवल भारत में अपितु विदेशों में भी भारतीय संस्कृति के रूप में अग्रणीय रहा।

राज दरवारों का स्थान संगीत सम्मेलनों ने ले लिया। संगीत राजसभाओं की छोटी सीमाओं से निकल कर राष्ट्रीय रंग मंच के विपुल धरातल पर प्रतिष्ठित हुआ क्योंकि संगीतज्ञों की कला के प्रदर्शन का माध्यम आकाशवाणी और संगीत सम्मेलन बन गए। अतः इन सुलभ माध्यमों से जनसाधारण भी नित्य प्रति अपने मानस पटल को तरंगित कर सका। फलस्वरूप देश में कला के प्रति आदर भाव उत्पन्न हुआ व कलाकारों को समाज ने अपनाना शुरु कर दिया। इस प्रकार जनजीवन में भी सांस्कृतिक चेतना जागृत होने से न केवल शासन का अपितु जनसाधारण का ध्यान भी इस ओर आकृष्ट हुआ।[1]

स्वतन्त्रता के बाद आकाशवाणी और दूरदर्शन दो ऐसे संचार माध्यम संगीत को मिले जिससे संगीत का घर-घर में सही प्रचार-प्रसार हो पाया। संगीत के अनेक उद्देश्यों को पूर्ण होने में सहायता मिली। इन संचार के माध्यमों ने पूरे संसार को एक जगह पे ला के खड़ा कर दिया। 'आकाशवाणी ने हमारी सांस्कृतिक धरोहर जिसमें शास्त्रीय संगीत से लोक संगीत तक सभी प्रकार का संगीत आ जाता है को सुरक्षित रखने का कार्य भलीभान्ति किया है और आज भी कर रहा है। आकाशवाणी अपनी नीति से साधारण जनता के सभी वर्गों के श्रोताओं की अभिरुचि को प्रशिक्षित एवं परिष्कृत रूप प्रदान करता है। आकाशवाणी के उद्देश्यों में मनोरंजन के साथ-साथ प्रगति के लिए आवश्यक शिक्षा भी

---

[1] डॉ0 शुचिस्मिता, आकाशवाणी एवं हिन्दुस्तानी शास्त्रीय संगीत, पृ० (08)

प्रदान करना सम्मिलित है।[1] आकाशवाणी से शास्त्रीय संगीत, सुगम संगीत, फिल्म संगीत और लोकप्रिय संगीत का प्रसारण किया जाने लगा। जिनमें प्रारम्भ में शास्त्रीय संगीत को अधिक महत्व प्रदान किया गया। सभी केन्द्रों से कर्नाटक और हिन्दुस्तानी संगीत दोनों का प्रसारण किया जाने लगा। जिससे संपूर्ण देश में पारस्परिक सौहार्द एवं राष्ट्रीय एकता को बल मिला। संगीत का अखिल भारतीय कार्यक्रम संपूर्ण भारत को सांस्कृतिक एकता के सूत्र में बांधता है। अपनी बहुमूल्य सांस्कृतिक निधि के संरक्षक के रूप में संगीत ने अपना एक महत्वपूर्ण कार्य किया है।[2]

आकाशवाणी के साथ ही जनसंचार का दूसरा सशक्त माध्यम दूरदर्शन के रूप में सामने आता है। देश के विभिन्न स्थानों पर दूरदर्शन केन्द्रों की स्थापना की गई है। दूरदर्शन अंग्रेजी भाषा के शब्द टेलीविजन का ही पर्याय है। दूरदर्शन अपने प्रमुख कार्यक्रम ट्रांसमीटरों के माध्यम से संसार के प्रत्येक कोने में बसे व्यक्ति तक पहुंचाने में तत्पर है। वर्तमान काल में दूरदर्शन मनोरंजन का महत्वपूर्ण एवं लोकप्रिय साधन बन चुका है। दूरदर्शन संगीत को नींव का पत्थर बनाकर अधिक से अधिक लोगों को अपने साथ जोड़कर विभिन्न प्रकार के सामाजिक, नैतिक आचरण से संबन्धित संदेश बड़ी सरलता, सुगमता व प्रभावी ढंग से पहुंचाता है।

राष्ट्रीय एकता और अखंडता, सद्भावना, राष्ट्रीय उत्थान एवं जनकल्याण पर आधारित संदेश लोक सेवा संचार परिषद् द्वारा समय-समय पर दूरदर्शन के माध्यम से लोगों के बीच प्रसारित किए जाते है। इन कार्यक्रमों में- **बजे सरगम हर तरफ से, मिले सुर मेरा तुम्हारा** इत्यादि प्रमुख है। इस प्रकार की सांगीतिक रचनाओं के माध्यम से देश की सांस्कृतिक और राष्ट्रीय एकता एवं पारस्परिक प्रेम की भावना उत्पन्न कर

---

[1] डॉ० शुचिस्मिता, स्वतंत्र भारत में शास्त्रीय संगीत का बहुमुखी विकास एवं आकाशवाणी, संगीत पत्रिका, अंक- जनवरी-फरवरी-1989, पृ० (324)

[2] अशोक कुमार, संगीत और संवाद, पृ० (306,308)

भारतीयता को मजबूत किया है। विदेशों में होने वाले कार्यक्रमों का प्रसारण करके दूरदर्शन सांस्कृतिक एकता के प्रचार-प्रसार में महत्वपूर्ण कड़ी का कार्य करता है। इन सांस्कृतिक कार्यक्रमों का मूल आधार संगीत ही रहा। संगीत को आधार बनाकर चाहे वह आकाशवाणी हो या दूरदर्शन वर्तमान भारतीय संस्कृति में जागरूकता हो या समाज के प्रति व्यक्ति के कर्तव्यों का आभास या आध्यात्मिक और नैतिक उत्थान इन सभी में राष्ट्रीय संस्कृति के उत्थान के लक्ष्यों को पूरा करने का उत्तरदायित्व संगीत पर ही रहा। इसी तरह कुछ स्वैच्छिक संगठन जैसे स्पिक मैके और संकल्प जैसी सांगीतिक संस्थाएं भारतीय संस्कृति के उत्थान में संगीत के माध्यम से अपनी भूमिका निभा रही है। 'स्पिक मेके स्वैच्छिक और लाभ रहित रूप से कार्य करने वाला एक गैर राजनीतिक तथा अप्रशासनिक संगठन है। यह एक ऐसा आंदोलन है जो विद्यार्थियों द्वारा चलाया गया है। जिसका उद्देश्य देश की युवा पीढ़ी को शास्त्रीय संगीत, लोक संगीत तथा अन्य लोक कलाओं की ओर आकर्षित करके उनमें भारत की अमूल्य विविध एवं समृद्ध सांस्कृतिक धरोहर के प्रति रुचि जगाना है। इस संस्था का पूरा नाम है- Society for Promotion of Indian classicsl music & culture amongst youth. स्पिक मेके द्वारा किए गए प्रारम्भिक प्रयत्नों के परिणाम निराश करने वाले थे। क्योंकि युवा पीढ़ी तो पश्चिमी संस्कृति के रंग में रंगी जा रही थी। परन्तु हताश हुए बिना स्पिक मेके ने अपने प्रयास जारी रखते हुए संगीतज्ञों से संपर्क स्थापित किया। इन संगीतज्ञों ने अपनी कला के सशक्त माध्यम से भारतीय संस्कृति एवं सभ्यता के गौरवशाली रूप जिसको युवा पीढ़ी भुला रही थी को पुनः जीवित करने का संकल्प लिया। सांस्कृतिक क्षेत्र से जुड़े कलाकारों ने भारतीय शास्त्रीय संगीत एवं नृत्य के माध्यम से अपनी सांस्कृतिक विरासत पर बढ़ते जा रहे कुप्रभावों को अप्रभावी करके अपनी संस्कृति की ओर मोड़ा।

संस्कृति से जुड़े रहना ही स्पिक मेके की गौरवशाली परम्परा है। यह युवा वर्ग में भारतीय संस्कृति के प्रति निष्ठा एवं जागरूकता पैदा करने के

साथ-साथ युवाओं में निष्काम सेवा भाव को भी जागृत करती है। देशभर में युवाओं के लिए संगीत कार्यक्रम आयोजित कर उनके माध्यम से नैतिकता, सदाचार एवं मानव मूल्यों से मंडित विकास मार्ग पर यह संस्था अग्रसर है। स्पिकमेके भारत में नहीं अपितु विदेशों में भी भारतीय संस्कृति की परम्परा को पुनःजीवित करने के प्रयास किए।[1]

आधुनिक युग के परिवेश की बदलती व्यवस्थाओं के साथ हमारी संस्कृति की रुचियों, मान्यताओं, आचार-विचार और रहन-सहन में भी परिवर्तन आया है जिसके फलस्वरुप हमारे सांस्कृतिक जीवन का भी एक नया रुप सामने आया है। जो उसके गतिशील, जीवन्त और प्रवाहमान शक्ति का द्योतक है। इतने परिवर्तनों के बाद भी हमारी मान्यताएं, संस्कार, रीति-रिवाज एवं सांस्कृतिक गतिविधियों में मौलिकता बनी हुई है। भारतीय संगीत की प्राचीन काल से आजतक यह विशेषता रही कि यह अपने स्वरुप और आकार में युग की प्रासंगिकता के अनुसार बदलता रहा और निरन्तर संस्कृति का सहचर बना रहा।[2] आज सम्पूर्ण देश में भाषा, वर्ग, सम्प्रदाय, जाति, धर्म आदि को लेकर अलगाव की आग जल रही है। ऐसे में भारत सरकार द्वारा आकाशवाणी तथा दूरदर्शन केन्द्रों से राष्ट्रीय एकता एवं देश प्रेम के गीतों का प्रसारण, एन-सी-ई-आर-टी, द्वारा देश भक्ति के गीतों का प्रशिक्षण, संगीत नाटक अकादमी द्वारा सांस्कृतिक आदान-प्रदान के नाम पर संगीत नृत्य नाटकों का आयोजन, मानव संसाधन विकास मंत्रालय द्वारा सांस्कृतिक केन्द्रों की स्थापना कर भारतीय संस्कृति एवं कलाओं को संरक्षण प्रदान करने का प्रयत्न करना विदेशों में लोकोत्सव आयोजित कर भारतीय कला कौशल का गौरव स्थापित करना राष्ट्रीय एकता के लिए किए जाने वाले

---

[1] अशोक कुमार, संगीत और संवाद, पृ० (319-20)

[2] डॉ० सुनीता शर्मा, भारतीय संगीत का इतिहास, आध्यात्मिक एवं दार्शनिक, पृ० (220)

प्रयत्नों के सूत्रधार कहे जा सकते है। इन प्रयत्नों में संगीत का योगदान सर्वोपरि है।[1]

किसी भी राष्ट्र की अस्मिता उसकी सांस्कृतिक विरासत के प्रति सचेत होने से दृढ़ और मजबूत रहती है। इसलिए आवश्यक है कि संस्कृति के पालक या रक्षक उन तत्वों के प्रति सदा जागरूक रहें जो राष्ट्र को धारण करते है। सांस्कृतिक चेतना के कई रूप है। विविध रूपों से संबद्ध लोग अपने-अपने कार्य में निष्ठा और आस्था के साथ संलग्न रहें, यही चेतना है और जागरूकता है। इसी आशय से वैदिक आचार्यों ने **'वयं राष्ट्रेय जागृयाम पुरोहिता'** अर्थात् हम पुरोहित राष्ट्र में सदा जागरूक रहे। पुरोहित न केवल ब्राह्मण होता है अपितु वह व्यक्ति जो राष्ट्र को आगे बढ़ाने के लिए चिन्तनशील होता है वह पुरोहित है। साहित्यकार और संगीतकार संस्कृति के निर्माता तथा पोषक है। इसलिए इनकी जागरूकता विशेष महत्व रखती है। प्रहरी और योद्धा जागरूक रहकर देश की रक्षा करता है और कलाकार अपनी जागरूकता से देश की सांस्कृतिक निधियों के प्रति लोगों के अंदर चेतना जागृत करता है। संगीत कलाकार या अन्य कलाओं से संबन्धित व्यक्ति जितना अधिक जागरूक होंगे देश की संस्कृति उतनी ही दृढ़ और परिपक्व होगी। राष्ट्र की एकता और अखंडता आज प्रत्येक राष्ट्र के सामने चुनौति के रूप में उपस्थित है। इसको सुदृढ़ बनाए रखने के लिए समाज के हर वर्ग का सहयोग अपेक्षित है। सभी कलाओं में संगीत को सर्वश्रेष्ठ कला माना गया है। राष्ट्र निर्माण में इस कला की भूमिका महत्वपूर्ण है। क्योंकि किसी राष्ट्र का संगीत इसकी महत्वपूर्ण शक्ति होता है। मातृभूमि की रक्षा देश की अखंडता एवं राष्ट्रीय एकता को स्थापित करने में संगीत अत्यंत प्रभावशाली होता है। स्वर, लय सं निबद्ध शब्द अपने विशिष्ट प्रभाव के कारण लोगों के हृदय में सीधे अंकित होते है। इससे विचारधारा सीधे प्रवाहित होती है। यही कारण है कि हमारे सभी

---

[1] डॉ० सत्यवती शर्मा, संगीत का समाज शास्त्र, पृ0 (176)

ज्ञानोपयोगी ग्रन्थ जैसे - गीता, रामायण, गुरुग्रंथ साहिब आदि गेय रूप में लिखे गए है और हजारों वर्षों से यह लोगों के मानसपटल पर अंकित है।[1]

[1] पं० श्याम दास, राष्ट्रीय एकता और संगीत, संगीत अंक अगस्त 1985, पृष्ठ (03)

अध्याय - 7

उपसंहार

समाज में होने वाली कोई भी घटना, प्रतिक्रिया, बदलाव आदि का स्पष्ट प्रभाव कलाओं में देखा जा सकता है। क्योंकि कलाएं समाज का एक अनिवार्य अंग है। सामाजिक घटनाओं का प्रत्येक पहलू इसमें प्रतिबिम्बित होता है। अर्थात् कलाएं किसी भी देश की आर्थिक, सामाजिक, सांस्कृतिक दृष्टि से साक्षी होती है। समाज में होने वाली प्रत्येक घटना का अच्छा या बुरा असर कलाओं में देखा जा सकता है। कलाएं हमें हमारे आस-पास के परिवेश में होने वाली घटनाओं से अवगत कराने का सशक्त माध्यम है। वह चाहे चित्रकला हो, काव्य या संगीत कला हो या वास्तु या शिल्प कला। ये सभी वर्तमान, भूत और भविष्य की साक्षी होती है। कलाओं का महत्व व्यक्तिगत विकास के लिए ही नहीं अपितु वह समष्टिगत विकास के लिए भी होता है। उससे केवल एक व्यक्ति ही नहीं बल्कि पूरे देश का समाज लाभान्वित होता है। उस देश के समाज की संस्कृति भी उससे लाभान्वित होती है। कलाओं का प्रत्येक कर्म अपने काल में होने वाली समसामायिक घटनाओं को सही रूप में अभिव्यक्त करना है। मानव जीवन के सांस्कृतिक जीवन में कलाओं का सबसे अधिक हस्तक्षेप माना गया है। क्योंकि कलाएं ही संवेदनशील होने के कारण समाज में होने वाली प्रत्येक घटना से प्रभावित ही नहीं होती वरन् वह सामाजिक और सांस्कृतिक परिवेश को अपनी अभिव्यक्ति से तत्काल प्रभावित करती है। क्योंकि कलाएं किसी भी जनसमाज की मानसिकता की उपज होती है और कला का अपने इर्द-गिर्द के परिवेश से अछूता रहना एक विरोधाभास है। किसी भी राष्ट्र की संस्कृति या उसमें रहने वाले लोगों की

परिस्थितियां चाहे वह आर्थिक हो या राजनैतिक, सामाजिक हो या सांस्कृतिक समय और परिस्थितियों के अनुसार बदलती रहती है। क्योंकि मानव इस सृष्टि का अकेला प्राणी नहीं है। इस पृथ्वी की संरचना या प्रकृति में होने वाले बदलाओं, ऋतुपरिवर्तन, युद्ध और अन्य सामाजिक कारण इसके परिवर्तन का प्रमुख कारण रहे हैं। समय के परिवर्तन के साथ-साथ मनुष्य के स्वभाव, गुण, रूप, विचार आदि में बदलाव होना स्वभाविक है। इन परिवर्तनों के फलस्वरूप कभी एक वस्तु का विचार या निर्माण होता है तो कभी एक नष्ट होता है। मनुष्य कभी विकसित होता है तो कभी अवनति के कगार पर पहुंच जाता है। इसी तरह हर परिस्थितियां एक जैसी नहीं रहती। युग बदलते है लोगों की धारणाएं बदलती है। इसी तरह कलाएं भी अपने आप को अछूता नहीं रख पाती और देश, काल और परिस्थितियों के अनुसार अपने में सदैव ही सकारात्मक परिवर्तन लाती रहती है। इसमें संगीत भी ऐसी कला है जिसमें विभिन्न युगों में कालों के परिवर्तन होते रहे है। वह चाहे युगों के परिवर्तन के परिणाम स्वरूप बदलता रहा चाहे समाज में पैदा होने वाले विचारों के अनुसार बदलता रहा या फिर भौगोलिक परिस्थितियों के अनुरूप अपने आप को परिवर्तित करता रहा परन्तु एक बात इसमें सदा से रही कि इसमें मनुष्य के अंदर की भावनाओं को सदैव ही उल्लास प्रगति सांस्कृतिक एकता, सामाजिक एकता और राष्ट्र की एकता को जोड़े रखा और विपरीत परिस्थितियों में भी इसने अपने मौलिक भाव को अक्षुण बनाए रखा।

संगीत कला हमारी भारतीय संस्कृति की एक सांस्कृतिक विरासत है। यह एक ऐसी अद्भुत कला है कि इसकी सभी विधाएं गायन, वादन, नृत्य, समय और परिस्थिति के अनुसार अपने रूप को स्पष्ट करती रही। भारतीय संस्कृति के उत्थान में काल, परिस्थिति और समय के परिवर्तन के अनुसार संगीत का भारत देश की संस्कृति के लिए जो योगदान है वह अपने आप में संगीत की एक अविस्मरणीय देन है। भारतीय संगीत की सांगोपांग व्याख्या के लिए संगीत से बढ़कर सम्भवतः कुछ नहीं हो

सकता। हमारी जनजातीय संस्कृति में संगीत एक ऐसा परम आवश्यक और प्रमुख अंग है जिसके माध्यम से हमारी संस्कृति की संरचना को समझने में ही सहायता नहीं मिलती अपितु संस्कृति को उत्पन्न करने वाले घटकों का भी पूर्ण रूपेण दर्शन होता है।

हमारे भारत वर्ष की लोक संस्कृति में संगीत लोक सांस्कृतिक एकता का प्रमुख कारण संगीत रहा। लोक संस्कृति में संगीत सामुदायिक और सामुहिक मनः अभिव्यक्ति का श्रेष्ठ माध्यम रहा। संगीत ने इनकी इच्छाओं, आशाओं, प्रेम, भय, दुख-सुख, उत्सव और अपने इष्टदेव की आराधना रीति-रिवाज, विश्वास और एकता की धारणाओं सामाजिक और सांस्कृतिक एकता से जोड़े रखा। इन्हीं में संगीत ने अपने आप को व्यक्त किया। राष्ट्र के संदर्भ में भी यही बात कही जा सकती है। क्योंकि भारत वर्ष किसी एक जाति, संप्रदाय या एक लोक संस्कृति का देश नहीं है। यह तो विभिन्न लोक संस्कृति का ऐसा गुलदस्ता है जिसमें अनेक विचार संप्रदाय, जाति, धर्म के पुष्पों की महक है। जिसें संगीत जैसी कला के धागे ने एक सूत्र में पिरोया है। संगीत ने भारतीय जनमानस की कुशल रचनाओं, संबन्धों, संस्कारों और दर्शन को सही और स्पष्ट रूप में उद्घाटित किया है। या यूँ कहा जाए कि संगीत ने हमारी संस्कृति का प्रतिनिधित्व किया है तो कोई अतिश्योक्ति न होगी।

मनुष्य के अंदर जन्म से ही अपने को अभिव्यक्त और अपने को सुखी बनाने, आनन्दपूर्वक जीवन व्यतीत करने की प्रवृति सहज ही होती है। अपने मनोभावों को व्यक्त करने के लिए और आनंद मनाने के लिए उसे समाज के परिवेश से जुड़ना पड़ता है। अपने भावों को व्यक्त करने के लिए आदिकाल से उसने कई तरीके अपनाए। वह चाहे संकेतों के माध्यम से हो या भाषा या फिर संगीत। इन सभी माध्यमों में संगीत ही उसे अपने विचारों और भावों को सही ढंग से और सरस भाव से प्रस्तुत करने के लिए उचित लगा। पूर्व वैदिक युग में मनुष्य ने अपने आनंद और उल्लास की अभिव्यक्ति, आंतरिक दुःख-सुख को संगीत के माध्यम से व्यक्त किया। चाहे वह टेढ़े-मेढ़े आलाप की भाषा क्यों न हो। तत्पश्चात

धीरे-धीरे जब लोग अपनी दैनिक आवश्यकताओं की पूर्ति के लिए एक दूसरे पर निर्भर रहने लगे तो उनके अंदर परस्पर सहयोग की भावना भी पनपने लगी। इस सहयोग की भावना ने सामुदायिक जीवन के प्रारम्भ का सूत्रपात किया। अपने जीवन को बेहतर बनाने के लिए और अपने जीवन की सुरक्षा और अपने कबीले और समुदाय की रक्षा के लिए उनमें आपस में एक दूसरे के जीवन का आदर करने की भावना भी प्रस्फुटित हुई। इतिहास के अध्ययन से इस बात की पुष्टि हो जाती है कि तत्कालीन मनुष्य के आरम्भिक जीवन के कुछ समय बाद संगीत उनकी अभिव्यक्ति का सर्वश्रेष्ठ माध्यम बना। युद्ध में आखेट करते वक्त, खेतों में काम करते समय पुरुष संगीत से अपने कार्य के आनंद को दो गुणा होकर करते थे। महिलाएं भी काम करते वक्त मीठे स्वर में गाती थी। इस प्रकार संगीत पूर्व वैदिक काल में लोगों के दैनिक जीवन का एक अनिवार्य अंग बन गया था। वैदिक काल में वेदों में उपलब्ध प्रमाणों से यह ज्ञात होता है कि वैदिक कालीन समाज में संगीत वेदों की ऋचाओं को गाने का प्रमुख साधन था। उस समय में संगीत का वैज्ञानिक महत्व स्पष्ट हो चुका था और पूरे राष्ट्र को एक सूत्र में बांधने का सर्वश्रेष्ठ साधन बन गया था। सामवेद इसका स्पष्ट उद्दाहरण है। वैदिक कालीन जीवन में संगीत प्रत्येक परिवार का अनिवार्य अंग बन चुका था। प्रत्येक घर में संगीत के लिए उच्च स्थान था। परिवार के प्रत्येक सदस्य एक साथ मिलकर सुबह शाम ईश्वर की आराधना करते थे और संगीत का आयोजन परिवार की गृहलक्ष्मी ही करती थी। प्रातःकाल का कार्य आरम्भ करने से पूर्व सभी नारियां, बच्चे, युवा, बूढ़े एक स्थान पर इक्कठे होकर अपने ईष्टदेव की आराधना करते थे। ऋग्वैदिक काल में प्रत्येक घर संगीत का सुंदर केन्द्र बना हुआ था। इस काल में पुरुषों और स्त्रियों की संगीत में स्वभाविक रुचि थी। योग्यता के अनुरूप पुरुष या स्त्री गायक, वादक के रूप में अपनी भूमिका निभाते थे। यज्ञों में स्त्रियों का गायन, वादन विशेष होता था। सामाजिक उत्सवों में स्त्रियां और पुरुष खुलकर भाग लेते थे। वैदिक काल का 'समन' महोत्सव इस बात का प्रमाण है कि 'समन'

महोत्सव में सभी युवा और युवतियां एक साथ मिलकर नाचते थे और तबतक नाचते रहते थे जबतक उनके पैरों की धूल से आसमान न ढक जाए और इसी महोत्सव में युवा, पुरुष और नारियां एक दूसरे को वर-वधू के रूप में चुनते थे। जो पुरुष गाने में नाचने में अधिक प्रवीण होता था उसे युवतियां अधिक महत्व देती थी। तत्कालीन जीवन में संगीत को बड़े आदर भाव के साथ देखा जाता था। क्योंकि संगीत उस समय लोगों के दैनिक जीवन का अनिवार्य अंग ही नहीं अपितु आध्यात्मिक, धार्मिक और सामाजिक एकता का सर्वश्रेष्ठ साधन था। संगीत ग्रन्थ के रूप में अलग से सामवेद की रचना की गई जिसमें ऐसी वैदिक ऋचाओं का संकलन किया गया जो पूर्णतः गेय थी। यज्ञ के अनुष्ठानों में इनका वैज्ञानिक प्रयोग कर यज्ञ को सफल बनाया जाता था और स्त्रियां भी सामगायन करती थी। पुरुष वाद्य बजाकर यज्ञ की क्रियाओं को सफल करते थे और यज्ञों द्वारा अपने इष्टदेव की पूजा कर उन्हें प्रसन्न किया जाता था। उनसे मनचाहा वरदान प्राप्त कर वैदिक ऋषि संसार के कल्याणार्थ कर्म करते थे।

वैदिक काल के अध्ययन से ज्ञात होता है कि संगीत ने आरम्भ के दिनों से लेकर वैदिक काल के अंतिम दिनों तक भारतीय संस्कृति के प्रत्येक अंग में अपनी महत्वपूर्ण, सार्थक और वैज्ञानिक भूमिका निभाई। लोगों के अंदर श्रेष्ठ भावनाएं उत्पन्न करने, अपने भावों को व्यक्त करने, सामाजिक तथा सांस्कृतिक उत्सवों में जीवन के विभिन्न संस्कारों को बनाने में अपना महत्वपूर्ण योगदान किया। रामायणकाल में संगीत तत्कालीन जनमानस के विभिन्न जीवन पक्षों का साक्षी रहा। राजा से लेकर प्रजा तक और यहां तक कि वानर और राक्षसों के जीवन वृत का अनिवार्य अंग रहा। रामायण कालीन समय में संगीतकार व्यवहारिक और सैद्धान्तिक दोनों पक्षों में कुशल थे। लव-कुश के गुरु और रामायण के प्रणेता कविवर आचार्य वाल्मीकि ने इन दोनों को जीवन और संगीत के व्यवहारिक और सैद्धान्तिक पक्षों का ज्ञान दिया। संगीत उस समय इतना पवित्र था कि उसे सीखने और सुनाने के लिए व्यक्ति का जीवन

सादा, संयमित, व्यवहार कुशल और संस्कारित होना अनिवार्य था। जब संगीत स्वयं इतना पवित्र और पावन था तो तत्कालीन समाज में संगीत को अपनाने वालों का जीवन कितना पवित्र और चारित्रिक गुणों से युक्त होगा इस बात का अनुमान सहज ही लगाया जा सकता है। संगीत के माध्यम से लव-कुश ने रामायण को जन-जन के सम्मुख प्रस्तुत किया और श्रीराम के दरवार में योग्य श्रोताओं के समक्ष संगीत की विभिन्न विधाओं के साथ गाते हुए लोगों को सही अर्थों में सांगीतिक रामायण सुनाई और यथाविधि गुरु के आदेशों का पालन किया। तत्कालीन समाज के अध्ययन से ज्ञात होता है कि सभी गायकों, वादकों और नर्तकों का सभी जगह और राजदरवारों में उचित सम्मान होता था। राजा प्रत्येक शुभ अवसरों पर इन्हें ससम्मान आमन्त्रित करते थे और ससम्मान उन्हें पारिश्रमिक और पारितोषिक रूप में धन दिया जाता था। यहां तक कि मृत्यु के समय भी संगीत का यथाविधि प्रयोग किया जाता था। संगीत उस समय भारतीय संस्कृति में इतना व्याप्त था कि प्रकृति के वातावरण का अनुमान भी संगीत से लगाया जाता था। इस बात का प्रमाण भरत के अपने ननिहाल से आगमन के समय अयोध्या में प्रवेश करते हुए देखा जा सकता है। उस समय जब भरत अयोध्या में प्रवेश करते है तो उन्हें सारा वातावरण बिल्कुल निर्जीव सा दिखाई पड़ता है। चारों ओर एक अजीव सी अकुलाहट और निरीहता दिखाई पड़ती है। प्रकृति मानों उन्हें सोई हुई जान पड़ती है। क्योंकि वह जब अयोध्या में प्रवेश करते हैं तो देखते है कि न तो मृदंग, भेरी न दुन्दुभि और न ही अन्य संगीत वाद्यों की ध्वनि सुनाई पड़ रही है उन्हें इस बात से यह संदेह हो जाता है कि अवश्य ही अयोध्या में कोई अपशकुन हुआ है। अनुमान लगाया जा सकता है कि उस समय संगीत दैनिक जीवन में कितना महत्व रखता होगा। राजा दशरथ की अंत्येष्ठी और लंकापति रावण की अंत्येष्ठी पर सामगायन के स्वरों से उनका दाह संस्कार किया गया। रावण स्वयं वेदों का विद्वान था उसने भगवान शिव को प्रसन्न करने के लिए सामवेद की ऋचाओं से उनकी स्तुति की और उन्हें प्रसन्न किया। किष्किन्धा में वानरराज सुग्रीव

के अंतःपुर में संगीत के आयोजन होते थे। इसप्रकार रामायणकालीन समय के अध्ययन से यह बात स्पष्ट हो जाती है कि संगीत आम जनता, राजाओं, वानरों और राक्षस जाति में अत्यन्त लोकप्रिय था और तत्कालीन संस्कृति के प्रत्येक कृत्य में उसका ससम्मान हस्तक्षेप था। या यूं कहा जाए कि उस समय संगीत के बिना जीवन की व्याख्या करना कठिन था। वह संगीत चाहे सामगान के रूप में हो चाहे गंधर्वगान के रूप में हो। प्रत्येक सामाजिक, सांस्कृतिक अवसरों पर इनका प्रस्तुत होना अनिवार्य था। अतः कहा जा सकता है कि तत्कालीन जीवन में संगीत भारतीय संस्कृति के सुदृढ़ उत्थान का एक शुद्ध प्रतीक था।

इसी तरह महाभारत काल में संगीत रामायण काल की तरह लोगों में बड़े आदर और सम्मान की दृष्टि से देखा जाता था। महाभारत के काल में संगीत सामान्य जीवन में भी पूरी तरह प्रवेश कर चुका था। राजाओं के अंतःपुर राजसभा और अनेक राजकीय कार्यों में संगीत का किसी न किसी रूप में उपस्थित होना अनिवार्य था। श्रीकृष्ण जो कि उस समय के सर्वश्रेष्ठ संगीतकार थे उनके संगीत में वह माधुर्य था कि जब गोकुल में श्रीकृष्ण अपनी बंसी की तान छेड़ते थे तो गोकुल के सभी नर-नारी, बूढ़े-बच्चे, नौजवान-किशोर और किशारियां अपने वर्तमान कार्य को भूल कर श्रीकृष्ण की बंसी की धुन में खो जाते थे। गाय घास चरना भूल जाती थी और बछड़े दूध पीना छोड़ देते थे। गोकुल की सभी ग्वालाएं श्रीकृष्ण के इर्द-गिर्द घूमकर नृत्य करने लगती थी। महाभारत काल में श्रीकृष्ण ने संगीत की असली परिभाषा जन-जन तक पहुंचाई कि संगीत एक आदमी को तो प्रभावित करता ही है परन्तु पशु-पक्षी भी इसके मधुर स्वरों के बंधन से मुक्त नहीं हो सकते। अर्थात् संगीत राजा, प्रजा सभी में अत्यन्त लोक प्रिय रहा। राजाओं के सोने जागने की क्रियाओं में भी संगीत उपयोग में लाया जाता था। साधारण जनमानस में और राजाओं के जीवन में संगीत का इतना प्रवेश था कि राजा विशेष रूप से अपनी कन्याओं को सीखाने की व्यवस्था भी करता था और संगीतकार को अपनी बेटी का दान करने में भी नहीं हिचकता था। क्योंकि संगीत को

वह जीवन को वैचारिक और बौद्धिक स्तर पर उन्नत करने के लिए परमावश्यक मानते थे। उस समय संगीत अपनी धार्मिक उच्चता लिए हुए था और प्रत्येक धार्मिक और संस्कारिक अनुष्ठानों में इसकी वैज्ञानिक भूमिका समझी जाती थी। बौद्ध तथा जैन काल में भी संगीत मानवीय मूल्यों को उपर उठाने में अपना योगदान देता रहा। वैसे तो संगीत का व्यवसायिक रूप भी सामने आने लगा था। लोग अपने जीवन निर्वाह के लिए संगीत का प्रयोग करते थे। अर्थात् संगीत तत्कालीन समाज ते कुछ लोगों की जीविका का साधन भी बन गया था। नट-नर्तक और राज दरवारों में नियुक्त संगीत कलाकार साधारण जनता के जीवन का प्रतिनिधित्व करता था और राजा लोग भी संगीत को आजीविका के रूप में अपनाने में भी संकोच नहीं करते थे। संगीत को उस समय मनोरंजन के साधन के साथ-साथ लोगों की धार्मिक मान्यताओं को शुद्ध करने का श्रेष्ठ साधन माना गया। बुद्ध के संदेशों को और उपदेशों को आम जनता तक पहुंचाने में संगीत ने अहम् भूमिका निभाई। बुद्ध के अंतिम संस्कार में भी नृत्य का आयोजन किया गया। इसी तरह जैन धर्म में हांलाकि संगीत भिक्षुओं के लिए निषेध किया गया था परन्तु आम लोगों का जीवन संगीत से इतना प्रभावित था कि उनहोंने महावीर की स्तुति गीत बाद्यों के साथ की। इस तरह जैन और बौद्ध धर्म में संगीत समान रूप से लोगों की धार्मिक भावनाओं को पुष्ट करता रहा और तत्कालीन जनमानस के राजनैतिक चरित्र को धार्मिक संगीत से उन्नत करता रहा। कहा जा सकता है कि इन दोनों कालों में संगीत में उस काल के सामाजिक और सांस्कृतिक जीवन के उत्थान में अपना बहुमूल्य योगदान दिया।

मध्यकाल तक आते-आते भारतीय संस्कृति अनेक बाहरी आक्रमणकारियों के आक्रमणों के झंझावातों से जूझती रही। भारतीय संस्कृति इन आक्रमणकारियों के दमन, लूटपाट के कारण, भारत के राजाओं की अकर्मण्यता और आपसी फूट की बजह से नष्ट होती जा रही थी। विदेशी आक्रान्ताओं के आक्रमणों के कारण उनके देश की संस्कृति का आगमन भारत देश में हुआ। यहां पर विदेशी राजाओं ने अपनी तरह

से शासन चलाना आरम्भ कर दिया और अपने देश की संस्कृति और धर्म के प्रचार प्रसार में कोई कसर नहीं छोड़ी। जिसके फलस्वरूप कई देशों की संस्कृतियों के विचारों का विलय हमारी भारतीय संस्कृति में हो गया। जिसके अच्छे और बुरे दोनों प्रभाव देखने को मिले। तत्कालीन समय में भारतीय संस्कृति अपने ही आंतरिक कलह के कारणों से पतन के कगार पर पहुंच गई थी। उद्दाहरण के तौर पर जाति-पाति, छूआ-छूत, धार्मिक कट्टरता, धार्मिक-सामाजिक संप्रदायों का आपसी वैमनस्य और सबसे अधिक राजाओं की आपसी फूट ने भारत जैसी विशाल पुरातन वैभवशाली और जो कभी विश्वगुरु और सोने की चिड़िया से विख्यात संस्कृति थी को खण्ड-खण्ड कर दिया था। भारत की आम जनता न केवल राजाओं के दमन से पिसती जा रही थी बल्कि वह अपनी लोक संस्कृति को बचाने में भी असफल हो रहे थे। इन सब का लाभ मुस्लिम आक्रमणकारियों ने उठाया। इन आक्रमणकारियों ने भारत की वास्तविक कमजोरी को पकड़कर भारतीय संस्कृति को छिन्न-भिन्न कर दिया और उन्होंने अपनी संस्कृति की प्रभुसत्ता कायम करने का भरपूर प्रयास किया और इसमें वह काफी हदतक कामयाब भी रहे। बाहरी संगीत का भी हमारे संगीत पर प्रभाव पड़ा। लेकिन भारतीय संस्कृति उस घोर संघर्ष में भी जीवित रही और लोग आपस में यदि जुड़े रहे तो केवल मात्र संगीत की भावात्मक एकता के कारण। दूसरी बात भारतीय संस्कृति अगर लोगों में जीवित रही तो यहां के तपस्वी, ऋषि-मुनियों, संतों के कारण। इन दोनो ने भारतीय संस्कृति को समाप्त होने से बचाए रखने में अपनी महत्वपूर्ण भूमिका अदा की। संगीत कला का यह महत्वपूर्ण काल था क्योंकि भारत देश दूसरे देशों के आक्रमणों से इतना दब चुका था कि इसका उत्थान होना उस समय के दृष्टिकोण से असम्भव सा प्रतीत होता था।

मध्यकाल को मुगल काल के नाम से भी जाना जाता है। लगभग 12वीं से 17वीं शताब्दी तक भारत में अधिकतर मुस्लमानों का राज्य रहा। मुस्लमानों के दृष्टिकोणों के हिसाब से संगीत उनके लिए मनोरंजन

का विषय था। इसलिए उन्होंने संगीत को श्रृंगारिता के दृष्टिकोण से विकसित किया ताकि वह राजदरवारों में राजाओं का मनोरंजन कर सके। परन्तु भारतीय जीवन के शैली के अनुसार संगीत उस समय तक धार्मिक आस्था का प्रतीक था और जीवन निर्वाह का एक उत्तम साधन भी। परन्तु संगीत में धार्मिक दृष्टिकोण की अधिकता थी। संगीत तब भी भारतीय संस्कृति का प्रमुख अंग और समाज में सबसे आदरणीय था। वह तत्कालीन भारतीय संस्कृति के सभी अंगों, परम्पराओं, सामाजिक उत्सवों और जीवन के संस्कारों से जुड़ा था। भारतीय समाज और संस्कृति ने मध्यकाल तक पहले की तरह संगीत को अपने जीवन का एक अनिवार्य अंग मान रखा था। यदि यही कारण था कि उस समय के समाज की संस्कृति में अगर एकता रही तो संगीत की धार्मिक एकता का उसमें अमुल्य योगदान था। भारत के धार्मिक संतों ने देखा कि अगर भारत को कहीं एक स्थान पर इकट्ठे खड़े करना है तो केवल मात्र एक राह थी और वह था संगीत। क्योंकि संगीत किसी भी धार्मिक मजहब से प्रेरित नहीं था। उन्होंने संगीत में अपनी रचनाओं को ढाला और उसे भक्ति से जोड़ा। ऐसी रचनाएं की जो मानव को ईश्वरीय गुणों से जोड़ती थी और भक्ति भाव को आम जनता तक पहुंचाने के लिए उन्होंने संगीत का आश्रय लिया। इसका प्रभाव यह हुआ कि भारतीय समाज और संस्कृति जो लगभग अपनी अंतिम सांसे गिन रही थी, संगीत की जीवनदायिनी शक्ति से पुनः जीवित हो उठे। तुलसी, मीरा, कबीर, नानक, सूर, नंद आदि की रचनाओं ने ईश्वर और मनुष्य के आन्तरिक संबंधों को उजागर किया। भारतीय जनमानस एक बार फिर एकता के सूत्र में बंधने लगा और तत्कालीन भारतीय लोगों के जीवन में भारतीय जीवन शैली के प्रति एक नई आशा और स्फूर्ति का संचार हुआ। इसका प्रभाव यह हुआ कि मुस्लिम संतों ने भी अपने रहस्यवादी चिंतन, सूफी चिंतन को आम जनता तक पहुंचाने के लिए संगीत का सहारा लिया। फलस्वरुप धार्मिक कट्टरता आपसी भाईचारे में बदलने लगी और इन दोनो संस्कृतियों का आपस में समन्वय होने लगा। इसका सबसे बड़ा

प्रमाण यह है कि संगीत उस समय इतना प्रभावी हो गया था कि सम्राट अकबर ने संगीत सम्राट तानसेन को अपने नवरत्नों में शामिल किया। वह भारतीय संगीत की पवित्रता और उसकी वैज्ञानिकता से इतना प्रभावित था कि भारतीय संस्कृति की उस पर गहरी छाप पड़ गई थी। अकबर ने इसी कारण उदारवादी दृष्टिकोण अपनाकर दीने-ईलाही धर्म चलाया। सभी धर्मों को समान भाव से देखने की प्रथा चलाई। इसी कारण वह भारतीय लोगों का भी प्रिय सम्राट बन गया था। हालांकि उस समय संगीत में काफी परिवर्तन हुए। नए-नए वाद्यों का आविष्कार हुआ। कई ग्रन्थ लिखे गए परन्तु संगी त का वास्तविक मर्म नहीं बदला। संगीत ने मुस्लमानों के आक्रमणकारी दृष्टिकोण को बदल दिया। उनमे भी सहिष्णुता की भावना पैदा कर दी। उपरोक्त कथन इस बात को प्रमाणित करते है कि मध्यकाल में भारतीय संस्कृति की पुनः जीवित कर प्रत्येक जनमानस की आत्मा को जागृत किया। अतः कहा जा सकता है कि मध्यकालीन संस्कृति के पुनरोत्थान में संगीत ने अपना अविस्मरणीय योगदान दिया। आधुनिक काल तक आते-आते संगीत अपने अस्तित्व को लेकर काफी संघर्ष रत रहा। क्योंकि 20वीं शताब्दी तक आते-आते भारतीय समाज और संस्कृति एक बार पुनः अंग्रेजों की दमनकारी नीतियों के कारण अपने पतन की ओर बढ़ रही थी। भारतीय राजाओं का जीवन असामान्य सा हो गया था। उनका अपने राज्यों पर न तो पूर्ण और न ही विशेषाधिकार था। सभी अधिकार लगभग अंग्रेजों के हाथ में आ गए थे। राजा लोग अग्रेजों के रहमोकरम पर जी रहे थे। संगीत के आश्रयदाता तब राजा लोग हुआ करते थे। हालांकि संगीत उस समय परिवर्तनों के दौर से गुजर रहा था परन्तु राजा लोग या बड़े सामन्त या जमींदार अपनी मन-मौज के लिए संगीत का दुरुपयोग भी कर रहे थे। जिससे संगीत जैसी पवित्र कला को तिरस्कृत दृष्टि से देखा जाने लगा था। समाज का कुलीनवर्ग संगीत को अपनाने में संकोच करने लगा था। क्योंकि संगीत बाजार में वैश्याओं और कोठे पे गाने वाली और नाचने वाली औरतों की कमाई का साधन बन गया था। निःसंदेह संगीत कला

एक बार फिर से पतन के कगार पर पहुंच गई थी। कुछ अच्छे संगीत साधकों ने अपने अनुशासन के बल पर घरानों के माध्यम से संगीत की अनेक विधाओं को जीवित रखा। उन्नीसवीं शताब्दी के उत्तरार्ध में संगीत की दो महान विभूतियों ने इस भारत भूमि पर जन्म लिया। ये दो महान व्यक्ति थे पं० विष्णु दिगम्बर पुलस्कर और पं० विष्णु नारायण भातखण्डे। इन दोनों संगीतज्ञों ने संगीत को आम जनता में प्रतिष्ठित करवाने में जो योगदान दिया वह वास्तव में अतुलनीय है और प्रशंसा के योग्य है। इन दोनों ने भारतीय समाज में संगीत के प्रति लोगों के रुझान के नकारात्मक रूप को देखा जिससे उन्हें अत्यन्त दुःख हुआ। संगीतज्ञों के संकुचित दृष्टिकोण से ये काफी आहत हुए। फलस्वरूप उन्हें संगीत के वास्तविक कारणों को जानकर संगीत को समाज में पुनः प्रतिष्ठित कराने का बीड़ा उठाया। अपनी साधना के बल पर संगीत के सच्चे अर्थ को भारतीय जनमानस के समक्ष रखा। श्रृंगारिक काव्यों को हटाकर उसमें कबीर, मीरा, तुलसी के भजनों को संगीत में पिरोया। इसका परिणाम यह हुआ कि लोग एक बार फिर संगीत की ओर आकृष्ट होने लगे। 20वीं शताब्दी में जब भारत अंग्रेजों के दमन से बुरी तरह कुचला जा रहा था तो भारत के बड़े नेताओं, स्वतन्त्रता सेनानियों, समाज सुधारकों तथा जन नायकों ने देश में फैली कुरीतियां अंध विश्वासों को जड़ से उखाड़ने का निश्चय किया और देश के प्रत्येक जन-जन को अपने अधिकारों के प्रति जागरुक कराने का संकल्प लिया और इस आंदोलन को सफल बनाने के लिए उन्होंने संगीत का आश्रय लिया। इस संदर्भ में प्रतियोगिता दर्पण में एक लेख के मुख्य अंश प्रस्तुत करना चाहूंगा। 19वीं शताब्दी के अंत में बंगाल प्रांत का क्षेत्रफल और जनसंख्या बहुत अधिक थी। उस समय इसमें बिहार, उड़िसा व बंगला देश शामिल थे। अनेक भाषा-भाषी लोगों के होते हुए इसमें राष्ट्रीय भावना अपनी चरम सीमा पर थी। बंगाल के लोग राष्ट्रीय आंदोलन में बढ़चढ़ कर भाग लेते थे। इसलिए अंग्रेजी हुकूमत इस क्षेत्र से भय खाती थी। अंग्रेजों ने जाति संप्रदाय भाषा और क्षेत्रवाद की साजिश रखकर बंगाल विभाजन की एक नीति तैयार की।

ताकि भारत का यह प्रमुख राष्ट्रीय केन्द्र सरकार को हानि न पहुंचा सके। स्वयं लॉर्ड कर्जन इस बारे में कहते थे कि "**अंग्रेजी हुकूमत का यह प्रयास कलकता को उसके सिंहासन से अलग करना था। बंगाली आबादी का बंटवारा करना था। एक ऐसे केन्द्र को समाप्त करना था जहां से बंगाल व पूरे देश में कांग्रेस पार्टी का संचालन होता था और अंग्रेजी राज के खिलाफ साजिशें रची जाती थी।**"

भारतियों के अनुसार कर्जन भारत की बढ़ती राष्ट्रीय एकता को समाप्त करना चाहता था। यह ब्रिटिश सरकार के लिए खतरा बनती जा रही थी। इसके विरोध में और बंगाल के विभाजन के विरोध में **बंग-भंग** आंदोलन आरम्भ कर दिया। इस अवसर पर रवीन्द्र नाथ टैगोर ने अपना प्रसिद्ध गीत '**आभार सोनार बांगला**' लिखा। जिसे सड़कों पर चलने वाली भीड़ गाती। कलकता की सड़कें '**वंदे मातरम्**' की आवाज से गूंज उठी। यह गीत रातों रात बंगाल का राष्ट्रीय गान बन गया। दोपहर को एक बहुत बड़ा प्रदर्शन किया और वयोवृद्ध नेता आनन्द बोस ने बंगाल की अटूट एकता जताने के लिए फेडरेशन हॉल की बुनियाद रखी। इस अवसर पर उन्होंने 50000 लोगों की सभा को संबोधित किया।

उपर्युक्त कथन से इस बात की पुष्टि हो जाती है कि लोगों को एक मंच पर लाने से देश प्रेम की भावना उत्पन्न करने और देश प्रेम के संदेशवाहक के रूप में बड़े सहज और सरल ढंग से कार्य किया। देश भक्ति के गीतों ने पूरे भारत में देश को स्वतंत्र कराने का बिगुल बजाया। इस प्रकार संगीत जन चेतना और स्वतन्त्रता आंदोलन का आधारभूत स्तम्भ बना। स्वतन्त्रता प्राप्ति के बाद संगीत ने न केवल देश का समाजिक और सांस्कृतिक प्रतिनिधित्व किया बल्कि बह आज हमारी अर्थव्यवस्था में औद्योगिक ईकाई बनकर देश की अर्थव्यवस्था में अपना योगदान दे रहा है। भारतीय सिनेमा इस बात का उदाहरण है।

स्वतन्त्रता के पश्चात जब 1950 में भारत देश को गणतन्त्र घोषित किया तो संगीत सभी कलाओं का सांस्कृतिक प्रतिनिधित्व करने लगा। इसके लिए सरकार ने राष्ट्रीय स्तर पर ललित कला अकादमी की

स्थापना की और भारतीय संगीत के प्रचार-प्रसार के लिए योजनाबद्ध तरीके से कार्य आरम्भ हुआ और समाज में संगीत एक प्रतिष्ठित विषय बनकर समाज के समक्ष आने लगा। महाविद्यालयों में संगीत आज एक स्वतन्त्र विषय के रूप में विद्यमान है जिससे न केवल बच्चों में संगीत संस्कार पड़ रहे है अपितु उन्हें समाज में संगीत के कारण प्रतिष्ठा भी प्राप्त हो रही है। विभिन्न विधाओं के माध्यम से जैसे शास्त्रीय संगीत, सुगम संगीत, लोक संगीत, फिल्म संगीत के रूप में आज संगीत हर भारतीय जनमानस के हृदय में सादर विराजमान है। रेडियो, दूरदर्शन और अन्य यान्त्रिक माध्यमों से आज संगीत सामाजिक, आर्थिक और सांस्कृतिक दृष्टि से देश की समृद्धि में अपना बहुमूल्य योगदान देता आ रहा है। कहा जा सकता है कि संगीत भारतीय संस्कृति का वह नगीना है जिसकी आभा से भारत पूरे विश्व में एक श्रेष्ठ संस्कृति के रूप में जगमगा रहा है और भारत के सांस्कृतिक प्रतिनिधित्व में इसके योगदान को भूलाना हमारी सबसे बड़ी भूल होगी।

संदर्भ ग्रंथ सूची

संस्कृत ग्रन्थ

अहोबल	संगीत परिजात	संगीत कार्यालय हाथरस उत्तर प्रदेश।
देव शारङ्ग	संगीत रत्नाकर (अनुवादक सुभद्रा चौधरी)	राधा पब्लिकेशंज नई दिल्ली प्रथम संस्करण 2000.
दामोदर पंडित	संगीत दर्पण	संपादक, के.वासुदेव शास्त्री, सरस्वती महल लाइब्रेरी, तंजौर 1952
भरत	नाट्य शास्त्र	चौखंबा संस्कृत संस्थान वाराणसी।
वाल्मीकि	रामायण	गीता प्रेस गोरखपुर।
वेद व्यास	महाभारत	गीता प्रेस गोरखपुर।
वेद व्यास	श्री मद्भगवद्गीता	गीता प्रेस गोरखपुर।
शुद्रक	मृच्छकटिकम्	मोती लाल, वनारसी दास। वाराणसी प्रथम संस्करण 1962.

हिन्दी ग्रन्थ

उपाध्याय बलवीर	ऋग्वेदीय ब्राह्मणों का सांस्कृतिक अध्ययन	विद्या निधि प्रकाशन नई दिल्ली 1991
कुमार अशोक	संगीत और संवाद	कनिष्क पब्लिशर्ज नई दिल्ली प्रथम संस्करण 2007.
कुलश्रेष्ठ डॉ0 सुषमा	कालीदास साहित्य एवं वादन कला	ईस्टर्न बुक लिंकर्ज नई दिल्ली प्रथम संस्करण 1988.
कालिया डॉ0 शशि	भारत में समूहगान परम्परा एवं स्वरूप	सत्यम पब्लिशिंग हाउस नई दिल्ली, प्रथम संस्करण 2005.
गर्ग लक्ष्मी नारायण	निबन्ध संगीत	संगीत कार्यालय हाथरस उत्तर प्रदेश।

गुप्ता डॉ रूचि	भारतीय संस्कृति शाश्वत जीवन दृष्टि और संगीत	कनिष्क पब्लिशर्ज नई दिल्ली प्रथम संस्करण 2006.
गुप्त मदन गोपाल	मध्यकालीन हिन्दी काव्य में संस्कृति	नेशनल पब्लिशिंग हाउस नई भारतीय दिल्ली-1968
चतुर्वेदी परशुराम	सूफी काव्य संग्रह	हिन्दी साहित्य सम्मेलन प्रयाग 1964
चौबे डॉ0 सुनील	हमारा आधुनिक संगीत	उत्तर प्रदेश ग्रंथ अकादमी लखनऊ 1975
जैन विजय लक्ष्मी	संगीत दर्शन	राजस्थानी ग्रंथाकार जोधपुर, 1989
जोशी उमेश	भारतीय संगीत का इतिहास	मानसरोवर प्रकाशन प्रतिष्ठान उत्तर प्रदेश, द्वितीय संस्करण, 1969.
ठाकुर ओंकार नाथ	संगीतांजलि	काशी हिन्दु विश्वविद्यालय वाराणसी।
ठाकुर जयदेव सिंह	भारतीय संगीत का इतिहास	रिसर्च अकादमी कलकता।
डॉ0 देवराज	भारतीय संस्कृति	नन्द किशोर एण्ड ब्रदर्ज वाराणसी, 1958.
डॉ0 मासिदा असद	रसखान काव्य तथा भक्ति भावना	साहित्य सदन देहरादून,प्र0सं0 1968
डॉ0 मोहन चन्द	जैन महाकाव्य में भारतीय समाज	
डॉ0 राम कुमार	आध्यात्मिकता और हरियाणवी संस्कृति	चिन्ता प्रकाशन संसथान राजस्थान, प्रथम संस्करण, 1981.
डॉ0 शुचि स्मिता	आकाशवाणी एवं हिन्दुस्तानी शास्त्रीय संगीत	कनिष्क पब्लिशर्ज नई दिल्ली, प्रथम संस्करण, 2007.
दत्ता डॉ0 कुसुम	महाभारत के शांति पर्व में धर्म का स्वरूप	निर्मल पब्लिकेशंज नई दिल्ली प्रथम संस्करण, 1995.
दिनकर रामधारी सिंह	संस्कृति के चार अध्याय	लोक भारतीय प्रकाशन इलाहबाद, नूतन संस्करण, 2003.

द्विवेदी हज़ारी प्रसाद	अशोक के फूल	लोक भारतीय प्रकाशन इलाहबाद, 18वां संस्करण, 1992.
परांजपे श्रीधर	भारतीय संगीत का इतिहास	चौखंबा संस्कृत सीरिज वाराणसी, प्रथम संस्करण, 1985.
परांजपे श्रीधर	संगीत बोध	मध्य प्रदेश हिन्दी ग्रंथ अकादमी भोपाल।
पाण्डेय राजबली	हिन्दु संस्कार	चौखंबा विद्या भवन वनारस।
पाण्डेय रामसजन	संस्कृति और सौंदर्य	संजय प्रकाशन दिल्ली, प्रथम संस्करण 2006.
पाण्डेय डॉ0 राजेन्द्र	भारतीय संस्कृति का इतिहास	हिन्दी ग्रंथ अकादमी लखनऊ,1976.
बसन्त	संगीत विशारद	संगीत कार्यालय हाथरस। लखनऊ उत्तर प्रदेश।
बृहस्पति कैलाश चन्द्र देव	मुस्लमान और भारतीय संगीत	राजकमल प्रकाशन दिल्ली, प्रथम संस्करण 1974.
बृहस्पति सुलोचना	खुसरो तानसेन तथा अन्य कलाकार	राजकमल प्रकाशन दिल्ली, प्रथम संस्करण 1976.
बैनर्जी नमिता	मध्यकालीन संगीतज्ञ और उनका तत्कालीन समाज पर प्रभाव	राधा पब्लिकेशंज नई दिल्ली, प्रथम संस्करण 1996.
भातखण्डे विष्णु नारायण	क्रमिक पुस्तक मालिका	संगीत कार्यालय हाथरस उत्तर प्रदेश, 1978.
भातखण्डे विष्णु नारायण	उतर भारतीय संगीत का संक्षिप्त इतिहास	संगीत कार्यालय हाथरस उत्तर प्रदेश।
भारद्वाज सुधिकान्त	वैदिक साहित्य का आलोचनात्मक इतिहास	
मानकर वीणा	संगीत सार	राज पब्लिशर्ज जालन्धर।

मितल अंजली	भारतीय संस्कृति सभ्यता एवं संगीत	कनिष्क पब्लिशर्ज, प्रथम संस्करण, 2003.
मुखर्जी राधा कुमुद	भारत की संस्कृति और कला	राजपाल एण्ड सन्ज, दिल्ली, 1959.
शर्मा अंजु	ब्रज संस्कृति में संगीत	राधा पब्लिकेशंज नई दिल्ली, संस्करण, 1996.
शर्मा हरिशंकर और सरोजपावा	भारतीय संस्कृति के आधार	
शर्मा डॉ0 सुनीता	भारतीय संगीत का इतिहास (आध्यात्मिक और दार्शनिक)	संजय प्रकाशन नई दिल्ली, प्रथम संस्करण, 1996.
सत्यवती संस्कारण, 2005.	संगीत का समाज शास्त्र	पंचशील प्रकाशन जयपुर, प्रथम
शर्मा भगवतशरण	भारतीय संगीत का इतिहास	संगीत कार्यालय हाथरस उतर प्रदेश, प्रथम संस्करण 1955.
शर्मा प्रेम लता	संगीत में रस तत्व	
शर्मा चतुर्वेदी द्वारका प्रसाद	वाल्मीकि रामायण (अनुवादक)	रामनारायण लाल, बेणी माधव इलाहवाद।
शर्मा रत्न चन्द	मुगलकालीन भक्ति काव्य का सांस्कृतिक विश्लेषण	
शास्त्री डॉ0 मंगल देव	भारतीय संस्कृति का विकास	भारतीय ज्ञानपीठ प्रकाशन नई दिल्ली, सन् 1970.
शास्त्री रामनारायण	अनुवादक -महाभारत	गीता प्रेस गोरखपुर।
शुक्ल सावित्री	संत साहित्य की सामाजिक और सांस्कृतिक पृष्ठ भूमि	विश्वविद्यालय हिन्दी प्रकाशन लखनऊ विश्वविद्यालय 1963
सचदेव रेणु	धार्मिक परम्पराएं एवं हिन्दुस्तानी शास्त्रीय संगीत	राधा पब्लिकेशंज दिल्ली, प्रथम संस्करण, 1999.

सक्सेना मधुबाला और राकेशबाला	संगीत मधुवन	अभिषेक पब्लिकेशंज चण्डीगढ़, प्रथम संस्करण 2001.
सरकार यदुनाथ	मध्ययुगीन भारत	
सांस्कृतायन राहुल	बौद्ध संस्कृति	
सातवेलकर श्रीपाद दामोदर	अनुवादक-महाभारत	गीता प्रेस गोरखपुर।
सिन्हा कृष्णमोहन	बिहार का संगीत	लोक पब्लिकेशंज हाउस नई दिल्ली।
त्रिपाठी डॉ0 राधा बल्लभ	हिन्दी अनुवादक नाट्य शास्त्र	अक्षय वट प्रकाशन इलाहबाद प्रथम संस्करण 1992

English Book Editions

Bommey Wadey	Music in India. The classic Tradition.	Manohar Publication New Delhi. 1st Ed.1987.
Brain Brown	Wisdom of Hindu	
Dr.Tara Chand	Infuence of Islam on Indian Culture.	
Dr.Radha Krishanan	Freedom & Culture	The upper India Publishing House Lakhnow 1955.
Dr.Radha Krishanan	Religion & Culture	Oriental Paperbacks 36 C cannaught place. Delhi, 1979.
Gimir	Philosophy of India.	
Gilbert R.Richer	How Music Communicate.	
G.K.Gokhale	Indian Thought Through Ages	
Kuppu Swami & Hari Haran.	Reading on Music & Dance.	B.R.Publishing Corp. Delhi. 1979.
Mr.Alktrony	The Chapter of Indian Music.	
Nazma Praveen Ahamad	Hindustani Music.	Ramesh Jain, Manohar Publication, New Delhi. 1984.

Orvo George	The Science of Indian Music.	
P.Samb Murti	The Teaching of Music.	The Indian Music Publishing House, Madras, 1960.
Robert Leo Simpson	Spiritual aspect of Indian Music.	Sandeep Prakashan, New Delhi.
S.M.Tagore	Universal History of Music.	Low price publication Delhi 1990
Swami Prajna Nanda	Music among primitiveTribes.	Munshi Ram, Manohar Lal, Publisher Pvt. Ltd. 1st Ed.1973.
Swami Prajna Nanda	Music of Nation.	Munshi Ram, Manohar Lal, Publisher Pvt. Ltd. 1st Ed.1973.
Suresh Chander	The Fundamental of Indian Music & Dance.	
Vani Bani Ram	Glimpses of Music.	Kitab Mahal Elahabad Pvt.Ltd. 1962.
V Tyler	Primitive Culture.	
Wanderay Pramada	New out look of Indian Culture.	

पत्रिकाएं

1. संगीत, दिसम्बर 1965, संपादक-लक्ष्मी नारायण गर्ग। संगीत कार्यालय हाथरस। उ.प्र.।
2. संगीत, 1970 संपादक-लक्ष्मी नारायण गर्ग। संगीत कार्यालय हाथरस। उ.प्र.।
3. संगीत, 1985 संपादक-लक्ष्मी नारायण गर्ग। संगीत कार्यालय हाथरस। उ.प्र.।
4. संगीत, 1986 संपादक-लक्ष्मी नारायण गर्ग। संगीत कार्यालय हाथरस। उ.प्र.।
5. संगीत, जनवरी 1989 संपादक-लक्ष्मी नारायण गर्ग। संगीत कार्यालय हाथरस। उ.प्र.।
6. संगीत, अगस्त 1993 संपादक-लक्ष्मी नारायण गर्ग। संगीत कार्यालय हाथरस। उ.प्र.।
7. संगीत, अगस्त 1995 संपादक-लक्ष्मी नारायण गर्ग। संगीत कार्यालय हाथरस। उ.प्र.।
8. कल्याण, हनुमान प्रसाद पोद्दार । गीता प्रेस गोरखपुर।

शब्दकोष (हिन्दी)

जोशी जय शंकर	हलायुद्ध कोष	हिन्दी समीति सूचना विभाग उत्तर प्रदेश, 1957.
त्रिपाठी राम प्रसाद	हिन्दी विश्व कोष	काशी नागरी प्रचारिणी सभा, सम्बत् 1964.
दास श्याम सुंदर	हिन्दी शब्द सागर	काशी नागरी प्रचारिणी सभा, सम्बत् 1967.
प्रकाश सत्य	मानक अंग्रेजी कोष	हिन्दी साहित्य सम्मेलन प्रयाग, 1971.
मुकन्दी श्रीवास्तव	ज्ञान शब्द कोष	ज्ञान मण्डल लिमिटिड वाराणसी, संवत् 2013.
वर्मा रामचन्द्र	मानक हिन्दी कोष	ज्ञान मण्डल लिमिटिड काशी।
शब्द कल्पद्रुम द्वितीय भाग,		चौखंबा संस्कृत सीरिज वाराणसी (तृतीय संस्करण)

उर्दू शब्द कोष

असफ़िया फहरंगे	उर्दू शब्द कोष	प्रकाशन शाखा सूचना विभाग उत्तर प्रदेश 1959.

अंग्रेजी शब्द कोष

Bhargava English Dictionary.

Dictionary of Music.

The Concise oxford Dictionary.

Connect with Publisher

Instagram: @wkrishind
Twitter: @wkrishind
Facebook: @wkrishind
Tumblr: @wkrishind
Telegram: @wkrishind

Email: contact@wkrishind.in
or
wkrishind@icloud.com

Website: wkrishind.in

WhatsApp: 09999568276

www.ingramcontent.com/pod-product-compliance
Lightning Source LLC
LaVergne TN
LVHW090858240726
843527LV00050B/75

* 9 7 8 8 1 9 6 8 1 8 5 3 1 *